August Wilhelm Iffland

Ifflands dramatische Werke

August Wilhelm Iffland

Ifflands dramatische Werke

ISBN/EAN: 9783743677890

Hergestellt in Europa, USA, Kanada, Australien, Japan

Cover: Foto ©Thomas Meinert / pixelio.de

Weitere Bücher finden Sie auf **www.hansebooks.com**

A. W. Ifflands
dramatische Werke

Zweiter Band.

Albert von Thurneisen.
Verbrechen aus Ehrsucht.
Die Mündel.

Leipzig,
bey Georg Joachim Göschen. 1798.

Albert von Thurneisen.

Ein Trauerspiel in fünf Aufzügen.

Personen.

General von Dolzig.

Sophie, dessen Tochter.

Madam Berg, ihre Erzieherin.

Graf Hohenthal.

Hauptmann, Baron von Thurneisen.

Major Sellani.

Rittmeister von Wernin.

Zwey Adjutanten des Generals.

Lebrecht, Sekretär des Generals.

Karl, Bedienter des Generals.

Ein Soldat.

Erster Aufzug.

Ein Vorzimmer in des Generals Hause.

Erster Auftritt.

Soldaten tragen Koffer und Verschläge von der Seite nach der Mitte. — Ein Bedienter geht mit, der Sekretär folgt ihnen. —

Sekretär.

Haltet noch, Kinder — haltet!

Soldaten setzen die Kisten nieder.

Sekretär. Daß alles in Ordnung zugehe! *Nimmt Papier und Bleistift.* Wo ist Numero 17?

Karl. Hier dieser lange Kasten, Herr Sekretär.

Sekretär. Ganz recht. Das sind die großen Spiegel. — Die sollen in das trockne Gewölbe linker Hand. Numero 21?

Karl. Numero 21? Ist der dort, der kleine Kasten.

Sekretär. Numero 21 kommt auf meine Stube. Versteht er mich?

Karl. Sehr wohl.

Sekretär. Numero 21. Auf meine Stube. Hier ist der Schlüssel zur Stube. Er bleibt bey dem Kasten, bis ich komme. Nachher soll er ihn auf das Gouvernement tragen. Ich werde mit hingehen. So! Nun nur fort. Die andern Verschläge nur gerade in den breiten Gang im Keller niedergesetzt. Ich will hernach schon alles ordnen. Ich komme bald.

Die Soldaten und Karl gehen mit den Sachen fort.

Sekretär *durchliest das Verzeichniß.* Hm! — die Nummer muß ausgestrichen werden. *Er geht an den Tisch, und streicht eine Nummer aus, indem kommt der Graf.*

Zweyter Auftritt.

Graf. Sekretär.

Graf. Guten Morgen, Lebrecht!

Sekretär. Ah — Herr Graf!

Graf. Die Stadt ist neuerdings in Unruhe. Seit gestern Abend flüchten Viele schon ihre Sachen in die Keller. Nun auch hier?

Sekretär *zuckt die Achseln.* Je nun —

Graf. Wird es Ernst, werden wir beschossen?

Sekretär. Davon weiß ich nichts. Aber man nimmt seine Vorsichten — denke ich.

Graf. Hat der General Vermuthungen, daß etwa —

Sekretär. Sie kennen ihn — seine Vermuthungen bekommt man nicht früher zu erfahren, bis die Kanonen erzählen, was vorgeht.

Graf. Freilich wohl. Da aber alle Sachen weggebracht werden —

Sekretär. Nur das Beste — in bombenfreie Keller. Das hätte, meine ich, längst geschehen sollen.

Graf. Hm! bis jetzt lag die feindliche Armee in einem ziemlich weiten Kreise um die Festung herum.

Sekretär. Sie ist plötzlich in einem sehr engen Kreise, uns sehr nahe gekommen. Das ist wahr.

Graf. Je nun, so wird man schießen hören.

Sekretär. So meine ich.

Graf. Ist die Konvention zwischen uns und dem bloquirenden Corps aufgehoben?

Sekretär. Wenn Sie das nicht wissen —

Graf. Wahrlich nicht.

Sekretär. Wie soll ich es wissen? Sie, der künftige Schwiegersohn des Herrn Generals —

Graf. Schwiegersohn! Seufzt. Mein guter Alter!

Sekretär. Es ist freilich kein guter Augenblick, der jetzige, für Brautleute!

Graf. Brautleute! Ach Lebrecht —

Sekretär. Wir können eine unangenehme Hochzeitmusik bekommen. Aber — ich sollte denken — Hochzeit würden wir doch haben.

Graf. Lebrecht! *Faßt ihn auf die Schulter.* Sie sind ein ehrlicher Mann — Sie sind mir zugethan —

Sekretär. Und das von Herzen.

Graf. Woran bin ich mit dem Fräulein?

Sekretär. Wie so — wie fern —

Graf. Sie weint oft — sie ist verlegen wenn sie mich sieht — sie hat tiefen Gram — es ist ein Geheimniß in der Sache.

Sekretär. Nicht doch — nicht doch —

Graf. Es ist ein Geheimniß in der Sache. Ich leide sehr dabey. Lebrecht, woran bin ich?

Sekretär. Sehen Sie, Herr Graf, wenn das Fräulein auch eines Generals Tochter ist — so kann sie doch, in einer eingeschlossenen Festung — es kann ihr übel zu Muthe werden, meine ich — die Sorge — die Furcht.

Graf. Es war ihr Wille, in der Festung zu bleiben. Ihr fester Wille.

Sekretär. Ja, das weiß ich. Denn so, wie das Fräulein ihren Vater liebt —

Graf. ~~Sollte~~ sie wohl nur deßwegen in der Festung haben bleiben wollen?

Sekretär. Weßhalb sonst?

— Graf. Davon ist die Rede.

Sekretär. *Verlegen.* Ich verstehe Sie wahrlich nicht, Herr Graf.

Graf. Das ist mir herzlich leid. Denn, wenn Sie mich verstehen wollten — wenn Sie aufrichtig mir sagen wollten, was Sie für mich — für meine Liebe — für mein Glück fürchten! Wenn Sie das wollten —

Sekretär. Sie haben mich erschreckt —

Graf. Das sehe ich.

Sekretär. Sie sind ja mit dem Fräulein verlobt —

Graf. Das ist auch meine ganze Sicherheit. Aber —

Dritter Auftritt.

Vorige. Major Sellani.

Major. Unterthäniger Diener, Herr Graf. Guten Morgen, Vater Lebrecht. — Nun — wir werden warm bekommen.

Graf. Nach allem Anschein.

Major. Ich bin mit meinem Rapport bey Ihro Excellenz dem Herrn General nicht vorgelassen.

Graf. Warum nicht?

Major. Es ist ein Trompeter gekommen — der Herr General haben die Depeschen — es ist Kriegsrath — man ist sehr gespannt, auf den Erfolg.

Sekretär verbeugt sich und geht.

Major. Die Kerl da draussen haben sehr gescheidt gethan, daß sie uns bisher in ihrem Lustlager halb ausgehungert und ohne Schuß angesehen haben. Angreifen konnten wir sie nicht, dazu war die Garnison zu schwach. Daß wußten sie wohl. Derweile sind unsere Vorräthe erschöpft — nun werden sie anrücken, werden Feuer genug in die leeren Speisekammern werfen — und sind wir dann halb gebraten, so hat das doch natürlich sein Ende.

Graf. Man wird uns entsetzen, hoffe ich.

Major. Wenn man kann.

Graf. Man wird —

Major. Man rechnet darauf, daß der General sich desperat vertheidigen wird.

Graf. Und man hat sich nicht verrechnet.

Major. Gewiß nicht. — Ich bedaure bey der Sache niemand so sehr, als Sie, Herr Graf! denn ein Civilist —

Graf. Glauben Sie, daß man an der Sache des Staats und der Ehre nicht Theil nehmen kann, wenn eine Uniform nicht dazu verpflichtet?

Major. Bewahre Gott. Sie haben Courage wie ein apanagierter Herr — das ist außer Frage. Sind Sie nicht über die Vorposten geritten — so weit — so weit —

Graf. So weit als der General.

Major. Hm! der ritt mir zu weit. Ich bin an sich nicht dafür — und in diesem Kriege vollends — es hat selten gute Folgen gehabt, wann die Generale außer den Vorposten — zwey Mann hoch rekognosciert haben. Nun ist zwar unser Herr General so ein wackerer Mann, daß —

Graf. Bedauren Sie das Fräulein. Nicht mich.

Major lacht.

Graf. Denn für ein Mädchen ist eine Belagerung doch —

Major. O das Fräulein —

Graf. Nun?

Major. Liebt! — das Fräulein liebt —

Graf. Herr Major, Sie legen sonderbaren Ausdruck auf dieses Wort. Warum thun Sie das?

Major. Bewahre Gott. Ich wollte nur sagen, das Fräulein liebt **heroisch.**

Graf. *Nach einer Pause.* Ich wiederhole meine vorige Frage.

Major. Hm! *Pause.* Es kömmt alles darauf an — ob Sie — ob — — es ist eine kitzliche Sache, Herr Graf!

Graf. Darin bin ich einverstanden.

Major. Wenn Sie nicht selbst schon meinen — wenn Sie nicht beunruhigt sind — wenn Sie nicht über dieß und jenes schon attent worden sind — so — weiß ich nicht — was ich thun soll. Denn —

Graf. Nehmen Sie an — ich — wäre etwas besorgt.

Major. Nun, dann ist es eine andere Sache. Also sind Sie schon allarmiert?

Graf. Allarmiert? — Nicht allarmiert, aber —

Major. Doch, doch! Sie haben auch bey Gott Ursach, es zu seyn.

Graf. Wirklich? *Er giebt ihm die Hand.* Sie berühren die Wunde scharf! — Es sey darum. Zur Sache.

Major. Herr Graf! Sie wissen, welchen Respekt und Devotion ich von jeher für Ihr Haus gehabt habe. Nur aus dieser Rücksicht — nur damit entschuldige ich —

Graf. *Verbeugt sich.* Zur Sache.

Major. Hier ist ein Mann — von dem Sie zu befürchten haben können —

Graf. So?

Major. Nicht als ob ich eben ganz bestimmt von dem Fräulein glaubte, daß sie —

Graf. Wer ist der Mann?

Major. Wenn Sie unvorsichtig seyn sollten, Herr Graf, so verderben Sie alles.

Graf. Sie kennen mich.

Major. Allerdings. Allein in der Liebe —

Graf. Reden Sie gerade heraus. Ein weitläuftiger Eingang macht die Sache verdächtig.

Major. Nun gut. — Vorher sage ich Ihnen noch, ich liebe den Mann nicht, den ich nennen werde — ich hasse ihn — ich muß ihn hassen. Das kann meine Angabe sehr verdächtig machen. Darüber mag dann Ihre Einsicht entscheiden, ob mehr der Haß gegen jenen, oder die Erkenntlichkeit für Ihre Familie gesprochen hat —

Graf. Der Name — Herr Major — der Name —

Major. *Nach einer Pause.* Von Thurneisen!

Graf. *Erschrocken.* Der Hauptmann?

Major. Derselbe.

Graf. *Sammelt sich.* Was soll der? Was kann mir der schaden?

Major. Mit Ihrer Erlaubniß. *Er legt die Hand auf sein Herz.* Ich habe nichts mehr zu sagen.

Graf. In der That, das haben Sie.

Major. Hier inwendig wüthet ja schon die ganze Geschichte! — Nun, seyn Sie auf der Hut! das ist alles.

Graf. *Nach einer Pause.* Sie sind sein Feind!

Major. Ja.

Graf. Aus keiner brillanten Ursach!

Major. Gerade weil er sich sehr brillant benahm. Brillant — und schlecht. Das ist Dienstsache, die — verzeihen Sie — verstehen Sie nicht.

Graf. Dienst ist Menschensache. — Daß Baron Thurneisen einem Menschen das Leben rettete, der sich gegen Sie vergangen hat —

Major. *Erbittert.* Daß er bey dieser Rettung mich in das gehässigste Licht setzte —

Graf. Anders war der Mensch nicht zu retten —

Major. Es war genug, daß ihm der General die Todesstrafe geschenkt hatte —

Graf. Und wer hätte wohl verbürgen mögen, daß die Strafe, die der General nicht schenken konnte, nicht sein Tod gewesen seyn würde!

Major. Es haben sie viele ausgestanden, die minder gesündigt hatten.

Graf. Ein Mensch von Erziehung und feiner Konstitution — der aus Liebe für den Dienst Soldat ist, der —

Major. Ein Subordinationsfehler muß nie verziehen werden — Genug — seyn Sie auf diesen Philosophen attent, Herr Graf! denn ob Sie schon mit dem Fräulein verlobt sind, ob schon der Herr von Thurneisen ein armer Teufel ist — so wird er doch in seinen Büchern und in seiner Weisheit Vertheidigungsgründe finden, die ihm erlauben, Ihr Glück zu stören, zu rauben und Ihre Seligkeit in seiner Einnahme für sich zu berechnen.

Graf. Aber das Fräulein —

Major. Ich kann von des Herrn Generals Tochter nichts zu sagen haben. Das werden der Herr Graf selbst voraussetzen. Was der, möglich oder nicht möglich, angenehm oder nicht angenehm, seyn könnte, werden Sie besser bemessen, als ich. Aber dem Herrn Hauptmann-Professor, ist alles möglich, das kann ich sagen, und das sage ich.

Vierter Auftritt.

Vorige. Adjutant.

Adjutant. Seine Excellenz, der Herr General, erwarten den Herrn Major zum Rapport.

Major verbeugt sich und geht.

Adjutant folgt ihm.

Graf. So sehen denn andere dasselbe — so ist es nicht eine Geburt meiner ängstlichen Sorge! — O Sophie, Sophie! Er stützt sich in tiefen Gedanken auf einen Stuhl.) Kannst du mich täuschen!

Fünfter Auftritt.

Madam Berg. Der Graf.

Mad. Berg. Etwas verlegen. Sie hier, Herr Graf?

Graf. Sollte ich nicht hier seyn?

Mad. Berg. Nein, wahrlich nicht. Sie sollten bey Ihrer Braut seyn. Sie sollten ihr Muth einreden. Es wird sehr unruhig nachgerade.

Graf. Madam — Sie sind des Fräuleins Erzieherin gewesen. — Sie müssen sie kennen — ich halte Sie für eine Frau von Ehre — — sagen Sie mir, was bedeuten diese beständigen Thränen, womit mir Sophie antwortet, wenn ich mich erschöpfe, ihr die Herzlichkeit zu beweisen, womit ich sie liebe?

Mad. Berg. Lieber Himmel! — Was das Fräulein jetzt ist — ist weder mein Werk noch mein Wille. Sie liest ohne Auswahl; die Bücher haben sie ein wenig verschoben.

Graf. Erst seit drey Monaten ist sie geändert.

Mad. Berg. Sie war vorher kränklich.

Graf. Sie ist es nicht mehr.

Mad. Berg. So eine Verstimmung.—

Graf. Sie liebt mich nicht.

Mad. Berg. Herr Graf!

Graf. Sie liebt einen andern.

Mad. Berg. Nach den zärtlichsten Betheurungen —

Graf. Die sind aus frühern Zeiten. Seit einiger Zeit sehe ich nur Thränen; Seufzer sind ihre Antworten, und eben der Kampf zwischen Redlichkeit und bösem Gewissen, der manchmal noch mir ein wehmüthiges Wort von ihr verschafft, ist Beweis, daß sie mich nicht mehr liebt.

Mad. Berg. Wie innig erkennt sie das Opfer, daß Sie aus Liebe für sie, sich hieher in die Gefahr begeben und mit uns aushalten.

Graf. Ich frage Sie auf Ihr Gewissen, liebt Sophie einen andern? Ich frage Sie, so wahr Sie ruhig zu sterben wünschen, so gewiß Sie nicht die Verantwortung meines Unglücks und Sophiens Verzweiflung mit in jene Welt hinüber nehmen wollen. — wissen Sie gewiß, daß Sophie keinen andern liebt — daß sie nur mich allein liebt! Antworten Sie mir, ehrliche Frau!

Mad. Berg. Ihre Frage — Herr Graf — Ihre Frage ist so feierlich — daß Sie bey der besten Sache von der Welt —

Graf. Es ist genug, gute Frau — ich weiß nun, woran ich bin.

Mad. Berg. Hören Sie mich —

Graf. Ich weiß alles — und danke Ihnen.

Mad. Berg. Hören Sie was Sie nicht wissen — dann danken Sie mir vielleicht.

Graf. Liebe alte Freundin! Reden Sie —

Mad. Berg. Ich weiß nichts von Sophien, was Sie eigentlich beunruhigen dürfte. Dennoch bin ich nicht ganz ruhig für Sie. Ich kann Sophien nicht beschuldigen — dennoch gefällt sie mir nicht. — Eine Schwärmerin ist sie, wie ihre selige Mutter eine brave Frau. — Ich forsche nicht — ich frage nicht. Manche Krankheit, denke ich, bricht erst dann aus, wenn man dagegen verschreibt und braucht. — Forschen Sie nicht — Sie sind ihr Verlobter. — bringen Sie darauf ihr Mann zu werden — lassen Sie ihr ihre Träumereien. Sie wird dann für ihre neuen Pflichten schwärmen — für ihren Mann — Sie werden glücklich seyn, ja — Sie werden es seyn. Mag doch immerhin jetzt der schöne junge Baum ein wenig trauern — er wird sich erholen — und ich werde meine herzliche Freude daran haben. — Das ist der Rath einer guten alten Frau — wäre sie Mutter von beiden, sie wüßte ihn aus ehrlichem Herzen nicht besser zu geben.

Graf. Madam — ich danke Ihnen. Ich will —

Sechster Auftritt.

Vorige. General.

General. Guten Morgen, ihr Leute! — Liebe Berg — lassen Sie uns allein.

Mad. Berg geht.

General. Graf! In vier Stunden hat die bisherige Konvention mit dem feindlichen General ein Ende!

Graf. Ich dachte es.

General. Wir werden angegriffen werden.

Graf. Die ganze Armee ist, rund um die Festung, nahe vorgerückt.

General. Wir werden uns wacker vertheidigen. Ich werde überall seyn.

Graf seufzt. Dafür kenne ich Sie.

General. Aber nun darf ich keine Sorge mit mir nehmen, als die für den Dienst. Der Vater muß alles abgethan haben.

Graf. Edler Mann! —

General. Die Vatersorgen alle, werfe ich auf Sie!

Graf ergreift seine Hand.

General. Verstehen Sie mich!

Graf. Gerührt. Ich empfinde sie.

General. In zwey Stunden sind Sie mit meiner Tochter getraut.

Graf. In zwey Stunden?

General. Feiern mögt ihr eure Verbindung, wenn das Loos der Festung gefallen ist. Mit mir — ohne mich, — wie Gott will! Aber Ihren Namen muß meine Tochter in zwey Stunden tragen. Der Prediger meines Regiments ist herbeschieden. Meine Kinder gesegnet, vor der Fronte kommandiert, und im Kanonendonner zum glücklichen Ehepaar proklamiert. So heißt der Plan — und der ist brav!

Graf. Herr General!

General. Keine Rührung, mein Sohn! Fröhlichkeit, Glauben an das gute Schicksal, Muth, Muth — er ist in unsern Familien zu Hause! Nun will ich —

Graf. Ein Wort! Gewiß kann ich nicht früh genug glücklich seyn! Aber —

General. Das hoffe ich!

Graf. Aber Sophie! Wird sie —

General. Sie muß nicht vorher wissen, daß wir nun gegen einander gehen. Dem Alten will ich die Meinung sagen, mit seinem Wegpacken. So nahe ist es noch nicht.

Graf. Wird Sophiens Empfindung, ihr zartes Gefühl —

General. Nun, das werden Sie besser behandeln können, als ich. Gehen Sie, sagen Sie ihr, daß sie in zwey Stunden die Ihrige ist.

Graf. Ich?

General. Nun, der Adjutant wird Sie doch nicht zur Trauung kommandieren sollen?

Graf. Sie kennen die Weigerungen, womit das Fräulein, seit der Blokade, unsere Verbindung bis zu ruhigern Zeiten hinaussetzte —

General. Ich war ein gutmüthiger — ich hätte nicht darauf hören sollen. Nun ist das am Ende. Meine Zeit ist kurz — Gott weiß — wie kurz. Ich verlange die Trauung.

Graf. So will ich es ihr sagen.

General. So will ich es ihr sagen? Ist das ::: Graf! Was geht mit Ihnen vor? Lieben Sie meine Tochter, oder nicht?

Graf. *Heftig.* Ueber alles in der Welt! Sie, guter Vater, liebe ich Sie nicht auch — und —

General. Ich danke. Ich verstehe schon. *Er umarmt ihn.* Ich danke. — Wortreicher will ich danken, wenn alles vorüber ist und wenn ich mit vorüber bin — sey es — kurz, gut und herzlich; hiemit abgethan! *Er umarmt ihn feurig.* Gott mit Euch — an Ihren Posten, Herr Sohn!

Graf *geht.*

Siebenter Auftritt.

Von der Seite tritt der Adjutant ein.

Adjutant. Der feindliche Offizier ist mit dem Trompeter über die Vorposten hinaus gebracht.

General. Sie machen dem Magistrat bekannt, daß bey der Bürgerschaft ungesäumt die nöthigen Anstalten zu Rettung bey Feuersgefahr gemacht werden, daß die Konvention ein Ende habe und die Feindseligkeiten anfangen werden.

Adjutant. Sogleich.

General. Die Adjutanten sind auf alle Posten geritten, es den kommandierenden Offizieren bekannt zu machen.

Adjutant. Noch habe ich Euer Excellenz zu melden, daß bey dem äußersten Vorposten am

Wasser, der Hauptmann von Haus Krankheits-halber hat abgelöst werden müssen.

General. So? Doch nicht gefährlich krank?

Adjutant. Man glaubt nicht.

General. An wem steht das Kommando?

Adjutant. An dem Hauptmann, Baron von Thurneisen!

General. Baron von Thurneisen? Ach! In guten Händen. Im Vertrauen gesagt — in bessern Händen als vorher. Machen Sie nun Ihre Sache prompt und sicher. Wie bisher! Gott befohlen. Er geht in die Mitte; der Adjutant zur Seite ab.

Achter Auftritt.

Eine Parthie von einem Bosquett des Gartens hinter dem Hause. Kurzes Theater.

Sophie kommt lebhaft herein und sieht sich im Eintreten etliche Mal um. Es kommt niemand! Ich bin endlich allein! — Gott sey Dank! — Was will ich hier — ich weiß es nicht. Warum will ich allein seyn? — Ich weiß es nicht. — Sie trocknet die Augen. Ach meine armen heissen Augen — ich kann nicht mehr weinen! Gieb mir die Erleichterung, daß ich weinen kann, guter Gott!

Neunter Auftritt.

Madam Berg. Sophie.

Mad. Berg. Der Graf —

Sophie. *Erschrocken, fährt auf.* Ach —

Mad. Berg. Der Graf sucht Sie — liebe Sophie!

Sophie. *Trocknet ungesehen die Augen.* So? — Sieh nur, liebe Berg, heute mag ich niemand sehen. Es ist mir heute so sonderbar zu Muthe — so — *Sie bemüht sich während deß von ihr wegzusehen,* ich kann Dir das nicht beschreiben.

Mad. Berg. *Wehmüthig.* Ach Sophie!

Sophie *wendet sich zu ihr.* Und gieb nur recht Acht — jedermann ist so. Alle Leute sind unruhig und vermeiden einer den andern.

Mad. Berg *droht ihr sanft mit dem Finger.*

Sophie. Das macht — das unruhige Leben, in einer eingeschlossenen Festung. Ja, das ist die Ursach.

Mad. Berg. Wer sein Herz wohl bewahrt hat, ist überall ruhig.

Sophie *wendet sich ab und seufzt.*

Mad. Berg. Wer aber mit seinem Herzen unzufrieden seyn muß — dem ist nirgend wohl.

Sophie. Das mag seyn.

Mad. Berg. Der flieht die Menschen. — Der weint heimlich, und wird nicht einmal ruhig, wenn er sich ausgeweint hat.

Sophie. Das ist schrecklich!

Mad. Berg. Der fliehet seine besten ältesten Freunde — dem sind die ersten Jugendfreunde im Wege, sie werden ihm zuwider, er haßt sie zuletzt. Ich möchte nicht meinem Zögling gehässig werden — ich kann auch das heimliche Leid meiner Sophie nicht ansehen. Drum — empfehle ich Sie Gott — und gehe wieder. *Sie geht.*

Sophie geht ihr rasch nach, kehrt sie zu sich, sieht sie an und stürzt in ihre Arme.

Mad. Berg. Sind das meine Hoffnungen?

Sophie richtet sich auf. Ich bin verloren! *Kälter.* Das ist ganz ausgemacht, ich bin verloren.

Mad. Berg. Lieben Sie den Grafen nicht mehr?

Sophie. Nein.

Mad. Berg. Mein Gott — und —

Sophie. Ich kann nicht dafür.

Mad. Berg. Und sind seine Verlobte.

Sophie. Ich darf ihn nicht betrügen. Er muß es wissen, daß es anders in mir ist. Er muß es wissen.

Mad. Berg. Kind! liebe Sophie —

Sophie. Dazu bin ich ganz entschlossen. — Nur mein Vater — seine Freude über meine Heirath mit dem Grafen: — nur das martert mich.

Mad. Berg. Ließ er Ihnen nicht freien Willen — war es nicht —

Sophie. Nein! Mein Wille war nicht frey. Nein, liebe Berg, sey gerecht, mein Wille war nicht ganz frey!

Mad. Berg. Ich kenne Sie gar nicht mehr — Sie sind ganz fremd für mich — so fühlten Sie sonst nicht — so sprachen Sie sonst nicht.

Sophie. Ich hatte noch nicht gelebt. Erst seit ich liebe, seit ich — — laß mir mein Geheimniß, wenn Du nicht mit mir fühlen kannst. Es wird Dich unglücklich machen, alles zu wissen, und Dein Jammer ist eine Last, die mich zu Boden drückt.

Mad. Berg. Können Sie sagen, daß Sie gezwungen waren, dem Grafen Ihre Hand zu versprechen?

Sophie. Verleitet. Das ist so gut als Zwang. Ich bin mit ihm herangewachsen, auferzogen. Ich war ihm gut — ich kannte niemand, für den ich eine höhere Empfindung hätte haben können — ich sollte ihm meine Hand geben — man sagte mir so oft — es wäre gut wenn ich das thäte — ich machte jedermann Vergnügen damit — das gefiel mir — ich sprach ja. Ich war ruhig dabey. Weder glücklich, noch nicht glücklich — bis — — o liebe Berg — Du mußt weit zurück gehen in deine Jugend — wenn — Du das begreifen willst, was nun kommt.

Mad. Berg. Ich denke, daß ich Mutterstelle vertrete, bey einer sehr lieben Tochter — das ist ja wohl fast so viel.

Sophie. Das ist mehr — das ist Alles — das ist unaussprechlich viel! Mutter, rette Deine Tochter!

Mad. Berg. Ach Gott! — wir werden nicht lange allein bleiben — thun Sie zur Sache!

Sophie. Du weißt, daß vor einigen Monaten ein junger Soldat, gegen den Major Sellani, der den Menschen in ihm mißhandelte, — den Degen zog!

Mad. Berg. Das ist der, dem Baron Thurneisen das Leben gerettet hat?

Sophie. Derselbe. Nicht die Bitten der Familie, der Vornehmsten, nicht meine Bitten konnten den Menschen retten. Seine Mutter zog mich zu den Füßen meines Vaters, fast in eben dem Augenblick, wo die Zeichen zu seinem langsamen Tode gegeben wurden — wehmüthig wies mein Vater mich zurück — man hört ein Getöse — die Mutter schreit laut — ich höre die Trommeln — Gnade! rufen — Gnade! das Volk jauchzt Gnade! Wir stürzen in die Fenster! Mutter — da sah ich ihn!

Mad. Berg. Wen?

Sophie. Ihn, ihn, ihn! Nur ihn! Ihn und keinen andern. — Da stand er — bestäubt — athemlos — mit zerstreutem Haar, an sein Pferd gelehnt — der Unglückliche, zum Martertode entkleidet, lag dankend auf seiner Hand. — Alle Gesichter auf ihn — auf den Einzigen, den Engel der Rettung hingerichtet! — Mein Vater fragt hinab — „Er hat ihn gerettet, Thurneisen hat ihn gerettet" — schreit einer — mehrere — Alle! „Er lebe, er lebe!" ruft die Menge im lauten Jubel, und drängt ihn so zu uns her, unter das Fenster. Er blickte herauf — es war ein Blick! o daß ich ihn nie gesehen hätte! — Er erzählt, wie er das Herz des Fürsten ergriffen habe — bescheiden spricht er von sich und wenig — mit Feuer von dem Fürsten — meinem Vater tropften Thränen herab — die meinen flossen unaufhaltsam. Er ging — das Volk ging ihm nach — ich sah ihm nach so weit sein Federbusch zu erkennen war — er ging und hatte mein Herz mit sich hinweggenommen.

Mad. Berg. Weiß ich alles?

Sophie. Wir sahen uns oft — mit jedem Tage mußte ich ihn mehr ehren — mit jedem Tage liebte ich ihn mehr. Mutter, wie glücklich war ich, als ich sah, daß er für mich fühle, was ich für ihn fühlte! Wie glücklich! — In sich gekehrt war er und finster — ich verstand ihn doch. Er wollte mich meiden — aber die Liebe war mächtiger. Einst warf er sich vor mir nieder — schwur mir ewige Liebe — raffte sich auf und betheuerte, daß er mich nun nie wieder sehen würde.

Mad. Berg. Und seitdem —

Sophie. Ich konnte nicht reden — ich hielt ihn zurück — ich hatte nicht die Kraft ein Wort hervorzubringen. — Seine Verdienste — die Güte meines Vaters — Verzweiflung — alles gab mir Muth zu hoffen — sprechen Sie mein Todesurtheil — rief er mit einer Art Wuth — sprechen Sie es — ich sank an seinen Busen — wir schwuren uns ewige Liebe! — Diesen Schwur liebe ich — wie ich ihn liebe. — Sein bin ich — sein! oder nie eines Andern. — Nun weißt Du Alles!

Mad. Berg. Meine Tochter! Meine Vernunft kann Ihre Leidenschaft nicht billigen — mein Herz kann Ihnen Mitleiden nicht versagen, aber wie sind Sie zu retten?

Sophie. Durch Muth!

Mad. Berg. Der arme Graf!

Sophie. Ich darf ihn nicht hintergehen.

Mad. Berg. Ihr guter — guter alter Vater!

Sophie. Da sehe ich keinen Ausweg. Ihm werde ich das Herz zerreissen — was ich auch thue — wie ich es auch thue — ihm werde ich das Herz zerreissen. Das vergebe mir Gott! Aber ich kann — ich kann nicht anders!

Mad. Berg. Sammeln Sie Sich; dort kommt der Graf!

Sophie. Der Graf! — *Sie geht.* Der Graf! *Sie kommt zurück.* Nun gut. *Gefaßt.* Nun wohl. Es soll so seyn.

Neunter Auftritt.

Vorige. Graf.

Graf. Ich suche Sie überall!

Sophie. Besser, wir hätten uns nicht gefunden.

Graf. Sophie!

Sophie. Wir hätten uns nie gefunden.

Graf. *Will reden, das Erstaunen läßt es nicht zu.*

Sophie. *Sie reicht ihm die Hand.* Denken Sie gut von mir — weil ich wahrhaft bin. *Sie zieht ihre Hand zurück.* Ich nehme meine Hand zurück — einst werden Sie mir es danken.

Graf. Sophie!

Sophie. *Zu Madam Berg.* Du hast Mutters rechte an mir — so vertritt Deine unglückliche Tochter bey diesem edlen Manne! *Sie geht.*

Graf. *Faßt Madam Berg heftig bey der Hand.* Sie liebt einen andern?

Mad. Berg. Seit wenig Augenblicken erst weiß ich es — ja.

Graf. Und in einer Stunde will der General uns feierlich durch den Priester einsegnen lassen! Leben Sie wohl! *Er geht.*

Mad. Berg. *Sie folgt und hält ihn auf.* Großer Gott!

Graf. Retten Sie die Unglückliche vom Fluche ihres Vaters — genug trage ich an meinem Kummer, ich vermag hier nichts! *Er geht schnell fort.*

Zweiter Aufzug.

Zimmer des Fräuleins.

Erster Auftritt.

Graf. Madam Berg.

Mad. Berg. *Zum Grafen, der gerade auf Sophiens Kabinet zugeht und den sie sich bemüht aufzuhalten.* Einen Augenblick nur — ich bitte Sie, Herr Graf — ich bitte Sie herzlich darum — daß ich nur erst sehe, in welcher Stimmung das arme Kind ist!

Graf *tritt zurück, bewilligt es und deutet ihr hineinzugehen.*

Mad. Berg *in das Kabinet.*

Graf *geht lebhaft auf und nieder, mehr bewegt, als zornig — Er bleibt stehen — reißt das Tuch heraus, trocknet die Augen — wirft sich in einen Sessel und starrt auf den Boden.*

Mad. Berg *kommt zurück.*

Graf *springt auf.*

Mad. Berg. Sie will kommen — nur etwas Geduld! Sie hat doch nun zugesagt, heute Abend die Ihrige zu werden.

Graf. Und diese Zusage soll mich glücklich machen können? Was die zärtlichen Wünsche des Vaters, was zuletzt ein Augenblick des Zorns, was vielleicht meine Wehmuth und Ihr Zureden errungen haben, damit soll ich wie ein Bettler, wie ein Räuber davon schleichen!

Mad. Berg. Nicht doch — einige Zeit — einige Geduld —

Graf. Nein, Madam, es kann zwischen Sophien und mir nicht so bleiben. Es muß —

Zweiter Auftritt.

Sophie. Vorige.

Sophie tritt heraus, schlägt die Augen nieder, und senkt das Gesicht.

Graf. Wir sind beide in einer traurigen Lage.

Sophie geht vor, sieht ihn an und sagt dann mit Wehmuth. Beide!

Graf. Fräulein — Ihr Unglück kann ich nicht wollen!

Sophie. Ihre Nachsicht, Herr Graf, demüthigt mich tief und erhöht Ihren Werth so — daß ich wahrlich zu arm bin, alles auszudrücken, was ich darüber empfinde.

Mad. Berg. Sehen Sie, gütiger Mann, meine Sophie ist wahrlich nicht ungerecht.

Graf. Ich sage Ihnen kein Wort mehr von meiner Liebe. Sie kennen sie — wie ich künftig mit diesem Gefühl leben soll — begreife ich nicht. Aber dieß Gefühl ist zu rein, es ist mir zu heilig, als daß ich nicht alles wollen sollte, was Ihren Kummer lindern kann.

Sophie. Gott helfe uns! Sie legt ihre Arme um Madam Berg.

Graf. Sie haben acht Stunden Aufschub, bis zur Trauung mit mir!

Sophie richtet sich auf, lebhaft und ängstlich. Ich weiß es!

Graf. Diese feierliche Stunde würde Sie zum Unglück weihen. Wie sind Sie zu retten. Sie haben nachgegeben —

Sophie. Ich mußte es ja —

Graf. Sie haben nachgegeben — was kann ich nun thun?

Sophie. Nichts!

Graf. So sind Sie verloren —

Sophie. Vielleicht — vielleicht nicht. — Ich wage noch etwas — auf meinen Vater. Gelingt das — so lassen Sie mein Andenken verlöschen, ohne Groll: gelingt es nicht — so schwöre ich Ihnen, daß das Gefühl für Ihre Großmuth, für alles, was Ihre Liebe an Geduld mir opfert — eine Dankbarkeit mir auflegt — welche der Liebe sehr nahe kommt. — Erschrocken. Was habe ich gesagt — liebe Berg — Herr Graf — ist etwas in meinen Reden das Sie beleidigen könnte: so vergeben Sie es mir. Gewiß ich habe nichts sagen wollen, daß Ihnen unangenehm fallen könnte. — gewiß nicht!

Graf. Gott! Warum, warum muß ich Sie verlieren!

Sophie. So ist also unser Handel geschlossen — auf Vergebung oder Geduld! — Geben Sie mir die Hand darauf —

Graf ergreift hastig ihre Hand und legt sie auf sein Herz.

Mad. Berg. Dahin gehört ja Ihre Hand, liebe Tochter!

Sophie. In ihren Armen. Ach! Sie erhebt sich, faßt mit beiden Händen des Grafen Hand. Auf Wiedersehen!

Graf. Wie werden wir uns wiedersehen?

Sophie. Mit gefalteten Händen. Vergebung! — Oder Geduld! Außer sich. Gott entscheide! — Heftig.

Jetzt lassen Sie mich — ich kann — ich kann nicht mehr!

Graf. Umarmt sie heftig. Vergebung — Geduld — Mit ausbrechenden Thränen. und ewige Liebe! Er geht rasch fort.

Sophie. Ihm nach, bis an den Ausgang. Segen und Frieden über dich — Frieden und alles Glück der Liebe! Sie wendet sich zu Madam Berg. Das ist geschehen. Das ist vorbey. Aber nun — nun — o liebe Berg — daß alles Uebrige vorüber wäre!

Mad. Berg. Was? Was soll vorübergehen?

Sophie. Etwas Schreckliches — aber es muß seyn. — Laß mich — Du kannst es nicht fassen was der Muth der Liebe aussinnen und vollenden kann.

Mad. Berg. Was wollen Sie und was soll der Graf vergeben müssen? Was wollten Sie damit sagen?

Sophie. Das ist zu viel für Dich — es ist schwer für mich — noch schwerer für — — aber wie viel Uhr ist es?

Mad. Berg. Warum?

Sophie. Dringend. Wie viel Uhr ist es?

Mad. Berg. Zehn Uhr.

Sophie. Schon vorbey — zehn Uhr vorbey?

Mad. Berg. Es hat geschlagen.

Sophie. Dann laß mich.

Mad. Berg. Nimmermehr!

Sophie. Laß mich — bete für mich — Glück oder Unglück — meine Zeit ist da. Sie umarmt sie. Geh!

Mad. Berg. Nein, liebe Tochter. Ich bin an meiner Stelle, und werde Sie nicht verlassen.

Sophie. Du mußt! Laß mich den letzten Abschied nehmen — er wird kommen.

Mad. Berg. Wer?

Sophie. Unruhig. Zehn Uhr vorbey? Er sollte schon hier seyn.

Mad. Berg. Um Gotteswillen, wer?

Sophie. Wem anders kann dieß Herz so entgegen schlagen, — um wen anders kann — Sie geht umher und sagt dann schnell und mit Verzweiflung. Er kommt —. Thurneisen kommt!

Mad. Berg. Erschrocken. Fräulein!

Sophie. Höre seine Antwort auf meine Bitte. Sie liest schnell und ängstlich. „Mühe und Gefahr sind nichts gegen Deinen Willen. Mein Verhängniß ruft; Dein Leben sagst Du, stände auf dem Spiel wenn ich zum dritten Male mich weigerte —' wohl ich setze mein Leben dagegen und bin um 10 Uhr dort. Laß Friedrich meiner warten." — Die Liebe wird ihn schützen!

Mad. Berg. Meine Besinnung verläßt mich — das kann nicht seyn, das darf ich nicht zugeben. Das muß ich hindern.

Sophie. Nicht diesen letzten Abschied willst Du mir gönnen — nicht diese letzten Thränen. Umsonst soll er alles gewagt haben — Ehre und Leben umsonst gewagt haben. Mutter! Nur dießmal sey gütig. Laß mir das traurige Vergnügen ihn zu trösten. Laß mich ihm sein Unglück verkünden, daß nicht ein Fremder ihm sage, die Betrügerin hat sich heute verheirathet. Ich habe ihm Liebe geschworen und ein Fremder soll meinen Meineid ihm erzählen! Nein nimmermehr — und sollte ich sterben — eher sterben — als daß er durch einen andern das erführe. Mutter! Ich habe Muth — treibe mich nicht auf daß Aeußerste — das Aeußerste ist der Tod — und der Tod wäre mir willkommen!

Dritter Auftritt.

Vorige. Friedrich in der Thür.

Friedrich sieht das Fräulein bedeutend an.

Sophie. Er ists — er ists!
Mad. Berg. Gerechter Gott!
Sophie. Zu mir — zu mir!
Friedrich geht.

Sophie. Weg! — liebe Freundin — Du kannst — Du darfst da nicht gegenwärtig seyn. Ich unternahm es — ich führe es aus. Entschluß und Erfolg falle auf mich! — Geh — Wenige Minuten kann der furchtbare Kampf währen — Du kannst ihn nicht aufhalten — Er kommt! *Sie umarmt und führt sie an die Seitenthür.* Bete für Deine Tochter!

Die Mittelthüre öffnet sich.

Vierter Auftritt.

Baron von Thurneisen, in einen Mantel verhüllt, den Huth verkehrt, tief ins Gesicht gerückt. Unter dem Mantel in Uniform, den Degen im Arm. Er geht auf sie zu.

v. Thurneisen. Theure Sophie!

Sophie. Albert! *Sie umarmen sich und gehen in dieser Umarmung vor.*

v. Thurneisen. Du zitterst? Reiß mich aus meiner Angst — was hast Du mir zu sagen!

Sophie. Ach Albert!

v. Thurneisen. Vollende. Meiner Augenblicke sind wenige.

Sophie. Nur einen Augenblick —

v. Thurneisen. Ich habe, um zu Dir zu kommen, meinen Posten verlassen müssen. Pflicht ruft mich dringend zurück — Pflicht verbot mir zu kommen — als Du aber zum dritten Male schriebst, Dein Leben hinge davon ab — konnte ich mich bedenken, da es für Dein Leben nur das meine galt? Liebe siegte. — ich kam!

Sophie. Gott! Du wagst also —

v. Thurneisen. Wenn ich verweile —

Sophie. Dein Leben —

v. Thurneisen. Für Dich!

Sophie. Du liebst mich?

v. Thurneisen. Ich liebe Dich! Umarmt sie.

Sophie. Ach, Du weißt nicht, wen Du umarmst!

v. Thurneisen. Das edelste Mädchen!

Sophie. Nein, nein! Eine Meineidige!

v. Thurneisen. Du?

Sophie. Ich!

v. Thurneisen. Meineidig! Du? Bey Gott! Unmöglich!

Sophie. In acht Stunden — in acht Stunden —

v. Thurneisen. Starr. In acht Stunden!

Sophie. Bin ich —

v. Thurneisen. Nun!

Sophie. O Albert — das Wort —

v. Thurneisen. Sprich es —

Sophie. Fluche mir nicht!

v. Thurneisen. In äußerster Spannung. Sprich es!

Sophie. Verheirathet!

v. Thurneisen. Kraftlos, ohne Accent an Wehmuth grenzend. O mein Gott!

Sophie. Nur Du kannst mich retten!

v. Thurneisen. Sophie, konntest Du mich betrügen? —

Sophie. Nicht Dich! Dich nicht! — Thränen des Vaters entrissen mir mein Wort! Sieh ich opfere Dir das Theuerste — meinen Vater — seine Thränen — ich wage alles — rette mich, dazu beschied ich Dich her! Rette mich!

v. Thurneisen. Was soll ich thun?

Sophie. Fliehen!

v. Thurneisen. Wie?

Sophie. Mit mir fliehen!

v. Thurneisen. Unmöglich!

Sophie. Fort! Aus dieser Stadt —

v. Thurneisen. Aus —

Sophie. Aus diesem Lande! Meine Juwelen verschaffen uns in der Schweitz eine Hütte, ein Feld — die Liebe wird sie zum Paradiese schaffen; am Fuße der Alpen wird der gute Vater uns endlich verzeihen.

v. Thurneisen. Arme Sophie —

Sophie. Mit Dir bin ich reich. Wann fliehen wir — es wird früh dunkel — wann — wann, ehe die achte Stunde schlägt — und Priesterseegen Fluch auf mich herabfordert! Wann — Albert! wann fliehen wir?

v. Thurneisen. Ich Unglücklicher! Weh über mich, daß ich auf Deine Schwüre bauen konnte.

Sophie. Laß uns fliehen —

v. Thurneisen. Aus einer belagerten Festung!

Sophie. Du bist Offizier —

v. Thurneisen. Eben darum.

Sophie. Du kannst die Möglichkeit schaffen!

v. Thurneisen. *Heftig.* Ich soll entlaufen? Nimmermehr!

Sophie. In acht Stunden! — In acht Stunden soll ich —

v. Thurneisen. Mir ist ein Kommando anvertraut —

Sophie. Ich vertraue Dir das Glück meines Lebens! Albert, lieber Albert!

v. Thurneisen. *Mit dem männlichsten Ausdruck.* Ich darf nicht.

Sophie. *Einen Schritt zurück.* Soll ich Gräfin Hohenthal werden —

v. Thurneisen. Die Ehre! die Ehre!

Sophie. Die Liebe, Albert — die Liebe!

v. Thurneisen. Soll Schande den Namen brandmarken, den Du tragen willst!

Sophie. Soll ich nie Deinen Namen tragen, soll ich Dich nicht lieben? Liebst Du mich nicht? Laß Dein Kleid, die Vorurtheile und Deinen Degen zurück. Fröhne nicht der kalten Ehre, lebe der Liebe; Deinem und meinem Schwure, ein Grabscheit statt dieses Degens — Glück in stiller Hütte, in meinen Armen — Albert, wanke nicht!

v. Thurneisen. Ich verzweifle — aber ich wanke nicht.

Sophie. So laß uns fliehen!

v. Thurneisen. Ich kann nicht — ich kann nicht — ich darf nicht!

Sophie. Großer Gott — und in acht Stunden — ich opfre meinen Vater, wage seinen Fluch — seinen Gram — seinen Tod, und Du willst nicht die Vorurtheile opfern, die Dein Kleid Dir aufdringt! Albert, Albert, Du hast nie so geliebt wie ich!

v. Thurneisen. Verzeihe Dir Gott, daß Du mein Herz brechen kannst!

Sophie. So spricht es für meine Bitte, für unser Glück — folge ihm!

v. Thurneisen. Mädchen! Tochter eines Helden — mein erster Eid bindet mich an das

Vaterland und die Ehre! Liebe ohne Ehre — Ruhe in Schande. — Kannst Du das zu seyn denken? Kannst Du mein Bild am Schandpfahl Dir denken? Meinen Namen geächtet, einen Gegenstand der Verachtung, am Fuße der Alpen, wie hier — Kannst Du das Dir denken? Deinen Vater denken, wenn er vor allen Offizieren erklären muß — daß seine Tochter mit einem Niederträchtigen — — ich kann nicht mehr davon reden! Sophie, ich liebe Dich über alles — mein Hierseyn beweist es — sage mir wie ich mit meinem Tode deine Ruhe erkaufen kann, ich will es — aber eine Schandthat kann ich nicht begehen.

Sophie. O Gott — Gott! Ich bin verloren.

v. Thurneisen. Ich will Deinen Vater männlich anreden —

Sophie. Vergebens —

v. Thurneisen. Ich will den Grafen —

Sophie. Der Graf thut alles für uns. Er vermag nichts gegen den festen Willen meines Vaters, der mich mit dem Grafen verlobte und nun sein ganzes Glück nur in dieser Heirath sieht.

v. Thurneisen. Und in acht Stunden schon — Ja, es ist schrecklich! in acht Stunden!

Sophie. Du willst mich nicht retten? — Dein Auge umwölkt sich — Du weinst — Kannst Du mich nicht retten? Lieber Albert — kannst Du nicht?

v. Thurneisen. Sey barmherzig — eine Schandthat kann ich nicht begehen!

Sophie. Nun — so vergieb, daß ich — sey nicht böse. — Ich verstehe die Sachen nicht so — ich weiß nicht, was Du wagen dürftest. Sey nicht böse — hörst Du!

v. Thurneisen. Was soll aus uns werden? O Sophie, Sophie!

Sophie. Mit mir wird es nicht lange dauern, mein Albert — ich werde Dich denken — in jedem Augenblicke — Dich — nur Dich! so wird es bald enden.

v. Thurneisen. Sophie! Sophie!

Sophie. Du — Du denkst Dir dann die Ehre! So wird es Dir wohl gehen. — Tritt hin an mein Grab — weine der ehrlichsten Seele, die je geliebt hat, eine herzliche Thräne und gebe Gott dann — daß die Ehre Dich tröste und Dir alles Gute verleihe, was ich armes Mädchen mit treuer Liebe Dir so gern geben wollte, das ist mein herzlichstes Gebet!

v. Thurneisen. Du bist unmenschlich hart gegen mich!

Sophie. Nein, nein. Nein das will ich gewiß nicht seyn. Ich will Dich nicht quälen — nicht einmal rühren. — Drum laß uns scheiden.

v. Thurneisen. Außer sich. Scheiden!

Sophie. Deine Augenblicke werden von mir gefordert. Wir müssen uns nun trennen —

v. Thurneisen. Kann ich es?

Sophie. Ich heiße Dich nun nie mehr kommen und gehen.

v. Thurneisen. Sophie!

Sophie. Leb wohl — leb wohl! denke an mich!

v. Thurneisen. Aus Deinen Armen — an meinen Posten — und ich hoffe bald — in die Arme des Todes für Vaterland und Ehre! Er umarmt sie.

Sophie. Nein! lebe — schütze Dich Gott! — Schütze den Mann, für den mein letztes Gebet noch Segen flehen wird.

v. Thurneisen. Ein Andenken gieb mir von dieser Stunde — von der bängsten meines Lebens.

Sophie. Ja, ja. Was kann ich Dir geben. Sie besinnt sich. Rasch. Ja! Sie giebt ihm ihr Tuch. Da — nimm die heißesten Thränen mit Dir, die ein Herz geweint hat — das nun auf Erden weder Frieden noch Freuden mehr hat. — Mir gieb Dein Feldzeichen. Er nimmt es vom Hute und giebt es ihr. Es soll meine Thränen auffassen in der bangen achten Stunde — es schmücke mich zu Deiner Braut im Grabe!

v. Thurneisen. Erschrocken. Sophie! — Mit aller Innigkeit der Liebe. Du willst doch leben? Leben mußt Du!

Sophie. Lächelt schwermüthig. Es bedarf keiner Gewalt — denn aus dieser letzten Umarmung trage ich meinen frühen Tod mit mir hinweg!

v. Thurneisen. Freude hat nun hinfort die Welt weder für Dich noch für mich!

Sophie. Weder für mich noch für Dich!

v. Thurneisen. So bete — daß wir bald — im Lande des Friedens wieder zusammen treffen! Bald!

Pause. Sie umarmen sich, und rufen in lauter Wehmuth.

Sophie. Bald!

v. Thurneisen. Bald!

Fünfter Auftritt.

Vorige. Madam Berg.

Mad. Berg. Herr Baron —

Sophie und Thurneisen gehen erschrocken aus einander.

Mad. Berg. Herr Baron, wenn Sie ein Mann von Ehre sind: so setzen Sie das Fräulein keiner Gefahr aus, und gehen von hier weg.

v. Thurneisen. Sogleich.

Mad. Berg. Es ist schon lange, daß der Herr General ausgeritten ist — er könnte zurückkehren.

Sophie. Wir sehen uns nie wieder, liebe Mutter.

Mad. Berg. Es ist ohnehin alles auf den Straßen in besondrer Bewegung —

v. Thurneisen. Es wird doch nicht — Er greift nach dem Degen.

Sophie. Leb wohl — leb wohl — Sie stürzt in seine Arme.

Mad. Berg. Die Adjutanten jagen durch die Straßen —

v. Thurneisen. Diese letzte Umarmung — und nun keine mehr!

Man hört von außen Allarm-Trompeten, die ein Regiment zusammen-berufen.

Mad. Berg. Was ist das?

v. Thurneisen. Leb wohl —

Sophie. Leb — Sie sinkt der Madam Berg fast ohnmächtig in die Arme.

v. Thurneisen. Helfen Sie ihr — ich kann nicht länger — Er geht und stößt auf den Major.

Sechster Auftritt.

Vorige. Major.

Major. Gnädiges Fräulein —

v. Thurneisen. Stutzt und verweilt.

Major. Sie hier? Sie hier? —

v. Thurneisen. Ich war im Begriff —

Major. Ist nicht mehr nöthig. Ich wollte nur dem Fräulein melden, daß ihr Herr Vater in Gefahr war, aber sehr bald unverletzt hier seyn wird.

v. Thurneisen. Hastig. Gefahr? War ein Angriff? Auf dem Sprunge zu gehen.

Major. Freilich.

v. Thurneisen. Wo? Um Gottes willen? wo?

Major. Es ist nun alles vorüber —

v. Thurneisen geht.

Major. Bleiben Sie. Sie haben nun keine Eile mehr. Wir haben den Posten verloren. Der Feind hat ihn überrumpelt und okkupiert.

v. Thurneisen. Welchen Posten?

Major. Numero 3, am Wasserthor.

v. Thurneisen. Gott im Himmel!

Sophie. Was ist das, Herr Major —

v. Thurneisen. Es war mein Posten — *Er geht.* Wo soll ich hin — Dort Schande — hier Hohn — der Tod gewiß! — Was soll ich thun?

Major. O seyn Sie deßhalb unbekümmert — es ist Veranstaltung getroffen — glaube ich.

Sophie. Wozu?

Major. Den Herrn Hauptmann zu empfangen.

v. Thurneisen. Herr Major, diese Unterhaltung ist nicht gut für das Fräulein, fühlen Sie wohl.

Major. So süß wie die Ihrige gewesen seyn mag, ist sie freilich nicht.

Siebenter Auftritt.

Vorige. Adjutant.

Adjutant. Herr Hauptmann — ich habe Befehl Sie zu begleiten.

v. Thurneisen. *Betroffen — bald gefaßt.* Ganz Recht. *Giebt ihm seinen Degen.*

Sophie. Wohin —— warum giebt er diesen Degen ab — Gott, er hat ihm eben erst Alles aufgeopfert!

Major. Bis auf sein Leben, das hier sehr garantiert war.

v. Thurneisen. Elender! Er fährt auf ihn zu.

Major. Zieht. Jämmerlicher Mensch!

Adjutant. Der den Herrn von Thurneisen zurückhielt. Zum Major. Der Herr Hauptmann ist mein Gefangener.

Major. Das schützt ihn auch nur —

Sophie. Gefangner? Herr Adjutant — Herr Adjutant —

Adjutant. Fräulein, schenken Sie mir die Antwort, dann ehre ich meine Pflicht und Ihr Gefühl.

Mad. Berg. Liebe Tochter — lassen Sie uns gehen. Sie will sie mit sich führen.

Sophie. Mit Gewalt sich nach ihm hinwendend. Wir sehen uns wieder?

v. Thurneisen. Dort — wo den heiligsten Gefühlen keine Verhältnisse Stillschweigen gebieten. — Leben Sie wohl!

Achter Auftritt

Graf. Vorige.

Im Abgehen begegnet er beiden aus der Mitte.

Graf. Dort hinunter, Herr Adjutant — daher kommt der General — geschwinde!

Thurneisen und Adjutant gehen links ab.

Graf. Herr Major — suchen Sie den General aufzuhalten.

Major durch die Mitte weg.

Graf. Zu Sophien. Für Sie will ich thun was ich vermag — für den Baron kann ich nichts thun!

Mad. Berg. Gehen Sie dem Herrn General jetzt aus dem Wege, Fräulein —

Sophie. Nein! — Ich will den Kelch auf einmal ausleeren.

Graf. Ich will versuchen — seinen Zorn abzuleiten.

Sophie. Ich will meinem Schicksal nicht entgehen.

Neunter Auftritt.

General, dem der Major folgt. Er bringt wüthend herein.

General. Wo ist er? — Er geht nach der Seitenthür. Der Niederträchtige!

Major. Ihn zurückhaltend. Herr General!

Graf. Ihm in die Arme fallend. Vater! Hören Sie mich —

General. Auf Sophien zu. Was bist du?

Mad. Berg. Eine bedauernswürdige Unglückliche!

General. Wie viel Unglück wartet auf mich — Was bist Du — rede! Nur eine Betrügerin — nur ein sittenloses Weib — so ist's noch ein Glück! Oder bist du mit dem Verräther — mit dem Feigen — mit ihm und dem Feinde einverstanden!

Graf. Kennen Sie Ihre Tochter nicht mehr! Herr General!

General. Die Festung ist verloren — das wichtigste Werk ist genommen — meine Ehre ist dahin — mein Name ist geschändet — meine Tochter mit im Komplott! Fragt sie doch — schafft mir nur die Gewißheit, hat sie Theil am Verrath oder nicht!

Sophie. Mein ist alle Schuld — auf meine Bitte ist er gekommen — auf meine dreymal wiederholte Bitte! Was Sie sonst fragen, verstehe ich nicht.

General. Ist kein Verständniß mit dem Feinde — kein Verrath von dem Du wußtest — beantworte mir das?

Sophie. So wahr Gott lebt ich weiß von nichts!

General. Gut. — Herr Major — Kriegsrecht über den Elenden — der Auditeur hat den Auftrag schon. Ich will es beschleunigt wissen.

Major geht.

Sophie. Stürzt zu seinen Füßen. Barmherzigkeit! Vater — wenn Ihnen das Leben — das Gewissen Ihres Kindes werth ist — mein ist alle Schuld — Gnade dem unglücklichen Manne!

General. Macht sich los. Fort!

Sophie. Nein! Sie ergreift seine Hand. Nein, Sie machen Sich nicht, nie von mir los —

General. Der Vater hat nicht Zeit, über eine ungerathene Dirne zu wimmern. Der General hat zu handeln — und will Ruhe vor dir haben. Er wirft sie der Madam Berg in die Arme. Befreit mich von der heillosen Närrin!

Sophie. Keine Gewalt soll mich verstummen machen. Ich folge ihm überall, zu jedem Geschäft, unter Schwerter und Feinde; wenn der General ein Mensch ist, so muß er mich hören und Gerechtigkeit üben — Gerechtigkeit erflehe ich!

General. *Wüthend.* Hinweg — zum letzten Male, hinweg!

Graf. Fräulein!

General. Hinweg, ehrloses Mädchen!

Sophie. Großer Gott!

Graf. Herr General! Herr General!

General. Mit Schande stößt sie mich in die Grube, entehrt ihre tugendhafte Mutter im Grabe — Fluch Dir! Fluch auf die Tage die Du noch zu leben hast! Ich kenne Dich nicht — führe nicht meinen Namen — habe mein Vermögen — aber wehe Dir, wenn Du je vor meinen Augen wieder erscheinst. — Hinweg! *Er wirft sich entkräftet in einen Stuhl.*

Zehnter Auftritt.

Vorige. Ein Adjutant.

Adjutant. Ich habe Ihro Excellenz zu melden, daß die Feinde auf dem eroberten Posten, Num. 3. anfangen Wollsäcke und Faschienen aufzufahren.

General. *Er steht auf und erzwingt Fassung. Seine Stimme ist dennoch wankend, der Körper ruhig.* Das schwere Geschütz von Num. 17 soll sie daran hindern. Man soll auf der Bastey Beatrix eine Kesselbatterie formieren die dorthin wirkt, und von Num. 14 aus sie in der Seite zu fassen suchen. Was für den Abend zu thun ist will ich gleich ordnen. Sie haben das alles genau gemerkt?

Adjutant. Genau.

General. Gut. *Er deutet ihm zu gehen.*

Adjutant *geht.*

General. Vom Feinde geschlagen, von der Tochter betrogen — der General verkauft — der Vater verrathen — nennt mir ein Strafgericht das härter ist, ich will meinen grauen Scheitel ihm darbieten. *Geht.*

Dritter Aufzug.

Zimmer des Generals.

Erster Auftritt.

Lebrecht ordnet Papiere auf des Generals Schreibtische: Major kommt dazu.

Major. Wirft den Hut hin. Wer hätte das denken sollen! Herr Lebrecht!

Lebrecht verbeugt sich und ordnet weiter.

Major. Das sittsamste, feinste Mädchen! Sich so wegzuwerfen! Es ist unerhört!

Lebrecht. Zuckt die Achseln. Mein Gott!

Major. Die Verführer erlauben sich alles. Und dieser Herr Hauptmann vollends! Sehen Sie nun was er werth ist? Ich habe ihn immer für einen elenden Menschen gehalten. Von ihm? — o! von ihm wundert's mich gar nicht.

Lebrecht. Herr Major, in meinem Alter wundert man sich selten über etwas. So wird

mich auch alles, was etwa von nun an noch geschehen kann, nicht in Erstaunen setzen.

Major. Wie so? — was meinen Sie?

Lebrecht. Je nun, wie es denn zu gehen
pflegt — wie die Welt ist — Man wird das Feuer
zuschüren — Oehl dazu schütten, wenn's ja verlöschen wollte. Das wird dem Offizier seinen Kopf
kosten — dem Fräulein ihren guten Namen —
meinem armen alten Herrn das Leben!

Major. Ie du lieber Himmel! Seufzt. Was
ist da zu machen.

Lebrecht. Ich weiß es nicht. — Klügere
Menschen als ich bin mochten es wissen können. —
Es ist ein Unglück, daß die klügern Menschen
nicht immer die bessern Menschen sind.

Zweiter Auftritt.

Graf. Major.

Graf. Eilig und mit allem Benehmen eines Mannes,
dem eine Angelegenheit dringend am Herzen liegt. Ach —
Gottlob, daß ich Sie finde —

Lebrecht geht.

Major. Hat man neue Spuren?

Graf. Nicht das! Ernste, und etwas feierlich. Herr Major — der General hält in allen Dienstsachen sehr viel auf Sie!

Major. Er erzeigt mir zuweilen die Ehre —

Graf. Sie sind ein Mann von Ehre! — Mithin bedürfte ich es nicht Sie besonders aufzufordern, daß Sie des Unglücklichen sich annehmen möchten. Aber —

Major. Wessen?

Graf. Sie haben Recht zu fragen — der Unglücklichen giebt es hier Mehrere — Indeß meine ich den Hauptmann Thurneisen.

Major. Erstaunt. Lieber Herr Graf! Wie ist das möglich?

Graf. Thun Sie nichts um seinetwillen — um des Fräuleins willen wagen Sie alles.

Major. Glauben Sie mir, wenn bey der jetzigen Lage der Dinge so ein ungeheures Vergehen nicht bestraft würde: so —

Graf. Bestraft muß es, soll es werden. Retten Sie nur sein Leben. Von der Zukunft läßt sich dann manches hoffen —

Major. Das ist ein fruchtloses Unternehmen.

Graf. Wahrlich, wir beiden müssen alles für ihn wagen. Alles was Muth und Scharfsinn nur eingeben.

Major. Wir beiden?

Graf. Wir sind die Beleidigten.

Major. O was mich anlangt, so habe ich —

Graf. Es ist unter der Menschenwürde an dem Gefallnen sich zu vergreifen — doch lassen wir das. — Wir retten dem Vater die Tochter, wenn wir Thurneisen beim Leben erhalten.

Major. Mit Achselzucken. Der Herr General sind sehr aufgebracht.

Graf. Sie können ihn besänftigen.

Major. Höflich. Ich bitte unterthänig, wer vermöchte mehr über ihn, als der Herr Graf?

Graf. Nichts in Dienstsachen. Ueberhaupt in dieser Sache nichts. Je mehr Antheil er an mir nimmt, je mehr meine Fürbitte mir in seinen Augen Werth beilegen kann, je mehr müßte mein Antheil den Zorn gegen Thurneisen reitzen.

Major. Aufrichtig. Herr Graf, Sie thun am besten, wenn Sie die Sache ganz gehen lassen.

Graf. Heftig. Wie?

Major. Sie werden das nach gehöriger Reflexion selbst finden. Das Fräulein ist von dem Schwätzer bethört, ist er aus dem Wege, — so ist dann Ihrem Glück nichts mehr im Wege.

Graf. Ueber einen Sarg hin wollen wir uns die Hände nicht geben.

Major. Was kann man machen!

Graf. *Im Begriff eine heftige Antwort zu geben, hält er an sich.*

Major. Sie wollen ——

Graf. Ich will meine Bitte an Sie, herabstimmen. — Wenn Sie nichts für ihn thun können — so sind Sie doch gewiß zu sehr ein ehrlicher Mann, als daß Sie etwas gegen ihn thun könnten.

Major. *Stolz.* Ich hoffe der Herr Graf zweifeln nicht daran.

Graf. Noch nicht.

Major. Was soll ich aus dieser Antwort nehmen?

Graf. *Mit Anstand, ohne Brutalität aber fest.* Daß, wenn ich anders von Ihnen denken müßte, auf der Welt mich nichts abhalten sollte, es Ihnen zu sagen.

Major. Dann würde ich das Gehörige erwiedern, Herr Graf.

Graf. Dabey bleibt es, Herr Major.

Dritter Auftritt.

General. Vorige.

General. Das Werk müssen wir dem Feinde wieder abnehmen, es koste was es wolle.

Major. Allerdings, Ihro Excellenz.

General. Heute noch!

Major. Diese Nacht?

General. Ich werde anführen! — Ja, mein lieber Major — das Werk erobern — dort erschossen werden und so noch mit Ehren fallen — Gott! laß mich das erreichen! —

Graf. Nimmt seine Hand. Vater!

General. Der ihn nicht bemerkt hat. Ah —! Vater? Guter Graf, das ist ja vorbey! Und so mag nun alles vorbey seyn.

Graf. Sind Sie geneigt mich anzuhören —

General. Wackerer Mann — armer Mann — Reicht ihm die Hand. edelmüthiger Mann!

Graf. Ihre Tochter —

General. Zieht seine Hand zurück und sagt lebhaft. Nein — nein! Kalt und fest. Von ihr kein Wort.

Graf. Traurig. Aber —

General. Das kann nicht seyn.

Graf. Der Held ist nie unversöhnlich.

General. Nach einer Pause, mit männlichem Ernst. Von meiner Unversöhnlichkeit sollen Sie hören.

Graf. Das ist mir genug. Er küßt seine Hand. Aber —

General. Behalten Sie immer meine Hand — ich weigere mich nicht diese kindliche Ehrfurcht von Ihnen anzunehmen. — Vor zwey Stunden glaubte ich noch — *Er wirft sich mit dem Ausbruch seines Schmerzens ihm um den Hals.* Welche Seligkeit hat der Bösewicht mir geraubt!

Major. Ihro Excellenz kann ich die Bemerkung nicht länger vorenthalten, daß die große Menge feindlicher Kriegesgefangenen nach dem Verluste den wir erlitten, mit bedenklichen Reden sich geäußert hat — die mich vieles befürchten lassen —

General. *Ruhig.* Hm! Kanonen vor die Kasematten —

Major. Bey unserer geringen Garnison —

General. Ja, ja.

Major. Die durch den beständigen Dienst abgemattet werden muß —

General. Ganz Recht —

Major. Könnte sich in einem kritischen Augenblick —

General. Kanonen — Kanonen!

Major. Soll ich das —

General. Sogleich. Kommen Sie bald wieder.

Major *geht.*

Vierter Auftritt.

Graf. General.

General. Das Gesicht bedeckend, unmuthig. Ach!

Graf. Jeder Augenblick entscheidet hier so viel —

General. Ganz Recht.

Graf. Ich darf Ihrer Seele keine Erholung gönnen —

General. Nur zu —

Graf. Held — Mensch — Vater! — Was ich wünschen muß — steht vor Ihrer Seele. — Thurneisen. —

General. Sehr fest. Kein Wort!

Graf. Ist nichts zu hoffen?

General. Nein!

Graf. Gar nichts?

General. Der Tod!

Graf. Sein Tod — macht Sie kinderlos.

General. Sein Leben — macht mich ehrlos.

Graf. Schlägt die Hände zusammen. Unglückliche Sophie!

General. Zwischen Verdruß und Wehmuth. Ich bin auch nicht glücklich.

Graf. Eben darum! — Lassen Sie mindestens nichts übereilen.

Fünfter Auftritt.

Vorige. Major.

Major. Es ist alles besorgt.

General. Geht auf und nieder, in tiefen Gedanken. So? — Er geht wieder umher, dann tritt er dicht auf den Major zu, sieht ihn ernst an. Was haben Sie mir gesagt?

Major. Respektvoll. Daß mit der Vorsichtsmaßregel gegen die Kriegesgefangenen alles besorgt sey.

General. Hm! Pause. Er sieht den Grafen eine Weile an und winkt ihn zu sich.

Graf tritt zu ihm.

General. Adieu für jetzt. Er küßt ihn.

Graf. Gutmüthig und bittend. Herr General —

General. Ernst. Adieu!

Graf tritt zurück, verbeugt sich und geht traurig fort.

General. Da er am Ausgange ist. Herr Graf!

Graf steht.

General. Wenn Sie jemand kennen, den plötzlich traurige Begebenheiten betreffen könnten — bereiten Sie ihn vor.

Graf. Mit tiefem Schmerz. Ach!

General. Ihn sanft hinausweisend, mit Thränen. Adieu!

Der Graf geht in heftigem Schmerz fort.

General. Gottlob! Gottlob, daß er fort ist! Er überläßt sich dem Schmerz und hält das Tuch vor die Augen.

Major. Theilnehmend. Ihro Excellenz —

General. Aufgerichtet. Ganz Recht, ganz Recht! — Ernst. Erinnern Sie mich oft an meine Titel, damit die Natur nicht überhand nehme, Sieht an den Degen und ergreift ihn, denn das darf nicht seyn.

Major. Wenn mir noch ein Wort erlaubt ist —

General. O ja, ja.

Major. So muß ich sagen, daß um einer theuern Person willen — jede Milde, die nur möglich ist, sehr zu wünschen wäre!

General schüttelt den Kopf und deutet ihm zu schweigen.

Major. Und bey allem was Ihro Excellenz schon für den Staat gethan haben —

General. Ach!

Major. Könnte es wohl Entschuldigung verdienen —

General. Ich darf nie Entschuldigung verdienen wollen! Das werden Sie begreifen.

Major. Wenn man annimmt, daß der Hauptmann Thurneisen sonst ganz brav gedient hat —

General. Sehr brav! Außerordentlich brav!

Major. Wirklich außerordentlich! Und daß bey dieser Sache Ihro Excellenz ganzes Vaterglück in Frage kommt —

General. Meine Sache.

Major. Daß man auch allenfalls — wohl schon hier und da der Exempel hat —

General. Ich habe nie nach schlechten Exempeln gehandelt.

Major. Einen Aufschub, bis das Schicksal der Festung entschieden ist — könnten Ihro Excellenz wohl allenfalls auf sich zu nehmen wagen.

General. So? Und was muß ich dann noch mehr auf mich nehmen! Das Beispiel — die Menschen die bey dem Verlust der Schanze geblieben sind — die welche bey der Wiedereroberung fallen werden! — Sollen die Thränen einer liebenden Tochter lauter zu dem General sprechen, als das Todesröcheln zerschmetterter Kameraden! Kein Wort mehr, er muß sterben.

Major. Indeß würde der Hof, da es doch ruchbar werden wird, wie Ihro Excellenz durch die Fräulein Tochter an der Sache als Vater Theil zu nehmen. —

General. Nachbar! ha ha ha! Ja wohl!

Major. Sich nicht wohl enthalten können —

General. Fest. Ich enthalte mich.

Major. Der Hof würde aus besondrer Begünstigung für des Herrn Generals Person —

General. Will ich nicht.

Major. Seufzt. Und hartes Schicksal —

General. Ich bettle kein Mitleid!

Major. Zuckt die Achseln. Ich weiß nichts mehr zu sagen.

General. Wann fängt das Kriegsrecht an?

Major. In einer halben Stunde.

General. Sieht nach der Uhr. Man hört nicht schießen —

Major. Einige Ruhe —

General. Der Wind geht hinauswärts.

Major. Ihro Excellenz befehlen allein zu seyn —

General. Ihr Diener.

Major geht.

General. Herr Major!

Major. Ihro Excellenz. Kommt zurück.

General. Uebrigens soll ihm mit Anstand begegnet werden.

Major verbeugt sich.

General. Und wenn er Wünsche hat — alles was zuläſſig iſt — was ſo —— in Gottes Namen!

Major. Sollte — das iſt mir vorhin ſchon beigefallen — ſollte ein ſo kluger Mann wie der Hauptmann bloß aus Liebe ſich ſo haben vergeſſen können — ſollte nicht das nur Vorwand ſeyn — und irgend eine Verbindung — ein Verrath —

General. Das iſt nichts.

Major. In dieſen Zeiten und nach den Beiſpielen die man ſchon gehabt hat —

General. Er iſt ein feuriger, leidenſchaftlicher Menſch — aber er iſt ein Mann von Ehre!

Major. Wenn es indeß doch wäre —.

General. Es iſt nicht.

Major. Wer kann es verbürgen, ob er nicht um ein Verſtändniß zu bemänteln —

General. Pah!

Major. Die Tochter des Generals mit zu verwickeln für klug oder ſicher gehalten hat. Immer ſollte ich meinen, daß Ihro Excellenz durch die unbefangenſte Unterſuchung, von jeder Verantwortlichkeit ſich —

General. Meinetwegen, ja. —

Major. Das Schickſal der Feſtung fordert jede Vorſicht — einige Nachforſchung —

General. Es geschehe, was nöthig ist.

Major. Sehr wohl.

General. Mein Adjutant soll kommen.

Major geht.

General nimmt eine Schreibtafel heraus.

Sechster Auftritt.

Madam Berg. General.

Mad. Berg. Endlich sind der Herr General allein. Darf ich —

General. Was?

Mad. Berg. Das arme Fräulein —

General. Was macht sie?

Mad. Berg. Nach einigem Schweigen, weinend. Ich will das Vaterherz nicht noch mehr martern.

General. Besorgt auf sie zu. Ist der Doktor gerufen?

Mad. Berg. Ein Wort der Hoffnung von Ihnen vermöchte mehr, als —

General. Tritt zurück. Was mich anlangt — Geht von ihr. ich verlasse mich auf Sie.

Mad. Berg. Ach Gott! Heftig. Herr General —

General. Ich mache Ihnen keinen Vorwurf über das Geschehene. Sie sind getäuscht wie ich — Nun gehen-Sie. Gott sey mit Ihnen!

Siebenter Auftritt.

Vorige. Adjutant.

Adjutant. Ihro Excellenz haben befohlen —

General. Ganz Recht. Er nimmt wieder die Brieftasche. Ich will, daß heute —

Mad. Berg. Dringend. Herr General —

General. Wir sind fertig, Frau Berg.

Mad. Berg. Mit Händeringen. Sie weiß daß ich daher zu Ihnen bin!

General. Ganz recht.

Mad. Berg Außer sich. Was soll ich nun sagen?

General. Pause — ruhig. Was zur Sache taugt.

Mad. Berg. Was die Tochter vom Vater durch mich erflehen wollte — die Todesangst für den —

General. Ein Wort! — Jeder hat seinen Posten zu bestehen, Frau Berg! Jedermann hat den Fall, wo er mit geringer Kraft gegen eine furchtbare Macht Stand halten muß. Bey Leib und Leben! Sie stehen jetzt an einer heissen Stelle — Hülfe kann ich Ihnen nicht mitgeben — so wahr ich ein ehrlicher Mann bin — ich kann nicht. *Mit Würde und Vertrauen.* Thun Sie brav — Gott stärke Sie. Das ist Ihre ganze Instruktion — und nun Adieu! *Er wendet sich mit der Schreibtafel zum Adjutanten.* Ich will, daß heute Abend um halb eilf Uhr meine Grenadiere sich bey der Anton-Kapelle in aller Stille stellen. *Die Stimme wankt etwas.* Verstehen Sie mich?

Adjutant. Sehr wohl.

Mad. Berg. *Mit tiefem Schmerz.* Herr General!

General. *Ohne sich umzusehen winkt ihr zu gehen und spricht weiter.* Die rothen Husaren sollen sich an den grünen Kasematten sammeln. *Er trocknet die Augen.* Aber alles in größter Stille.

Mad. Berg *geht in tiefster Wehmuth fort.*

General. Eine halbe Batterie reitender Artillerie soll um eben die Zeit an das Wasserthor ohne alles Geräusch anfahren. Nach eilf Uhr soll dieß alles in tiefster Stille am Wasserthor zusammentreffen. Ich werde dort seyn — wir werden Numero 3 den Feinden wieder abnehmen. Die Behörde empfange die Befehle — der Zweck bleibe unter uns. Sie haben alles wohl verstanden?

Adjutant. Alles.

General *entläßt ihn und schellt.*

Adjutant: geht.

General räumt die Papiere zusammen.

Karl tritt ein.

General. Lebrecht soll kommen.

Karl geht.

General schließt den Tisch.

Achter Auftritt.

Lebrecht. General. Adjutant.

Lebrecht. Tritt vor ihn hin. Ihro Excellenz!

General. Mach die Thüre zu!

Sekretär thut es.

General. Laß hernach den Tisch auf Dein Zimmer tragen. Da ist der Schlüssel. Du brauchst meine Papiere. — Lebrecht! Tritt zu mir daher.

Sekretär thut es.

General. Du bist mein alter Freund —

Sekretär. Der Aelteste.

General. Dir kann ich es ja wohl sagen — daß ich ein armer, unglücklicher Mann bin!

Sekretär. Ich fühle es.

General. Sieh, mein Herz weiß sich nicht mehr zu rathen noch zu helfen. — Sterben — sterben ist das Beste! Gott wird es auch so wenden.

Sekretär weint.

General. Weine nicht, alter Freund — Du machst mich sehr weich, denn so redlich als Du liebt mich niemand. Nicht einmal meine Tochter —

Sekretär. Herr General —

General. Sie hat mich hintergangen, das hast Du niemals gethan. Niemals!

Sekretär. Ach Gott — ich halte das nicht aus.

General. Nun damit alles in Ordnung sey, wenn ich sterbe —

Man klopft.

Sieh, wer es ist?

Man klopft wieder.

Sekretär. Geht an die Thüre. Wer?

Adjutant. Von Wernin.

Sekretär. Rittmeister von Wernin.

General. Herein!

Sekretär öffnet.

Neunter Auftritt.

Vorige. Rittmeister von Wernin.

Rittmeister. Ueberreicht eine Depesche. Ein Trompeter!

General. Erbricht, liest, geht an den Tisch und schreibt, giebt nachdem er geschrieben es dem Rittmeister zurück. Lassen Sie siegeln — der Trompeter soll gleich fort.

Rittmeister geht.

General. Sie haben die Stadt aufgefordert. — Abgeschlagen. — Damit nun, wenn ich sterbe, alles in Ordnung ist, und da dieser Vorfall einige Aenderungen nöthig macht in meinem Testamente: so besorgen Sie.

Sekretär. Aenderungen? — der Herr General wollen doch nicht —

General. Alles dieß hängt sehr natürlich und traurig zusammen! Der Thurneisen kommt nicht durch —

Sekretär. Wie? Ach, Herr General, wenn das ist, so —

General. Er wird verurtheilt werden —

Sekretär. Und Fräulein Sophie —

General. Wird das nicht lange überleben — das begreife ich. In dem Falle soll der Graf alles haben. Das ist die Hauptsache. Dann hat der Mensch — der — mich so elend macht, eine arme Mutter; der Thurneisen nehmlich. Die alte Oberstin, die er bisher erhalten. Die soll gleich sechs tausend Thaler von mir haben, damit der Mensch ruhig sterben kann. Hörst Du?

Sekretär. Ja, Herr General!

General. Nun das besorge mir hübsch. Um eilf Uhr wird etwas vorfallen — um neun Uhr möchte ich gern alles ausgefertigt, unterschrieben und besiegelt haben. Verstehst Du mich?

Sekretär. O Herr — mein alter Freund! — Mein treuer Freund, mein Wohlthäter —

General. Weine nicht, ehrlicher Mann. Es steht ohnehin eine lange Zeit mit Deinem Anblick mir vor Augen. — Ach — und das war eine sehr schöne Zeit! — die jetzige taugt nicht. — Es ist drum gut, daß es zu Ende geht. — Bin ich einmal vorweg — so weiß ich, Du hältst Dich auch nicht lange mehr — dann treffen wir bey meiner Karoline zusammen! — Gieb mir das Papier dort —

Sekretär giebt ihm das Papier, das von Wernin vorher gebracht hat.

General. Beſtelle mein Haus, alter Freund! — Und — ſollte meine Ablöſung ſchnell kommen — ſo danke ich Dir hiermit Er umarmt ihn. für alle Liebe und Treue, die Du mir erwieſen haſt. Verſorgt biſt Du — ſorge für — Die Thränen unterbrechen ihn. meine Tochter, daß es ihr wohl gehe. Sorge für meine — Adieu! Er reißt ſich los und geht.

Sekretär legt das Geſicht auf beide gefaltete Hände.

General. Kommt wieder. Höre — und die gute alte Berg — verſorge mir reichlich! Verſtehſt Du mich? Sie hat es wohl um uns verdient. Er geht.

Sekretär nimmt die Papiere und folgt. Nach ihm kommt Karl und holt den Tiſch.

Zehnter Auftritt.
Das Gefängniß.

Hauptmann von Thurneiſen, geſchloſſen.

Er iſt ganz hinten und ſcheint an der Mauer etwas zu leſen. Ja, ja! — So groß iſt unſere Sehnſucht nach Unvergänglichkeit — daß ſelbſt die, die alles gewinnen, wenn ſie vergeſſen werden, ihre Namen in dieſe Mauern graben, daß ihrer gedacht werde — ſollte man auch nichts von ihnen zu erzählen haben, als eine Armeſündergeſchichte! Er ſinnt nach. Eine

Seele vergißt dich nicht — und noch eine — meine Mutter! *Mit inniger Betrübniß.* Meine Mutter! — Um einen einzigen Sohn weinen — und mit ihm — den kümmerlichen Unterhalt verlieren — o es ist zu hart! *Den Kopf auf den Arm gelehnt stützt er sich an die Mauer.* Diese Sünde nehme ich mit mir! Diese einzige! *Er richtet sich auf.* Zwar — wenn eine feindliche Kugel mich getroffen hätte — ihr Loos wäre nicht besser gewesen! — Wer ist es werth, daß ich die Fürsorge für sie ihm empfehle?

Eilfter Auftritt.

v. Thurneisen. Major.

Major *tritt näher.*

v. Thurneisen. Was wollen Sie mit mir?

Major. Ein Wort reden!

v. Thurneisen. In Geschäften? sonst erspahren Sie Sich eine Unannehmlichkeit — denn ich werde nicht antworten.

Major. Durch mich fragt der General.

v. Thurneisen. Ich erwarte seine Befehle.

Major. Lieben Sie das Fräulein?

v. Thurneisen. *Lächelt.* Deßhalb bin ich hier!

Major. Dieser besondere Besuch vom Posten konnte nur ein Vorwand gewesen seyn, eine Verrätherey zu bemänteln.

v. Thurneisen. *Fährt auf, seine Ketten rasseln — er sieht sie an — faßt sich.* Sie sehen daß ich Ihnen nicht antworten kann.

Major. Haben Sie Sich nichts durch Verbindung mit dem Feinde zu Schulden kommen lassen —

v. Thurneisen. Das hat der General nicht gefragt.

Major. Er hat es.

v. Thurneisen. So werde ich es dennoch Ihnen nicht beantworten.

Major. Wissen Sie auch, daß von Ihrem Schicksale manches in meiner Hand liegt?

v. Thurneisen. Nichts — durchaus nichts!

Major Sie sind sehr gewiß.

v. Thurneisen. Durchaus — denn mein Vergehen ist zu groß, in seinen Folgen zu schrecklich gewesen, das Gefühl der Scham in mir zu tief, als daß ich irgend eine Schonung erwarten, oder wünschen könnte.

Major. Da haben Sie wahrlich Recht, denn wer, wie Sie —

v. Thurneisen. Und nun lassen Sie mich aufrichtig sagen — jede Milderung aus Ihrer

Hand ist ein Almosen, das ich nicht annehmen darf. Also können wir nichts mehr zusammen zu reden haben.

Major. Wenn der Herr General befiehlt —

v. Thurneisen. Er hat es nicht und hätte er — so melden Sie ihm meine Ehrfurcht, aber daß ich nichts erwarte noch bitte, als was das Gesetz und die Form mir befehlen zu dulden und gestatten zu erwarten.

Major. Sehr frech, nach einer solchen Beleidigung!

v. Thurneisen. Was der Vater verlangen kann — kann ich nicht durch Sie ausführen. Und dann — wird mein Schicksal auch den Vater aussöhnen, der ein so guter Mensch ist!

Major. Uebrigens bin ich auch gekommen Ihnen das zu verzeihen, womit Sie ehedem mich mißhandelt haben.

v. Thurneisen. Ich that meine Pflicht, und jene Handlung, welche Sie jetzt verhöhnen, giebt in diesen Stunden mir eine Beruhigung mehr!

Major. Dergleichen Begriffe von Pflicht wie Sie damals und jetzt gezeigt haben, sind die Folgen der Bücher und Ihrer Lektüre.

v. Thurneisen lächelt. —

Major. Darum wird alles verrathen und verkauft, und Meineid beschönigt!

v. Thurneisen. Vergessen Sie nicht, daß ich meinen Büchern noch etwas von hohem Werth danke.

Major. Das ist?

v. Thurneisen. Die Kraft, jetzt Sie zu ertragen.

Zwölfter Auftritt.

Vorige. Adjutant. Ein Profoß.

Dem Hauptmann werden die Fesseln abgenommen.

Adjutant. Nachdem es geschehen ist. Man erwartet Sie vor dem Kriegsrecht, Herr Hauptmann.

v. Thurneisen verbeugt sich und nimmt seinen Huth.

Major. Vor der Hand werden wir uns nicht mehr sehen, Herr Baron.

v. Thurneisen. So denk ich.

Major. Wenn Sie — ich biete es Ihnen gern an — wenn Sie Geld brauchen — Er zieht eine Börse. Dieß steht zu Diensten.

v. Thurneisen verneint es höflich.

Major. Sie sind nicht reich —

v. Thurneisen zuckt die Schultern.

Major. Bietet sie dar. Haben arme Verwandte —

v. Thurneisen. Schiebt sie von sich, etwas ernst. Es ist genug! Zum Adjutanten. Kommen Sie, mein Herr!

Adjutant. Reicht ihm die Hand. Sie sind gefaßt!

v. Thurneisen. Schüttelt ihm herzlich die Hand. Vorwärts, Herr Kamerad! — Sie gehen, der Major folgt.

Vierter Aufzug.

Vorzimmer des Generals.

Erster Auftritt.

Sekretär ist im Zimmer und schreibt. Madam Berg kommt in dringender Verlegenheit und Angst auf ihn zu.

Mad. Berg. O mein lieber Lebrecht — Sie stützt sich ermattet auf ihn.

Sekretär. Fassen Sie Sich — halten Sie Sich mit Gewalt in die Höhe —

Mad. Berg. Ich habe alles gethan — Ich kann nicht mehr — Wenn Sie Sophien sehen sollten! — so kann noch niemand gelitten haben, als das arme Mädchen —

Sekretär. Ich denke mir alles. Weiß sie was vorgeht?

Mad. Berg. Man hat ihr nichts gesagt, aber an unserm stummen Jammer sieht sie ja wohl, daß der unglückliche Mann verloren ist. — Sie weint — scheint einen Augenblick ruhig, dann fährt sie auf — geht umher — sie umfaßt meine Kniee — sie will fort! — Wir besänftigen sie; stumm und starr sieht sie auf die verschlossene Thüre hin — erwacht, wie vom Tode — schreit seinen Namen — beschwört den Geist ihrer Mutter um Rettung — so fiel sie in krampfhafter Ohnmacht nieder — jetzt ist sie ermattet eingeschlummert — ich gehe nur einen Augenblick daher — um Rettung — Trost — Hülfe zu suchen. — Ach Lebrecht!

Sekretär. Ich kann nur mit Ihnen weinen — Hülfe — weiß ich nicht —

Mad. Berg. Aber der Vater — der Vater, Lebrecht!

Sekretär. Ist General!

Mad. Berg. Sie überlebt es nicht.

Sekretär. Noch er.

Zweiter Auftritt.

Sophie. Mit zerstreutem Haar — verschobenem Anzuge — sie geht grade auf Madam Berg zu. Vorige.

Sophie. Ich weiß es — ich weiß es. —
Sekretär, bey Seite. Großer Gott!
Mad. Berg. Sie in ihre Arme schließend. Fräulein!

Sophie. Ich weiß nun alles. Ihr betrügt mich nicht mehr. Laß mich —

Mad. Berg. Liebe Tochter!

Sophie. Du hast mich betrogen. — Kann eine Mutter ihr Kind betrügen. Ich habe zu Deinen Füßen gelegen, ich habe mit Todesangst Deine Kniee an mein Herz gedrückt — ich habe Dich um die Wohlthat gebeten, mir nur zu sagen „ja, er muß sterben." Du hast es geläugnet.

Mad. Berg. Es ist noch nichts entschieden —

Sekretär. Wahrhaftig, gnädiges Fräulein, noch ist nichts entschieden.

Sophie. O ja — es ist entschieden. Das! Mit Freude. Aber auch noch etwas! — Bildet euch nicht ein, daß ihr mich darum betrügen könntet.

Dritter Auftritt.

Vorige. Graf.

Graf. *Im Eintreten da er sie erblickt.* Ach Gott!

Sophie. Ach da sind Sie ja. O mein guter Graf, mein lieber Graf, von Ihnen erwarte ich Alles.

Graf. Mit Recht.

Sophie. Ja das weiß ich. Denn wenn ich Sie auch unglücklich gemacht habe — so bin ich doch so unaussprechlich elend und so ganz hülflos — daß Sie — weil Sie mich sonst liebten — weil ich — was soll ich Ihnen sagen — ich kann es nicht zusammen bringen. Zürnen Sie nicht darüber. Ich leide wahrlich sehr viel — aber von meiner Liebe zu Thurneisen ist gar keine Rede mehr. Nur von seiner Rettung — er wird sterben — ich bin seine Mörderin — das ist es — was mich umher treibt. Nur das Leben retten Sie ihm — das Leben! Ich will ihn dann nie wieder sehen, seinen Namen nie wieder sprechen; nur sein Leben retten Sie, sein Leben um Gottes willen! *Sie fällt ihm zu Füßen. Alle erheben sie.*

Albert von Thurneisen.

Graf. *Mit innigster Wärme.* Ich denke nichts als seine Erhaltung!

Sophie. *Mit aufgehabenen Händen dankend.* Gott!

Graf. Ich suche deßhalb Ihren Vater!

Sophie. Auch ich!

Mad. Berg. Liebes Kind.

Sophie. Hieher muß er kommen — Ich gehe nicht von hier.

Sekretär. Darf ich Sie bitten —

Sophie. Ich gehe nicht von hier. Nie mehr von meines Vaters Seite. Will er seinen Tod aussprechen, so thu er es, wenn ich ihm gegenüber stehe — wenn er es dann doch noch vermag — nun — dann — dann — *Sie weint.*

Sekretär. Fräulein! Ich meine es gut —

Sophie. *Schnell.* Das weiß ich.

Sekretär. Darf ich nur einige Worte reden?

Sophie. Geschwinde!

Sekretär. Seit jener unglücklichen Stunde hat Ihr Herr Vater Sie noch nicht gesehen —

Sophie. Siehst Du — *Zu Madam Berg.* Du bist Schuld daran. *Sie geht auf Lebrecht zu.* Ach lieber Lebrecht, sie haben mich ja nicht zu ihm lassen wollen. Ich habe so herzlich darum gebeten, sie haben mich eingeschlossen, meine Todesangst konnte diese Riegel nicht brechen — die Leute konnte ich nicht erweichen. Das macht sie sind Feinde —

Mad. Berg. Gott vergebe Ihnen das.

Sophie. Sie sind alt, Sie haben ein gutes Gewissen, Sie können es nicht begreifen wie dem zu Muthe ist, der Mord auf der Seele hat. Sie alle — alle — muß mein Jammer ermüden! Aber wenn mich mein Vater hört, wenn er sein Kind verzweifeln sieht. Zum Grafen. Zürnt er noch? — Zum Sekretär. Hat er seiner Sophie geflucht? — Zu Madam Berg. Nun, wenn er es gethan hat — so ist sein Fluch in Erfüllung gegangen. — Das muß ihn besänftigen. Zum Grafen. Nun dann, Sie werden für mich bitten — Ihr alle —

Graf. Gewiß! Gewiß wird er auf unser Flehen thun was er vermag. Aber er ist alt — denken Sie wie sehr der Anblick Ihrer Leiden ihn erschüttern wird.

Sekretär. Das fürchte ich so sehr.

Mad. Berg. Ueberlassen Sie Ihre Sache diesem edlen Manne!

Graf. Gehen Sie jetzt nicht Ihrem Vater in den Weg.

Sophie. Sieht erst Madam Berg, dann den Grafen, dann den Sekretär an. Sie versinkt einen Augenblick in Nachtdenken, aus dem sie plötzlich auffährt und des Grafen Hand ergreift. Wollen Sie — wenn Thurneisen sterben muß, wenn er um meinetwillen sterben muß — es auf Ihr Gewissen nehmen, daß Sie mich abgehalten haben meinen Vater zu sehen — wollen Sie mir sein Leben verbürgen — Sie sind ein ehrlicher Mann — so gehe ich ruhig von hier weg.

Graf. Nie habe ich Sie hintergangen, auch jetzt sey es ferne von mir. Verbürgen kann ich nichts; thun Sie was Liebe und Verzweiflung Ihnen eingeben.

Sophie. Das war ein Todesurtheil! — Doch segne Sie Gott für die Wahrheit!

Vierter Auftritt.

Vorige. General.

Sophie. Geht ihm das halbe Zimmer lang entgegen. Vergebung! Sie umfaßt seine Kniee.

General. Von ihrem Anblick betroffen. Unglückliche — ich vergebe.

Sophie. Will reden, kann es nicht, erhebt ihre Arme zum Himmel — sieht die andern an. Dankt — dankt doch — ich kann nur weinen. Sie sinkt an ihn.

General. Erhebt sie. So wahr ich lebe — ich fühle Deinen Jammer und vergesse Dein Vergehen!

Sophie. Ach — ach! Sie schließt ihn in ihre Arme. — — So redet doch — o redet — ich kann nicht — Ihr habt es alle gelobt!

Graf. Vater! Vollenden Sie durch Erbarmen — Ihr Leben hängt daran.

General. Sanft. Graf!

Sekretär. Theurer, geliebter Herr!

Mad. Berg. Wenn Sie von Verzweiflung sie retten wollen, Gnade für —

General. Ihr seyd unmenschlich gegen mich!

Sophie. Geist meiner Mutter, sieh herab — flöße Milde ihm ein und Erbarmen — prüfen Sie nicht, zaudern Sie nicht — es gilt meine Seele — ich, ich bin die Mörderin. Reden Sie noch nicht — Ein Athemzug vollendet Tod oder Leben! — Leben — Vater! — Leben!

General. Laßt mich —

Alle ergreifen seine Hände.

{ **Mad. Berg.** Barmherzigkeit!
 Sekretär. Gnade!
 Graf. Vater!

General. Ich kann keine —

Sophie. Vollenden Sie nicht! Tod ist auf Ihren Lippen, Gnade spricht Ihr Herz! Seyn Sie gnädig wie Gott, geben Sie Leben wie Gott! Vater, Vater! Sie tödten mit ihm Ihre Tochter!

Fünfter Auftritt.

Vorige. Major, zwey Kapitains, zwey Lieutenants, der Auditör.

Sekretär. *Halblaut.* Großer Gott!

Mad. Berg *sieht sich ängstlich um.*

Graf *tritt bey Seite.*

Major. Hier, Ihro Excellenz bringe ich —

General. Ich weiß schon — geben Sie her!

Major *überreicht ihm das Papier.*

Sophie. *Sieht alle an.* Jedes Auge meldet mich — *Auf die Offiziere deutend.* Diese verstummen — *Auf den Vater.* und Sie — Sie wissen — Sie wissen?

General. Liebe Sophie! das sind Geschäfte — die —

Sophie. *Zitternd.* Vater! — *Weinend.* Vater — täuschen Sie mich nicht. *Sie tritt dicht zu ihm.*

General: *Mit gewaltsam unterdrückter Empfindung.* Dieß ist nichts, liebe Tochter —

Sophie. *Ergreift in Verzweiflung das Papier aus des Vaters Händen.* Es gilt meiner Seligkeit!

General. Unglückliche, was hast Du gethan! *Will es zurück nehmen, schlägt die Hände zusammen und wendet sich schnell zu den Offizieren.* Sie kennen die Geschichte, meine Herren!

Sophie *hat gelesen und stürzt mit dem Schrey* Todt! *zu Boden.*

Graf u. Mad. Berg *erheben sie und setzen sie in einen Sessel.*

General. Bringt sie fort!

Sekretär *geht.*

Auditör *hebt das Papier auf und stellt es dem General zu.*

General. Ich werde alles lesen und —

Sekretär *hat zwey Bediente geholt, die das Fräulein wegtragen. Madam Berg folgt.*

General. Verlassen Sie das arme Mädchen keinen Augenblick mehr! *Zu den Offizieren.* Ich werde Verhör und Urtheil lesen — nach Befinden bestätigen und es *Zum Major.* Ihnen dann zur Vollstreckung zusenden.

Major. *Sehr ehrerbietig.* Ihro Excellenz-Kummer beugt uns tief.

General *verbeugt sich.*

Major. Jedermann war zur Milde geneigt, wenn nur ein Umstand sich für ihn gefunden hätte. Allein die Pflicht —

General entläßt sie mit Würde, die Offiziere gehen nach respektuöser Verbeugung mit militärischem Ernst weg.

Sechster Auftritt.

General. Graf. Sekretär.

General. Zum Sekretär. Lebrecht! Die Wechsel für die Obristin!

Sekretär. Nimmt sie vom Tische, sie sind in einem Briefe. Hier, Ihro Excellenz!

General. Den Arzt zu meiner Tochter!

Sekretär geht.

Graf. Sie, nur Sie können ihr helfen. O Gott! Gott!

General. Ohne ihn anzusehen. Schont meiner — ich bin nur ein Mensch und trage schwer!

Graf. Mit Thränen. Wenn nach diesem Augenblicke, der mein Herz zerreißt, keine Rettung möglich ist —

General ergreift seine Hand und verneint es wehmüthig.

Graf. Was vermag ich dann hier noch —

General. Einen Augenblick Geduld. *Pause. Er sucht sich zu sammeln.* Er verlangt Sie zu sprechen.

Graf. Wer —

General. Thurneisen. Sie sind ein Mann.— halten Sie Stand.

Graf. *Mit unterdrückten Thränen.* Ich will es.

General. Hier *Er giebt ihm den Brief.* ist seiner armen Mutter Unterhalt bestimmt. Sagen Sie ihm das. Bringen Sie ihm meine Verzeihung und daß ich ohne allen Groll bin.

Graf. Aber sollte jenes Papier — *Er deutet auf das Urtheil.* — Ich möchte aus jedem Umstande Hoffnung nehmen — sollte nicht vielleicht —

General. *Durchliest das Verhör flüchtig.* Schuldig bekannt. *Er legt es auf den Tisch, sieht in das Urtheil.* Todt! *Er legt es hin, umarmt den Grafen, der ihm die Hand kußt und geht.*

Siebenter Auftritt.

General allein.

Er durchliest das Urtheil, trocknet die Augen, setzet sich nicht, nimmt eine Feder, legt sie wieder nieder, durchliest nochmal das Verhör, setzt die Feder zur Unterschrift an, hält inne, sieht sich schnell um, als käme jemand; es überfällt ihn ein Schauer, er legt die Feder hin — schlägt die Hände zusammen — nimmt wieder die Feder, unterschreibt, und wirft sich dann in den Stuhl der am Tische steht.

Achter Auftritt.

General. Major Sellani.

Major. In Ansehung einer Verbindung des Hauptmann Thurneisen mit dem Feinde habe ich nichts entdeckt.

General. Hm!

Major. *Pause.* Das Kriegsrecht ist gehalten.

General. *Steht auf, giebt ihm das Urtheils Todt!*

Major. Es war vorauszusehen.

General. Sein Tod und der Meinige stehen da vor mir unterschrieben.

Major. Geruhen Sie die Sache nicht so sehr zu Herzen zu nehmen. Denn —

General. Nicht? Wunderbarer Trost! Zwar das soll er wohl auch nicht seyn — Sie sagen nur so einige Worte, wo freilich — hm! *Pause.* Siegeln Sie es, und stellen es dem Major von Sottorf zu.

Major. Ein besonderer Umstand hat sich ereignet, der doch immer mehr die Frechheit des Hauptmanns von Thurneisen bestätigt.

General. Wirklich? Nun er ist so schon ein armer Sünder, etwas wollen wir ihm vergeben.

Major. Wenn sein Schicksal in meiner Hand stände — ich würde gern —

General. *unwillig.* Das ist die Sache —

Major. Ihro Excellenz halten zu Gnaden, meine Pflicht will —

General. Ganz Recht. Nun —

Major. Die Ordonanzen haben einen Soldaten von seiner Kompagnie angehalten, der hier im Hause einen Brief von ihm an das Fräulein abgeben wollte. Hier ist der Brief.

General. *Nimmt ihn.* Wie heißt der Mensch der ihn brachte?

Major. Der Soldat Grim. Er ist noch unten, ich ließ ihn arretieren.

General. Grim? das ist ja der, dem Thurneisen das Leben gerettet hat. Billig daß er ihm dienen wollte. Ich will ihn sprechen.

Major. Wollen Ihro Excellenz ihn —

General. Sprechen.

Major *geht.*

Neunter Auftritt.

General allein.

General. Er öffnet den Brief, trocknet im Lesen einigemal die Augen, nachdem er ihn eingesteckt. Er hat sie wahrhaft geliebt!

Zehnter Auftritt.

General. Major. Der Soldat Grim.

General. Ich will allein seyn mit ihm.
Major geht.
General. Er hat einen Brief hierher gebracht?
Soldat. Ja, Ihro Excellenz.
General. Wie ist Er zu dem Arrestanten hinein gekommen?
Soldat. Menschlichkeit hat es erleichtert.
General. Wer hat Ihn eingelassen?
Soldat sieht vor sich hin.

General. Antwort!

Soldat. Fragen Ihro Excellenz als General — oder als Mensch —

General. Wer hat Ihn vermocht den Brief daher zu bringen? Diese Heimlichkeit —

Soldat. Ich bin strafbar — Ihro Excellenz halten zu Gnaden — ich wollte es gern seyn.

General. Weßhalb?

Soldat. Ich hätte den Brief einem andern geben können — aber ich vermuthete, daß ich hier angehalten werden würde, und habe dann verlangen wollen bey dem Herrn General vorgelassen zu werden.

General. Nun Er ist jetzt da.

Soldat. Ja, Ihro Excellenz. *Verlegen.*

General. Rede Er!

Soldat. Der Muth fällt mir.

General. Herz gefaßt! Ich liebe ehrliche Männer.

Soldat. Der Herr General sind ein gerechter Herr, das — das vermehrt meine Angst.

General. Weßhalb?

Soldat. Weil ich nun erst fürchte es ist vergeblich.

General. Zur Sache!

Soldat. Was ich thun will, kommt mir nach meinem Stande nicht zu — aber nach meinem Herzen.

General. Nun, mein Sohn. —

Soldat. Ich — kann es nur in ein paar Worte fassen —

General. Seine Sache spricht auf dem Gesicht!

Soldat. Gnade für meinen Hauptmann!

General. *Tief gerührt.* Ach Gott!

Soldat. Er hat mein Leben gerettet —

General. Ich weiß es.

Soldat. Er ist ein guter Mensch.

General. Ich kann nicht retten.

Soldat. Ein braver Krieger.

General. Drum — weiß er selbst daß ich nicht helfen kann. —

Soldat. Ich begreife Ihro Excellenz — aber ich muß darüber weinen.

General. Das macht Ihm Ehre!

Soldat. Nur eine Bitte noch — Geben der Herr General nicht zu, daß bey der Hinrichtung Herr Major Sellani das Kommando habe.

General. Weßhalb?

Soldat. Er ist sein Feind, er hat ihn noch im Gefängniß gehöhnt — und — — ich bin ein Mensch!

General. Gut!

Soldat. Wir glauben, daß diesen Abend etwas gegen den Feind geschieht — Herr General — wenn das Unmögliche zu thun ist — stellen Sie mich an die Spitze.

General. Gut!

Soldat. Und wenn ich geblieben bin — haben der Herr General die Gnade zu fragen — wie ich mich verhalten habe.

General. Das soll geschehen. Geh — Er mit Gott!

Soldat geht.

General. Da der Soldat fast fort ist. Bursche!

Soldat. Ihro Excellenz!

General. Wehmüthig, heftig. Du sollst zur Kavallerie — ich will Dich zur Ordonanz haben — wenn ich fallen sollte — so drücke mir die Augen zu. Er klopft ihm auf die Schulter. **Du bist es werth!** Er geht, der Soldat folgt.

Eilfter Auftritt.

Vorige. Graf, der ihm begegnet.

Graf. Ein Wort!

General. Ernst. Nichts mehr von —

Graf. Von Gnade nichts mehr — Nur von Gerechtigkeit. Thurneisen hat Sie als Vater, hat Ihre Ehre beleidigt.

General. Ich habe verziehen.

Graf. Können Sie ihn verurtheilen? —

General. Wie?

Graf. Wird nicht Jedermann glauben, daß Sie aus Zorn, in der Sache des Dienstes, die Zerrüttung, die er in Ihrer Familie angerichtet hat, bestrafen?

General. Ich ehre Ihr Herz — aber

Graf. Sollte nicht diese Bedenklichkeit — einen Aufschub rechtfertigen? — Aufschub! Nur Aufschub, das ist es warum ich bitte.

General. Und wo ist ein Gericht — das ihn gelinder beurtheilen kann?

Graf. Immer hätten Sie ihn doch nicht verurtheilt!

General. Wünscht Thurneisen, daß das so geschehe? — Hofft er etwas davon, wenn das geschehe?

Graf. Ich habe ihn noch nicht gesehen.

General. Sprechen Sie ihn.

Graf. Und wenn er es wünscht — habe ich dann Hoffnung?

General. *Nach einer Pause.* Sprechen Sie ihn.

Graf. Im Augenblick!

General *schellt.*

Karl kommt.

General. Major Sellani!

Karl. *Ruft hinaus.* Herr Obristwachtmeister!

Karl geht.

Zwölfter Auftritt.

Major. General.

Major. Ihro Excellenz.

General. Haben Sie das Urtheil schon an den Major Sottorf geschickt?

Major. Gleich auf der Stelle.

General. Hm! Er geht bey Seite.

Major. Befehlen Ihro Excellenz —

General. Stark. Nichts!

Major. Sollte ich vielleicht —

General. Sie sind sehr prompt, Herr Major.

Major. Da Ihro Excellenz befohlen haben, daß ich —

General. Ja doch, ja. Ich habe es befohlen.

Major. Wenn sich das Glück denken ließe, daß eine Aenderung —

General. Wer sagt das?

Major. Wenn so viel Ursache zum Mitleid, so manche Fürbitte Hoffnung zur Gnade bewirkt hätte —

General. Stark. Nein!

Major. Man könnte —

General. Nichts!

Major. Tritt zurück. So weiß ich nichts mehr was — in der Sache zu thun wäre.

General. Sie wissen viel — sehr viel. Nur vom menschlichen Herzen — mögen Sie wenig wissen und —

Major. Ihro Excellenz —

General. Und vom Vaterherzen wissen Sie gar nichts.

Major. Ich erbiete mich sogleich — Geht.

General. Halt! Der General ist ein Mann von Ehre; er würde Sie wohl gern darüber haben reden hören, aber er kann Ihnen nun nichts darüber zu sagen haben. Er geht, in der Thür. Allons, Herr Adjutant! — Karl, meine Pferde!

Fünfter Aufzug.

Vorzimmer des Generals.

Erster Auftritt.

Sekretär öffnet die Thüre. **Adjutant, General und Graf** treten ein.

General. Den Arm in der Binde. Es hat nichts auf sich — ein Streifschuß — beruhigt Euch doch — es hat ganz und gar nichts zu bedeuten.

Graf. So nahe hin sich zu wagen — in der Nacht —

Sekretär. Laßen Ihro Excellenz doch wenigstens gleich einen zweiten Verband anlegen —

Graf bringt einen Stuhl.

General. Ist nicht nöthig. Der Verband war recht gut. Lebrecht! — Die Berg soll meiner Tochter mit guter Art sagen, daß ich aus war und unbedeutend verwundet bin, aber ohne alle Bedeutung — es ist nur deßhalb, daß sie nicht erschrickt, wenn ich hernach mit ihr — — nun daß nur erst das besorgt werde.

Sekretär geht.

General. Setzt sich. Herr Adjutant!

Adjutant tritt vor.

General. Meine Livreebedienten sollen zu dem Feuer gehen und helfen löschen — meine Wagenpferde zu Rettung der Sachen — der Major Sellani soll kommen.

Adjutant geht.

Zweiter Auftritt.

General. Graf.

General. Ja, mein lieber Graf, einen Zoll breit mehr daher nach dem Herzen zu und dann kein Streifschuß wieder da — sondern gerade durch — so wäre mir besser.

Graf. So dicht an den Feind konnte nur ein verzweifelter Vater hinreiten.

General. Sie rührten sich, ich mußte wissen woran ich war. Nun bleibt es dabey, ich bekomme Arbeit — und gewiß alle; also thun wir unverzüglich was uns zu Hause obliegt. Haben Sie Thurneisen gesprochen?

Graf. Ja.

General. Was sagt er? Wünscht er Aufschub?

Graf. — Nein.

General. Freudig. Nicht?

Graf. Leben ohne Ehre sey ihm zur Last! Er bittet um Eile.

General. Brav! — Er hat Recht! Steht auf. Ihm ist wohl — nur meine Tochter —

Dritter Auftritt.

Vorige, Major Sellani.

General. Herr Major, ich habe den Gemeinen Grim zur Kavallerie herüber genommen. Er war meine Ordonanz und hat mich eben von Gefangenschaft gerettet. Er soll Wachtmeister werden, lassen Sie das einleiten und kündigen Sie es ihm an.

Major. Sehr wohl.

General. Was Thurneisen anlangt — Er sieht nach der Uhr. Heute noch. — — Um Eilf Uhr —

unter dem Bastion Num. 17 — in aller Stille — und in keinem Falle sind Sie dabey gegenwärtig. Herr Major, verstehen Sie mich — In keinem Fall. Sie haben überhaupt diese Tage her mit meinen Aufträgen viel Unruhe gehabt — Sie sind also bis auf einige Zeit von allen Geschäften bey mir dispensiert.

Major. Sollten Ihro Excellenz aus Miß= verstand —

General. Ich ehre die Strenge — ich ver= abscheue Härte. *Er nimmt den Huth ab.*

Major *verbeugt sich und geht.*

General. Was meine Tochter anlangt — so überlassen Sie diese — in der Schreckensstunde nur mir. Gott wird mir helfen.

Vierter Auftritt.

Vorige. Adjutant.

Adjutant. Der sämmtliche Magistrat in Corpore bittet um Audienz.

General. Ich vermuthe was sie wollen — Uebergabe? das geht nicht an. — Lassen Sie die Herren in den Saal führen. Ich komme. — Das Ausrücken des Kommando ist befohlen?

Adjutant. Alles. Man erwartet —

General. Gut. Ich komme in den Saal, und dann zur Sache.

Adjutant geht.

Graf. Gönnen Sie Sich nur einige Erholung —

General. Das Wundfieber kommt von der Seele aus und ist unheilbar. — Führen Sie meine Tochter hieher, lieber Graf! Ich komme bald wieder. Er geht. Der Graf geht nach der Seite zu weg.

Fünfter Auftritt.

Sekretär. Adjutant.

Adjutant. Das Kommando ist ausgerückt — man erwartet etwas sehr Wichtiges. Man sagt, der General wolle selbst anführen.

Sekretär. Gewiß.

Adjutant. Wenn Sie etwas über den General vermögen, Herr Lebrecht — so bereden Sie ihn, heute Abend nicht selbst anzuführen.

Sekretär. Das ist vergeblich, Sie kennen ihn.

Adjutant. Der General ist trotz der Dunkelheit so nahe hingeritten, er hat Bewegungen wahrgenommen, er vermuthet, daß die Feinde etwas unternehmen wollen, er scheint zuvor kommen zu wollen. Die Nacht wird mörderisch werden.

Sekretär. Dazu seine Wunde —

Adjutant. So gering sie an sich wäre — aber in seinem Alter — bey diesem Sturm in seiner Seele —

Sekretär. Wer verliert mehr als ich wenn der General bleibt — und wir werden ihn verlieren. Auch denkt er selbst nichts als seinen Tod und wünscht ihn.

Sechster Auftritt.

Sophie. Graf.

Der Graf führt Sophien herein, sie geht vor und hält sich an dem Stuhle, der noch da steht. Sekretär und Adjutant ziehen sich zurück.

Sophie. *Vom Schmerz abgestumpft, mit wenig Bewegung.* Ist die Wunde gewiß nicht gefährlich?

Graf. Gewiß nicht.

Sophie. Nun — Gott sey Dank! *Sie faltet die Hände.* Und was soll ich hier hören —

Graf. Auf meine Ehre — ich weiß es nicht.

Sophie *seufzt und setzt sich ermattet.*

Graf sieht starr vor sich her.

Sophie. leise. Graf! Sie wendet ihn zu sich.

Graf tritt dicht zu ihr.

Sophie. Lebt er noch?.

Graf. Ja!

Sophie. Gewiß? Sie steht auf. Gewiß!

Graf. So wahr ich lebe!

Sophie. Hat er von mir gesprochen?

Graf. Mit inniger Liebe!

Sophie. Ach! Sie sinkt zurück und bedeckt das Gesicht.

Adjutant trocknet die Augen und geht.

Siebenter Auftritt.

General. Vorige.

General deutet Lebrecht zu gehen.

Sekretär geht.

Sophie steht auf.

General. Mit mir — hat es gewiß nichts zu bedeuten, meine Tochter.

Sophie nimmt seine Hand.

General. Drückt ihr die Hand. Setze Dich.

Sophie setzt sich.

General. Einen Augenblick — mein Kind! Spricht leise mit dem Grafen.

Graf drückt Befremden und Wehmuth aus.

General. Auf den Fall bringt Lebrecht vorher Nachricht, gehen Sie an Ihr Werk.

Achter Auftritt.

General. Sophie.

Sophie. Es überfällt mich eine Angst — eine Hitze — jetzt — jetzt stirbt er! Jetzt!

General. Jetzt nicht.

Sophie. Steht auf. Lebt er noch? Vater! lebt er noch?

General. Macht sie sanft wieder sitzen. Noch!

Sophie. O Gott!

General. Wir wollen über unser Unglück vertraulich reden, mein Kind!

Sophie schluchzt.

General. Nach ihm — bin ich doch Dein nächster Freund.

Sophie. Ich kannte nie einen Unterschied — das Unglück — das entsetzliche Unglück nur — hat ihn jetzt gemacht.

General. Mir kommt es zu von Deiner Trauer mit Dir zu reden, und ich werde das keinem andern übertragen. Ja, Sophie! Was Menschen über Dich vermögen können, muß Dein Vater vermögen. Ja, mein Kind, Du verlierst unendlich Viel — aber ich verliere Alles!

Sophie. Seine Mörderin bin ich — ich seine Mörderin — wer kann das von mir nehmen!

General. Sey getrost. Du wirst ihn nicht lange überleben.

Sophie. Wenn Gott barmherzig ist!

General. Ich werde diesen Tag nicht lange überleben.

Sophie. Das ist mein Werk.

General. Nicht so durchaus. Ich bin nicht Vorwurfs frey. Ich hätte nicht so fest auf Deiner Heirath mit dem Grafen bestehen sollen —

Sophie. Warum entdeckte ich Ihnen meine Liebe nicht, warum —

General. Du hast Recht daran gethan; denn ich prüfe mich und weiß, ich würde diese Heirath nie zugegeben haben — sieh — dieser Eigensinn macht Dich um vieles schuldloser.

Sophie. Ihre Güte vernichtet mich —

General. Da wir nun beide zwey sehr unglückliche Menschen sind, so laß uns einer mit dem andern klagen und weinen.

Sophie *umfaßt seine Füße.*

General. Steh auf, mein Kind — steh auf! — Du bist ein gutes Mädchen. Ich habe mich ehedem wohl manchmal an Deinen schwärmerischen Gefühlen ergetzen können. Denn so war auch Deine Mutter.

Sophie. Ach!

General. Und nun laß uns ein Wort von Deiner Mutter reden. Sie war bey allen reitzbaren Gefühlen, doch auch eine sehr entschlossene Frau. Wenn sie hier unter uns wäre, so würde unsres Leidens etwas weniger seyn. Ich bin ein alter Mann, stehe zwischen Tod und Kummer, was kann ich für Dich thun? Du bist so unglücklich und so beklagenswerth — daß ich Dich gar nicht zu trösten weiß!

Sophie. Hören Sie auf — schonen Sie meiner —

General. Und dazu bedarf ich noch einen Trost von Dir.

Sophie. Von mir — Trost?

General. Ja, mein Kind — ich stehe allein — meine Ehre hat gelitten — mein Herz bricht. Habe Mitleid — thue auch etwas für mich. An Dich weiset mich die Natur — die Dankbarkeit — mein Alter! Mit aller Gewalt der väterlichen Rechte und aller Stärke der Vater-

liebe, fordere ich einen Trost von Dir, unglückliches Kind!

Sophie. Gebe Gott mir die Kraft dazu —
reden Sie — was kann ich thun?

General. Laß Deinen Vater nicht zu Schan-
den werden, liebe Sophie! Sey eine Heldin in
Deinem Unglück, daß die Menschen meine Tochter
ehren, aber nicht bemitleiden.

Sophie. Seufzt tief. Ach!

General. Dein Freund wird sehr männlich
sterben —

Sophie. Aber er lebt noch?

General. Noch! Er spricht nur von Dir —
aber ist auch nur von dem Gedanken gequält,
daß Du Dich Deines großen Kummers unwerth
zeigen möchtest.

Sophie weint in ihr Tuch hinab.

General. Er wird von jedermann bewundert. Sein männlicher Tod giebt ihm seine Ehre
wieder. Er hat für diese Ehre oft den Todeskampf gewagt und geblutet, sie ist ihm heilig —
er kann aber nur dann wie ein Mann sterben,
wenn er Dich wie eine Heldin traurig weiß.
Heftig. Sterben muß er — daß er groß sterbe —
ist Dein Werk!

Sophie. Nach einer Pause. Vater!

General. Nach einer Pause. Es reift ein Entschluß in Dir — auf — laſſen wir beide das bißchen Leben, daß wir alle Drey, Er, Du und Ich nicht erbetteln wollen — laſſen wir das elende Tagewerk nicht Herr unſerer beſten Seelenkräfte ſeyn.

Sophie. Mit Erhebung. Vater! — Ich werde viel vermögen —

General. Deine Mutter hat Dich mit Kraft geſegnet, in meiner höchſten Noth an ihrer Statt mir zur Seite zu ſeyn — Tochter — wir wollen weinen, aber nicht winſeln.

Sophie. Vater! - gewähren Sie mir eine Bedingung?

General. Der General darf nichts — mehr gewähren. Alles was der Vater vermag — gelobe ich Dir.

Sophie. Darf ich ihn ſehen?

General reicht ihr die Hand.

Sophie. Sprechen?

General. Schüttelt ihre Hand. Ja!

Sophie. Sie vertrauen mir — aber Sie ſollen auch mit mir zufrieden ſeyn.

General. Sieh ihn — ſprich ihn — laß ihn Deine Gelübde mit ſich hinüber nehmen. Vaterſegen heilige Eure Umarmung. Bricht Dein

Herz im Kampfe — sey es — so will ich in Deinem Tode Dich betrachten — wie einen rühmlich gefallenen Sohn.

Sophie. Ich gehe zu meinem Gemahl und scheide von ihm als seine Wittwe.

General. Ich will Dich zu meinem Sohne geleiten, er wird dem Gesetz und der Ehre Genugthuung geben, ich werde die Feinde angreifen. Sehen wir uns nochmal wieder, — so empfange mich im Wittwenschleier, wir wollen dann das Leben tragen, wie Seelen die es weder verachten noch bedürfen. Wer von uns beiden den andern nicht wieder findet — preise den glücklich der vorangegangen ist und entweihe das Andenken geliebter Seelen nicht mit zagendem Unmuth! — Gieb mir die Hand darauf!

Sophie. Giebt ihm die Hand. Verklärte Selige! Sieh herab und stärke mich!

General. Dein Jammer hatte mich entwaffnet, Du hast mir Muth und Trost gegeben — ich danke Dir — und segne Dich dafür — Nun laß uns zu ihm gehen. Sie gehen.

Neunter Auftritt.
Das Gefängniß.

Adjutant. Baron v. Thurneisen.

v. Thurneisen. Ich danke Ihnen — schmerzlich war dieser Abschied von meinen Freunden, aber, — doch thut es dem Herzen wohl, daß sie mich ungern ziehen sehen.

Adjutant. Haben Sie nichts mehr zu befehlen?

v. Thurneisen. Verneint es und reicht ihm die Hand. Wann werde ich geendet haben?

Adjutant. Ach!

v. Thurneisen. Sie sehen — ich bin gefaßt.

Adjutant. Halb eilf Uhr.

v. Thurneisen. Sieht nach der Uhr. Nun — so sind wir nahe daran. Leben Sie wohl. Er umarmt ihn.

Adjutant geht.

v. Thurneisen. Mein Leben war ein kurzer Traum — selten angenehm — ich werde unsanft erweckt — übersehe — wovon ich wenig vermissen kann, und ende!

Zehnter Auftritt.

v. Thurneisen. Graf.

Graf. Noch Einmal! *Er reicht ihm die Hand.* Noch Einmal sehen Sie mich wieder!

v. Thurneisen. Meiner Augenblicke sind wenig, aber diese sind schön! *Er umarmt ihn.* Der höchste Edelmuth geleitet mich zum Ende!

Graf. Ich bringe Ihnen Sophiens Abschied!

v. Thurneisen. *Mit Unmuth und Schmerz.* Ach! *Er legt das Gesicht auf die gefalteten Hände.* Frieden mit ihr — guter Gott! Frieden!

Graf. Der General wird Ihnen seine Verzeihung selbst bringen.

v. Thurneisen. Zu viel — zu viel! Wie wenig verdiene ich das? — So lassen Sie mich vorher vollenden, was ich sonst mit der Welt noch zu thun habe. *Er giebt ihm einen Brief.* Meinen letzten Dank meiner unvergeßlichen Mutter! Diese Uhr — dem Soldaten Grim und — *Er giebt ihm das Tuch von Sophien.* Ihnen mit diesem Tuch Sophiens Thränen. Sie gab es in dem Augenblick wo das Loos über mich geworfen ward! Nehmen Sie — es ist das ganze Vermächtniß eines Unglücklichen. Trocknen Sie ihre Thränen und werde Ihnen das leicht — das sey mein letztes Gebet!

Graf. Ich will — ich will — *Thränen hindern ihn mehr zu sagen.*

v. Thurneisen. Der letzte Wille eines Unglücklichen wird einem so edlen Manne heilig seyn.

Eilfter Auftritt.

Sekretär, der dem Grafen etwas leise sagt und dann geht.

Graf. Faßt wehmüthig des Barons Hand. Der General wird bald da seyn.

v. Thurneisen. Ich habe ihn stets mit Bewunderung gesehen. — Jetzt werde ich mit der schmerzlichsten Erschütterung meine Augen vor ihm niederschlagen. Ha so oft hat sein Lob — das Blut mir wallend gemacht — und sein Blick mich muthig in den Tod gehen heißen. — Heute nicht. Heute — bin ich ein Gegenstand des Mitleids — denn er mußte meinen Namen auslöschen auf der Tafel der Ehre, den Stab brechen über den, der Eid und Ehre verletzt hat — das ist bitter!

Graf. Fassen Sie Sich — diese Prüfung wird nicht Ihre letzte seyn.

v. Thurneisen. Die letzte! Es ist keine mehr übrig.

Graf. Doch, armer Mann!

v. Thurneisen. Welche? Vollenden Sie! Welche?

Graf. Sie selbst!

v. Thurneisen. Graf —

Graf. Die unglückliche Sophie kommt zu Ihnen!

v. Thurneisen. Gott! Gott stehe mir bey!

Zwölfter Auftritt.

General. Sophie. Vorige.

v. Thurneisen. Sie ists — Vergebung! Er umarmt sie. Vergebung — Herr General — Graf! Sophie! Vergebung für das Leid das ich auf Sie bringe.

Sophie. Nenne mich Du — Dein im Tode, wie im Leben!

v. Thurneisen. Reißt sich los. Gott — führe mich fort — weg aus diesem Leben —

Sophie. Segnen Sie ihn, mein Vater! das wird ihm Ruhe geben. Er hat ja niemand der ihn segnet — ich darf nicht — ich bin seine Mörderin.

v. Thurneisen. Nicht so. *Er fällt vor ihr nieder.* So nicht!

General. *Hebt ihn auf und umarmt ihn.* Ich verzeihe alles!

Sophie. Graf, geben Sie Acht auf mich, wenn Sie eine Thräne sehen in meinen Augen — dann ist es Zeit, dann reissen Sie mich fort.

General. Deine Hand —

Sophie *reicht ihre Hand.*

General. Die Ihre.

v. Thurneisen *reicht sie ihm.*

General. Gott stärke Euch, meine lieben Kinder! — Mein Sohn, jetzt gilt es. Männlich und stark. Rede mit ihr. Ihre Ruhe ist nicht Wahnsinn — ist ein Opfer für Dich. Rede — scheide — die Zeit ist da!

Sophie. *Mit dem Schrey* Die Zeit ist da! *stürzt sie ihm um den Hals.*

v. Thurneisen. Ich beschwöre Dich, gedenke Deines Vaters!

Sophie. Meines Vaters? *Seine Hand in die ihre klemmend.* Ja, ja.

v. Thurneisen. Das Verhängniß hat mein Loos geworfen. Weine darum — aber — wenn mein Geist mit Wohlgefallen auf Dich herab schauen soll, weine wie Deines Vaters Tochter. Willst Du das, meine Liebe?

Sophie die ihn starr angesehen hat, läßt mit einem bejahenden Laut des Schmerzens ihr Gesicht auf seine Brust herab sinken.

v. Thurneisen. Was sind einer Seele wie die Deine die leichten Schauer einer kurzen Trennung gegen den gewaltigen Gedanken des Wiedersehens!

Sophie. Mit Erhebung. Ha, Wiedersehen — Wiedersehen! bald — o bald!

Dreizehnter Auftritt.

Adjutant. Vorige.

Adjutant. Die Feinde dringen vor — unsere Vorposten sind geworfen.

General. Meine Pferde vor — das Kommando hinaus, ich komme!

v. Thurneisen. Mit dem höchsten Enthusiasmus. Ach wer dieses Todes sterben könnte!

General. Ohne von der Rede unterbrochen zu seyn, in einem Eifer fort. Das zweite Bataillon vom achten

Regiment zum Soutien — noch drey Eskadrons Husaren zur Reserve. Gleich, gleich!

Adjutant geht.

General. Tochter!

Vierzehnter Auftritt.

Adjutant, der vorher bey Thurneisen war. Vorige.

Adjutant. Verneigt sich gegen Thurneisen. Herr Hauptmann!

v. Thurneisen. Gleich!

Sophie. Was ist das? Du wirst blaß — die Zeit ist da — Vater!

General. Uns beide ruft die Ehre zur Aussöhnung; Dich dorthin — mich an eine andere Stelle! — umarmen wir sie und scheiden!

Man hört die Trommeln Allarm schlagen, die Trompeten der Husaren Appell blasen.

v. Thurneisen. Gütiger Gott! So oft führte mich der Schall zum Siege!

General. Der schwerste Kampf ist hier! Vorwärts!

v. Thurneisen. Außer sich. Kameraden, rettet die Ehre der Armee! —; Er umarmt Sophien. Leb wohl, Sophie!

Sophie. Dein Engel ruft, Albert —

v. Thurneisen. Leb wohl.

Die Trommeln und Trompeten sind in der Nähe. Graf, helfen Sie dort! Er deutet auf Sophien.

General. Umarmt Thurneisen. Im Siegesgeschrey der Brüder — fahre wohl! Er stürzt fort.

v. Thurneisen. Leb wohl! Macht sich los und geht mit dem Adjutanten.

Sophie fällt dem Grafen in die Arme.

Der Vorhang fällt indem man noch die Trommeln und Trompeten hört.

Verbrechen aus Ehrsucht.

Ein Familiengemählde in fünf Aufzügen.

Nachrichten aus Sachsen.

Ein gemeinnütziges Blatt Leipzigs.

Ihro Excellenz

der Freifrau von Dalberg

gebornen von Ullner

mit dem lebhaftesten Gefühl von Verehrung für seltne Verdienste des Geistes und Herzens

gewidmet

von

dem Verfasser.

Personen.

Oberkommissär Ahlden.
Sekretär Ahlden, sein Sohn.
Rentmeister Ruhberg.
Madam Ruhberg, seine Frau.
Eduard Ruhberg, } seine Kinder.
Louise Ruhberg,
Baron von Ritau.
Hofrath Walther.
Die Hofräthin, seine Frau.
Doktor Ewers.
Haushofmeister Lorenz.
Christian, Bedienter, } im Ruhbergi-
Henriette, Kammermädchen, } schen Hause.
Ein Jude.
Ein Ladendiener.
Ein Gerichtsdiener.

Erster Aufzug.

Ein bürgerliches, nicht großes Zimmer.

Erster Auftritt.

Sekretär Ahlden, schreibt.

So! Er legt die Feder nieder. Damit mag es genug seyn. Er steht auf. Ich weiß in der Sache nichts mehr zu sagen. Sieht die Schrift durch. Ja, das ist genug, wenn man die Wahrheit hören will, und wollte man sie nicht hören: so wäre auch das zu viel. — Gut gearbeitet — ein heitrer Morgen — das giebt Muth! — Es bleibt dabey, heute breche ich die Bahn. Der alte Ruhberg ist ein gerader Mann — ihm sage ich geradezu was mir am Herzen liegt. Mein Vater — ist heftig, aber er ist gut: also ohne Sorgen und Aengstlichkeit gerade zur Sache!

Zweiter Auftritt.

Oberkommissär Ahlden. Sekretär Ahlden, sein Sohn.

Oberkomm. Guten Morgen, mein Sohn!

Sekretär. Herzlichen Dank, mein lieber guter Vater.

Oberkomm. Ich glaube, Du sprachst mit Dir selber? he! — Ja, Du hast mit Dir selbst gesprochen. Das mußt Du nicht thun.

Sekretär. Es wäre — ich weiß nicht —

Oberkomm. Ja die Leute wissen es zuletzt nicht mehr, das ist schon so. — Es ist eine böse, böse Gewohnheit. Du weißt, ich habe es an unserer seligen Muhme nie leiden können. — Apropos — ehe ich eins ins andere rede — da bringe ich Dir Deine Defension zurück. — Ist Dir mit Gottes Hülfe recht brav gerathen. Recht brav! — Es ist Leben darin. Keine Kniffe, kein Geschwätz — Herz und Leben! Das heißt seiner Parthey dienen: dafür wird Dich auch Gott segnen, mein Karl!

Sekretär. Wenn Sie wüßten, wie Ihr Lob auf mich wirkt, mich bestimmt! Es giebt mir Unternehmungsgeist, Ausdauer —

Oberkomm. Hm! — Soll mir lieb seyn! Aber höre. — laß doch die neumodischen Wörter aus Deiner Arbeit weg. Zeig einmal her, *Suchend.* hr — brr — hm — hn — — Ja! da — Bestimmung — Drang der Verhältnisse — Leidenschaft. — he! was haben die Leidenschaften in einer Defension zu thun?

Sekretär. Die Leidenschaften aber doch so vieles mit den Menschen.

Oberkomm. Alle gut — alle gut — aber Du weißt die hohen Herren lassen es nicht passieren.

Sekretär. Sollte nicht jeder thun was an ihm ist, daß der Mensch nach der Sache gerichtet würde, nicht nach dem todten Buchstaben?

Oberkomm. Nun ich kann es nicht gradezu tadeln, daß Du Dir einen eignen Stylum gewählt hast, mein Sohn. — Ihr mögt freilich Anno 98 wohl anders schreiben, als wir Anno 50; weil denn aber doch noch so viele von Anno 50 da sind — so richte es allemal so ein, daß die es auch verstehen. — So viel davon. Warum ich eigentlich zu Dir komme —

Sekretär. Das wäre —

Oberkomm. Der Bergrath Wohlzahn reiset die kommende Woche auf das Gut. Ich habe vorläufig mit ihm gesprochen. — Es wird alles gut gehen. — Du kannst Dich produzieren, dann Deine Sache wegen seiner Tochter anbringen.

Sekretär. Aber, mein Vater — warum —

Oberkomm. Warum? — weil sie Deine Frau werden soll. Ich muß Dich versorgt sehen, ehe ich die Augen schließe. Und — Karl, Karl, ich traue nicht! Ich traue meiner Malabie nicht. Krieg ich noch einmal so eine Attaque — so bin ich da gewesen.

Sekretär. Gott behüte! wie können Sie denken, daß so eine unbed —

Oberkomm. Unbedeutend? Nein, nein, ich werde gewaltig stumpf! Kein Wunder; die Strapazen in den Kriegsjahren, — der Chagrin und — nun wie es Gottes Wille ist! — Aber, wenn ich von dem Mallaga, den ich im Keller habe, auf Deiner Hochzeit noch mittrinken soll — so mach fort. Sonst bleibt er Dir stehen bis zu meinem Begräbniß.

Sekretär. Ich kann Ihrer herzlichen Güte nicht Verstellung entgegen setzen. Auch hätte ich Ihnen schon heute eine Entdeckung gemacht, wären Sie nicht durch Ihren Antrag mir zuvor gekommen. — Ich — zürnen Sie nicht, gütiger Mann —

Oberkomm. Nun —

Sekretär. Ich kann die Wohlzahn nie heirathen.

Oberkomm. Das begreif ich nicht. Das Mädchen ist hübsch, brav, jung, reich. Du heirathest in eine gute Familie, kriegst Freunde, Konnexionen; kannst eine Karriere machen — Konstellation ist gut. Was fehlt noch? — Warum willst Du nicht? he! — Oder liebst Du eine andere?

Sekretär. *Mit bescheidener Festigkeit.* Ja, mein Vater.

Oberkomm. Hm! hm! *Mit unterdrücktem Mißvergnügen.* Hm, hm, das ist mir nicht lieb. *Nach einigem Umhergehen nicht mehr an sich halten könnend.* Das ist dumm — recht dumm!

Sekretär. Nur durch sie kann ich glücklich werden, oder niemals.

Oberkomm. Glücklich werden? Das ist's eben. *Heftig.* Gesehen, geliebt, und — glücklich seyn; das ist bey euch eins! *Halb besänftigt.* Wer ist sie?

Sekretär. Die junge Ruhberg.

Oberkomm. *Heftig.* Die Tochter vom Rentmeister?

Sekretär. *Mit Bitte.* Die nehmliche.

Oberkomm. *Nach einigem Besinnen, kalt.* Das ist nichts für Dich!

Sekretär. Aber warum —

Oberkomm. *Sehr fest.* Das ist nichts für Dich!

Sekretär. Warum wollen Sie diese herrliche Parthie verwerfen, ohne mir Gründe zu sagen? denn —

Oberkomm. Meine Gründe? Vor der Hand sind es folgende: Es kann nicht seyn — es soll nicht seyn, ich wills nicht haben. Nach den andern Gründen thue der Herr Sohn in einem halben Jahre weitere Nachfrage. Ich rede nicht gerne vernünftige Dinge in den Wind. *Geht heftig umher, und braucht ohne sein Wissen viel Tobak.*

Sekretär. Ich gehorche willig jedem väterlichen Befehl —

Oberkomm. Versteht sich.

Sekretär. Aber wenn sie auf Kosten meines Glückes —

Oberkomm. *Rasch stehen bleibend.* Auf Kosten Deines Glücks? — Höre, mein Sohn, wenn wir beide von dem Mädchen reden, welches Deine Frau werden soll — so magst Du sagen: — die, oder die Larve gefällt mir am besten. Wenn aber die Larve vorher bey Dir gesprochen hat, so muß ich es besser als Du wissen — welche Dich glücksich machen kann. — Die Ruhberg wird meine Schwiegertochter nicht! *Will fort.*

Sekretär. Lieber Vater, keinem Mädchen sind die Pflichten der Tochter so heilig als Ihr: bürgt das nicht, daß sie eine treffliche Gattin seyn wird?

Oberkomm. Höre mich an.

Sekretär. Ich wünsche eine Frau, die durch Sorgfalt und Liebe Ihr Alter verjüngen kann; diese wird es, mein guter Vater!

Oberkomm. Das ist Bestechung. Bleib bey der Stange; laß mich aus dem Spiel. Von Dir ist die Rede. Das Mädchen ist brav. Aber die Konstellation ist nicht günstig.

Sekretär. Warum das nicht?

Oberkomm. Wenn Du bleibst was Du bist — bist Du nicht viel — du mußt weiter. Da brauchst Du Konnexionen, mußt Vermögen erheirathen, sonst plackst Du Dich wie ein armer Sünder, und machst keine Karriere. Ich bin von Betrügern zu Grunde gerichtet, habe kein Vermögen, kann Dir nichts nachlassen, als ein schuldenfreies Haus und einen guten Namen, das weißt Du. Ruhbergs sind herunter gekommen. Das Mädchen? Groß erzogen. Die Mutter? Eine Närrin. Der Bruder? Oben hinaus und nirgend an! Ein saubres Früchtchen; ein Windbeutel;

ein Bursche, der mit Avanturieurs herumschlendert; ein Spieler!

Sekretär. Aber doch ein guter geschickter Mann, der, wenn er sich bessert, durch sein Genie — —

Oberkomm. Der Junge hat seiner Mutter weiß gemacht: — das Fräulein, das vor ein paar Jahren von Danzig hieher zog? Fräulein von —

Sekretär. Kanenstein?

Oberkomm. Ganz recht — die wollte ihn heirathen. Weil nun die Frau von Adel ist, und der Hochmuthsteufel in sie gefahren ist, so glaubt sie es; bringt ihren bürgerlichen guten Mann um Kredit, Haus und Hof, um wieder so eine Zwittermariage zusammen zu bringen. Sie sind schon Stadtgespräch. Was kommt da heraus? Der Bettelstab! An wen werden sie sich wenden? An Dich! Das sind Deine Aussichten.

Sekretär. Dagegen könnte ich mich sicher stellen. Auch sind auf den Fall meine Maßregeln —

Oberkomm. *Gleichsam zutraulich.* Höre, nimm Raison an; aus der Mariage darf nichts werden. Geh Du zu dem Herrn Bergrath und bring Dein Gesuch wegen seiner Mamsell Tochter an.

Sekretär. Ich unterdrücke die Sprache der Leidenschaft gewaltsam, aber halten Sie mich nicht für so kalt — dieses Wohlthun gegen mich noch zu erwähnen. Ich kann nicht. Sie fordern zu viel. Es ist über meine Kräfte in diesem Fall, auf Kosten des bessern Gefühls, der Konvenienz zu fröhnen.

Oberkomm. So recht, bist auf gutem Wege. Wenn die Vernunft ihr Recht behaupten will, vertreibt man sie mit Deklamation.

Sekretär. Verzeihen Sie meiner Heftigkeit. — Ach alles was ich nicht bin, könnte der Verlust des Mädchens aus mir machen. Ergreift seines Vaters Hand. Ich darf nicht ohne Einwilligung diese väterliche Hand —

Oberkomm. Wozu expostulierst Du meine Einwilligung, wenn Du gesonnen bist nach Deinem Kopfe zu handeln? — Mit einiger Rührung. Je nun — der alte Vater muß sich's ja wohl gefallen lassen. Wenn Du unglücklich bist — dann ist's ja für den früh genug, an der Postille die Augen zu verweinen. Geht fort.

Sekretär. Sehr rasch. Und ich gab ihr mein Wort!

Oberkomm. Bleibt oben stehen. Was?

Sekretär. Meinetwegen hat sie Aussichten entsagt, Parthien abgewiesen. Ich gab ihr mein Wort als ein ehrlicher Mann.

Oberkomm. Etwas näher kommend. Ist das wahr?

Sekretär: O Gott! mit den heiligsten Schwüren, die —

Oberkomm. Hast Du mit kalter Ueberlegung Dein Wort gegeben, ihr Mann zu werden?

Sekretär. Allerdings.

Oberkomm. Hm, hm, das ist etwas anders: *Zu ihm kommend.* so mußt Du sie heirathen.

Sekretär. O lassen Sie den Ausbruch —

Oberkomm. — Ob es mir gleich durch alle Glieder fährt, — daß es so seyn muß.

Sekretär. Wie soll ich Ihnen danken? Worte vermögen nicht das Uebermaß meines Gefühls auszudrücken. Können Sie nicht in meinem Herzen lesen, so —

Oberkomm. Ja, ja. Gott gebe Glück und Segen! — Glück und Segen! — Aber ich wollte — Nu, nu — es wird ja schon werden.

Sekretär. O wie oft, mein Vater — wie oft werden Sie noch den Augenblick dieser Einwilligung segnen.

Oberkomm. Es mag seyn. Aber nimm mir es nicht übel — freuen kann ich mich nicht so recht. Ich hatte so diese und jene Aussichten. Die sind nun —— Ja es ist bald Zeit — Versäume die Kanzley nicht. Apropos — ich habe ohnehin heute Kassenabnahme bey dem alten Herrn

Ruhberg, dann will ich von der Sache reden. Ich werde Dir spät nachkommen — ich werfe mich ein wenig wieder auf das Bett, — denn die neue Mariage ist mir in alle Glieder gefahren. Ab.

Dritter Auftritt.

Sekretär allein.

Fürwahr, das ist früher gewonnen, als ich dachte! — Glück und Liebe, seyd mir bey Ruhbergs günstig, so lebe ich heute den schönsten Tag meines Lebens. Ab.

Vierter Auftritt.

Prächtiges Zimmer im Ruhbergischen Hause.

Ruhberg Vater, hernach Christian.

Ruhberg V. Hat etliche Mal geschellt; hierauf kommt endlich Christian. Christian, Ihr vernachlässiget Euern Dienst.

Christian. Ich bitte um Verzeihung. Madam hatte mich verschickt.

Ruhberg V. Ist mein Sohn zu Hause?

Christian. Noch nicht.

Ruhberg V. Noch nicht? — Sage Er dem Schreiber, wenn die Papiere in Ordnung wären, solle er mir sie schicken.

Christian. Sehr wohl.

Ruhberg V. Dem Koch und dem übrigen Gesinde bedeute Er, daß sie zu Hause bleiben.

Christian. Wie Sie befehlen. Ab.

Fünfter Auftritt.

Ruhberg Vater, allein: hernach **Christian.**

Ruhberg V. Noch nicht zu Hause? — Alles in diesem Hause hat den Blick verschlossener Leiden, alles scheint so verstört! — Hm, wahr — Es scheint wohl nur so. — Mir — weil ich es bin. Ach es ist ein trauriger Anblick, ein wohlhabendes Haus so tief gesunken zu sehen. Meine Schuld: warum ließ ich es bis dahin kommen. — Ich war ein schwacher Mann, ein weichlicher Vater! Verloren ist alles, aber dem Gespött kann ich vielleicht noch entgehen — Gut dann, heute will ich handeln. — Nichts soll mich hindern, unerschütterlich fest zu bleiben. Nicht die Schwachheit einer liebenswürdigen Frau — Sanft. — nicht meine eigne Schwachheit für diese liebenswürdige Frau. Christian bringt die Papiere. Geht nur. — So — da liegt meine Rechtfertigung. Freilich eben so sehr meine Anklage.

Sechster Auftritt.

Vorige. Sekretär Ahlden.

Christian. Der Herr Sekretär Ahlden — befehlen Sie? —

Ruhberg V. Ohne Verzug. Nur daher.

Christian ab.

Sekretär. Werden Sie die Nachsicht haben, einen so frühen Morgenbesuch zu verzeihen.

Ruhberg V. Ich sehe Sie recht gern bey mir, Herr Sekretär.

Sekretär. Das Ehrenvolle dieser Versicherung werde ich stets lebhaft empfinden. In diesem Augenblick war das Wort, das Sie gesprochen haben, so gar wohlthätig.

Ruhberg V. Setzen Sie Sich, guter Ahlden. Sie setzen sich. Was bringt Sie zu mir?

Sekretär. Kein gewöhnliches Geschäft.

Ruhberg V. Das scheint wohl so.

Sekretär. Wie soll ich anfangen —

Ruhberg V. Geradezu. Ohne Eingang. Das bedarf es unter uns nicht.

Sekretär. Wenn man eine ungünstige Antwort fürchtet, möchte man gern allen Einwendungen begegnet seyn, ehe man den Antrag selbst gewagt hat.

Ruhberg V. Ich werde eine große Verlegenheit an Ihnen gewahr.

Sekretär. O ja —

Ruhberg V. Nun das muß unter guten Menschen nicht seyn. Es mag seyn was es wolle — so hat Sie ja wohl, meine ich, ein gewisses Vertrauen in mich zu mir geleitet. Warum soll das verloren gehen, da wir nun einander gegenüber sind?

Sekretär. Nein! Ich will hoffen! Sie werden mich nicht verwerfen.

Ruhberg V. Verwerfen?

Sekretär. Mit vollem Herzen bin ich gekommen — nun fehlen mir Worte. Ihr väterlicher Ton giebt mir Vertrauen — aber wenn ich nun reden will — so scheint mein Wunsch mir eine Vermessenheit. — Ach, ich werde ihn schlecht vortragen. — seyn Sie so gütig, ihn zu errathen. Nicht wahr, Sie sehen es mir an, daß Bescheidenheit mir für die Liebe keine Beredtsamkeit verstattet?

Ruhberg V. Junger Mann —

Sekretär. — Lassen Sie mich alles in einem Worte aussprechen. — Sie heißt — Louise!

Ruhberg V. Meine Tochter?

Sekretär. Darf ich sagen — mein Vater? Ergreift seine Hand.

Ruhberg V. Steht auf. Ey, mein Gott!

Sekretär. Betrübt. Sie sind erschrocken?

Ruhberg V. Ueberrascht — sehr überrascht!

Sekretär. Also nicht dagegen? Dagegen doch nicht?

Ruhberg V. Unentschlossen. Nein.

Sekretär. Küßt seine Hand. Gott segne Sie für dieses köstliche Nein!

Ruhberg V. Junger Mann, nicht so rasch, nicht so rasch. — Er setzt sich. Setzen Sie Sich.

Sekretär. Erlauben Sie, daß ich neben Ihnen stehe, zwischen Dank, Hoffnung, Thränen und Entzücken, wie könnte ich ruhen?

Ruhberg V. Vergönnen Sie mir einen Augenblick Ueberlegung! Eine kleine Pause. Ich bitte, setzen Sie Sich. Er reicht ihm die Hand.

Sekretär. Herzlich. Ja — oder Nein!

Ruhberg V. Die Sache ist ernst — nicht zu rasch!

Sekretär setzt sich.

Pause.

Ruhberg V. Sie lieben meine Tochter, Sie lieben sie sehr, das freut mich; sie verdient es, daß ein so wackerer Mann sie liebt.

Sekretär. Großer Gott, wie erheben Sie mich!

Ruhberg V. Sie haben mich vorhin gefragt, ob ich gegen diese Verbindung sey — ich sagte in der Ueberraschung — nein.

Sekretär. Nur in der Ueberraschung?

Ruhberg V. Jetzt sage ich mit mehr Bedacht — mit allem Bedacht, dessen ich fähig bin — nein, ich bin nicht dagegen! Sie haben dieses Nein ein köstliches Nein genannt? Theuer wird es Ihnen; davon lassen Sie uns als ehrliche Männer ein Wort reden, ehe wir uns einer Herzlichkeit überlassen, die uns beide hernach bekümmern möchte.

Sekretär. Reden Sie, gütiger Mann.

Ruhberg V. Gleich. — Was ich Ihnen sagen muß, fällt mir freilich etwas schwer. — Aber was es mich auch kostet, ich will ohne Rückhalt seyn; das versprechen Sie mir auch.

Sekretär. Ich verspreche es.

Ruhberg V. Es könnte wohl seyn, daß, nachdem ich gesprochen habe, Sie zu mir Nein sagen müßten; das soll und darf mich nicht befremden. Müssen Sie es, — so haben Sie den Muth es zu wollen; ich werde dann auch sagen, das war ein ehrliches, und also wahrhaftig ein köstliches Nein!

Sekretär. Was lassen Sie mich erwarten?

Ruhberg V. Damit wir uns aber in dieser Sache beide eine Verlegenheit ersparen — so umarmen Sie mich, wenn Sie Nein sagen müssen und gehen Sie schnell fort. Wenn wir uns hernach wieder begegnen, grüßen sich zwey Leute, die es beide mit einander gut gemeint haben.

Sekretär. Es sey so. Aber nun vollenden Sie!

Ruhberg V. Sie sind ein junger Mann, dem es seine Lage zur Pflicht macht, dem Glücke einen Schritt entgegen zu thun.

Sekretär. Thue ich nicht jetzt dem wahren Glücke einen vielleicht nur zu kühnen Schritt entgegen?

Ruhberg V. Ihr Verdienst muß Ihnen ein Vermögen verschaffen. Mein Haus ist nicht mehr, was es ehedem war — meine Tochter ist ohne Mitgabe. Das vertraue ich Ihnen an; und nun räth Ihnen meine Erfahrung, meine

Theilnahme: — ziehen Sie Ihr Wort zurück — umarmen Sie einen Mann, der an Ihrem Glücke redlichen Antheil nimmt. — sagen Sie: nein! und Gott sey mit Ihnen.

Sekretär. Ihr Verlangen hat eine Umarmung in diesem Augenblicke zweideutig gemacht, und doch möchte ich den redlichsten Mann an mein Herz drücken. Nur ein Wort dann: — daß meine Louise ohne Mitgift ist, habe ich gewußt ehe ich gekommen bin!

Ruhberg V. Das haben Sie gewußt?

Sekretär. Von Louisen selbst.

Ruhberg V. Das freut mich. So habe ich nichts mehr zu sagen. — Sie beharren? — So kommen Sie, daß ich Sie an mein Herz drücke.

Sekretär umarmt ihn herzlich.

Ruhberg V. Gott segne Sie, mein geliebter Sohn!

Siebenter Auftritt,

Vorige. Louise.

Ruhberg V. Da kommt meine Tochter —

Sekretär. O meine Louise! Wir sind —

Ruhberg V. Ein Wort! Eine Frage sey dem Vater vorher vergönnt! Meine Tochter — Du bist die Ursach dieses Besuchs. Ihr kennt Euch —

Louise. Wir lieben uns. Sie waren eine Zeit her so niedergeschlagen, guter Vater, daß ich von meiner Angelegenheit mit Ihnen zu sprechen nicht gewagt habe.

Ruhberg V. Ich billige Deine Neigung!

Louise. Bester, gütigster Vater! Sie haben immer das Glück Ihrer Kinder gemacht!

Ruhberg V. Machen wollen, mein Kind, machen wollen! Damit ich nun wenigstens in dieser wichtigen Sache so sorgsam als ich es vermag, handeln möge; so frage ich Dich — kennet Ihr Euch auch recht?

Louise. Lieber Ahlden, antworten Sie.

Sekretär. Ihren Segen!

Ruhberg V. Ueberlegt es wohl! Ich frage nicht, ob Ihr Euch gefallt, sondern, ob Ihr Euch kennt. Daß man die Jugendjahre mit Vergnügen zubringt, in der Folge sich erträgt — nun — das hat man wohl. Ich bin ängstlich um Dein Heil; um so zaghafter, da ich es mit Glücksgütern nicht bewähren kann: — und so frage ich Euch, glaubt Ihr bis zuletzt zu Eurer Glückseligkeit Euch genug seyn zu können?

Sekretär. Ja! Meine Liebe ist auf Achtung gegründet!

Louise. Schwächen — wird der Freund der besten Freundin nachsehen. Die Freundin wird den Launen des Freundes begegnen.

Ruhberg B. Nun dann! Er nimmt die Hand des Sekretärs. Nach Geschäften und Sorgen — lebe bey ihr mit der guten Laune des Freundes! Achte die Seele, wenn auch das frische Roth der Wangen verblüht ist — sey Herr — aber nicht Quäler! Er nimmt ihre Hand. Nach seinen Geschäften und Sorgen finde er bey Dir Frohsinn und Leben. Verliebter Verdruß in der Bewerbungszeit ist eine Grazie; der Mißmuth der Frau ist für den Mann das Skelet dieser Grazie! Er hebt beider Hände empor. Wollt Ihr beide immerdar an das denken, was ich Euch beiden jetzt gesagt habe?

Beide. Ja!

Ruhberg B. Legt ihre Hände zusammen. Gott segne Euch! Er umarmt sie. Der Mutter Segen will ich Euch erbitten. Nun geht — genießt dieses schönen Augenblickes und wechselt die Gelübde der zärtlichsten Liebe!

Beide. Indem sie ihn umarmen. Mein Vater!

Ruhberg B. Umarmt Euch, daß ich es sehe!
Sie umarmen sich.

Ruhberg B. Dieß Bild giebt mir Kraft — Wenn Unmuth mich anwandelt — denke ich meine gute Tochter in den Armen eines wackern Mannes, fühle mich getröstet, da ich weiß, wer ihr einst den treuen Vater ersetzen wird. Geht mit Gott — alte Leute mögen solche starke Gefühle gern eine Weile für sich allein haben. *Der Sekretär und Louise gehen Arm in Arm weg.* Geht, lieben Kinder! *Nachdem er ihnen eine Weile nachgesehen.* Sie sind weg? — So! Nun kann der schwache, strafbare Vater, der an der Tochter Ehrentage mit leerer Hand segnen muß — weinen über seine Thorheit. Freudenthränen sind mir nicht erlaubt. *Er setzt sich und bedeckt das Gesicht.* Meine arme, arme Tochter!

Achter Auftritt.

Madam Ruhberg. Ruhberg Vater.

Mad. Ruhb. Sie sind doch wohl?

Ruhberg V. *Steht auf.* O ja.

Mad. Ruhb. Sie vermeiden es mich anzusehen.

Ruhberg V. Nicht doch. *Sieht sie freundlich an.*

Mad. Ruhb. Sie haben geweint —

Ruhberg V. *Sanft.* Die Zeit des Lächelns ist vorüber!

Mad. Ruhb. Seit einiger Zeit sind Sie besonders unruhig und schwermüthig; das bekümmert mich!

Ruhberg V. Das weiß ich. Ich danke Ihnen dafür. Auf der Bekümmerniß, welche Ihre Liebe mir widmet, beruhet alle meine Hoffnung!

Mad. Ruhb. Gott mache mich so glücklich, daß die Erfüllung einer Hoffnung, welche Sie beseelt, bey mir stehen kann!

Ruhberg V. Ja, Madam, meiner Hoffnungen Erfüllung steht ganz bey Ihnen! Nun bitte ich um Ihre ganze Aufmerksamkeit für das, was ich Ihnen zu sagen habe. Sie haben bey unsrer Verheirathung mir ein ansehnliches Vermögen zugebracht.

Mad. Ruhb. Ach!

Ruhberg V. So wie ich sahe, daß der Hang zum großen Leben bey Ihnen sich nicht verlor, so habe ich dieß Vermögen genau nur für Ihre Bedürfnisse und Plane verwendet. — Sie haben bis jetzt Ihrer Geburt gemäß gelebt. — So lange ich Ihnen dabey sparen konnte — that ich es redlich — aber es war vergebens. Ich habe die pünktlichste Rechnung über Ihr Vermögen geführt. — Liebe Frau, dieß Vermögen? es ist ganz dahin!

Mad. Ruhb. Dahin?

Ruhberg V. Hier *Er giebt ihr die Rechnungen,* ist die Rechtfertigung meiner Verwaltung. Die Belege wird man Ihnen diesen Nachmittag übergeben.

Mad. Ruhb. *Pause.* Sie kränken mich empfindlich! — Mir Rechnung abzulegen? Sie mir? *Edel.* Wenn ich unglücklich bin, verdiene ich auch noch Spott?

Ruhberg V. Sie verkennen mich. Beweisen mußte ich Ihnen, daß ich Ihr Herz suchte, nicht Ihr Vermögen, nicht die Pracht Ihres Ranges; daß in meinen Nutzen nichts davon verwendet worden, selbst nicht einmal für die anständige Erziehung meiner Kinder. — Nun bleibt uns nichts, meine Liebe, als mein Gehalt. Sie sehen, es ist unmöglich, ferner ein Haus zu machen. Die nöthigen Einschränkungen sehen Sie selbst. — Es wird Sie nicht kränken, wenn ich Ihnen sage, daß Sie von meiner Seite gemacht sind.

Mad. Ruhb. Schon gemacht? — Schon? — Freilich wohl — es muß seyn! — Aber es ist hart!

Ruhberg V. Nur wenige kehren von Irrthümern mit guter Art zurück! und von der Art Ihrer Rückkehr hängt meine Ruhe, mein Leben ab. Was Louisen betrifft — so hat sich eine anständige Parthie gefunden. Der junge Ahlden. — Was sagen Sie dazu?

Mad. Ruhb. Hm —

Ruhberg V. Wie?

Mad. Ruhb. Es ist eine kleine Parthie.

Ruhberg V. Sie sind also nicht dafür?

Mad. Ruhb. Stand, Erziehung, und unsere Verbindungen, berechtigen Louisen auf ein glänzendes Glück noch Rechnung zu machen.

Ruhberg V. *Ausdruck einiges Unwillens.*

Mad. Ruhb. Geschweige, daß ein solches Wegwerfen — schlechterdings den Aussichten Ihres Bruders im Wege wäre.

Ruhberg V. Ihr Bruder muß thörichten Träumen entsagen, ein bürgerliches stilles Leben anfangen, und nach unsern jetzigen Glücksumständen sich genau richten. Entweder fordert er heut von dem Fräulein Erklärung, oder er hört auf dieses Haus zu besuchen, und mit der Schimäre der projektierten Heirath sein Glück zu verscherzen.

Mad. Ruhb. Wie? Im Begriff das glänzendste Glück zu machen — soll er ihm entsagen? Wollen Sie mich öffentlich dem Hohngelächter aussetzen. — Die Närrin! Sie hat ihre Plane nicht ausführen können, nun muß sie doch zu uns herunter. — So würde es heissen. Selbst die Summen, welche verwendet worden sind, erfordern, daß wir diesen Plan durchsetzen. — Ich willige in alles — gehe jede Einschränkung ein.

Ich versage mir alles — alles! — Nur bis Morgen lassen Sie mich gewähren. Ist dann nicht zu Ihrer Zufriedenheit gehandelt; so unterwerfe ich mich gerne Ihren Anordnungen.

Ruhberg V. Es sey so. Aber nicht länger, denn —

Mad. Ruhb. O wenn dieß nicht noch gewonnen würde, so wäre alles verloren!

Ruhberg V. Wir werden dieß verlieren.

Mad. Ruhb. Mein Gott! —

Ruhberg V. Und es wird mir lieb seyn, daß es verloren ist.

Mad. Ruhb. Lieb? Wenn Ihr Sohn ein Glück verliert — das —

Ruhberg V. Ich werde Gott mit Vaterfreude danken, daß ein guter fähiger Jüngling aus der Gesellschaft spielender Müßiggänger in das Leben des thätigen Bürgers zurück geführt wird, wozu er bestimmt war.

Mad. Ruhb. Sie sind blind gegen die Verdienste dieser Leute eingenommen — Sie —

Ruhberg V. Verdienste? — Es sind Spieler von Profeßion.

Mad. Ruhb. Aber das Fräulein —

Ruhberg V. Kam mit Reichthümern von Danzig hieher; und wenn sie — Lassen Sie uns abbrechen —

Mad. Ruhb. Aber —

Ruhberg V. Ich bitte — ich fühle, daß ich nicht gelassen bleiben würde.

Mad. Ruhb. Sie wollen Sich nicht überzeugen, daß eben diese Leute das Glück ihres Lieblings machen werden, daß das Fräulein —

Ruhberg V. Sich die Anbetung eines schönen, bedeutenden jungen Mannes gefallen läßt, ihm verstattet die Gesellschaft angenehm zu unterhalten — und ihn nun, nachdem er für diese Gnade sein Haus ruiniert hat, trocken, fade, — bürgerlich finden, — und fortschicken wird.

Mad. Ruhb. Wie hart beurtheilen Sie Leute, welche mit der feinsten Welt —

Ruhberg V. Weniger Welt und mehr Ehrlichkeit wäre besser!

Mad. Ruhb. Sie werden bitter.

Ruhberg V. Madam — ich habe diese seinen Leute, diese Leute von Welt kennen lernen. Ich sahe kalt — während Sie im Rausche der großen Welt fortwallten. Ich sah — und zitterte für meinen Sohn.

Mad. Ruhb. Sein Herz bürgt mir für alles.

Ruhberg V. Sein Herz — vollendet sein Unglück! Zu heftig um den Augenblick zu nützen, zu gut um Tücke zu argwöhnen, gekränkt, betrogen, verachtet — und seiner doch bewußt —

wird ihn sein Elend zum Weisen machen oder zum Bösewicht!

Mad. Ruhb. Allein er ist doch gleichwohl jetzt in einer Gesellschaft von Menschen — —

Ruhberg V. Die freundliches Gesicht für jedermann, redliches Herz für niemand haben. Sie werden ihn lehren, die letzte widerstrebende Faser gutes Herzens durch arglistige Intrigue verschleifen. In dem Gräuel von Kabalen, schwarzer Verläumdung, falscher Devotion, Spiel und Wohlleben werden sie ihn, einfach häusliche Freuden, die Bande der Verwandtschaft, die heilige Treue von Sohn gegen Vater, von Mutter gegen Tochter, als Ueberbleibsel deutscher Pedanterie verachten lehren. — Verzeihen Sie — ich wollte nicht heftig seyn — Aber diese Menschen machen mir Galle.

Mad. Ruhb. weint.

Ruhberg V. Sagen Sie Eduard, daß er heute auf einer bestimmten Erklärung des Fräuleins beharre. Ist es denn — nun so will ich mich in das Glück zu finden suchen. Ist es nicht? — so bin ich der glücklichste Vater.

Mad. Ruhb. Verlassen Sie Sich darauf — es wird alles gut gehen.

Ruhberg V. Nun — daß wir unsre gute Louise nicht vergessen.

Mad. Ruhb. O gewiß nicht. — das gute liebe Mädchen — Sie sind es doch überzeugt, wie sehr sie mir am Herzen liegt.

Ruhberg V. Sie sind eine gute Mutter — aber ich war ein schwacher Mann. Weniger Vorwurf trifft Sie. — Und so mögen wichtige Veränderungen den Tag bezeichnen; er sey deßwegen nicht trübe. Ausführung beßrer Ueberzeugung muß Heiterkeit geben. Also lassen Sie uns aus dieser feierlichen Stimmung in ruhiges Gespräch übergehen. Wir wollen nicht allein seyn. Ich feierte heut so gern einen fröhlichen Abend. Der alte Ahlden hat ohnehin Kassenabnahme bey mir. — Louise liebt ernstlich: was meinen Sie? warum wollten wir ihr Glück verzögern?

Mad. Ruhb. Aber warum auch die beiden wichtigsten Familienangelegenheiten so übereilen?

Ruhberg V. Wollen wir etwas verschieben, das nach aller Prüfung gut ist?

Mad. Ruhb. Haben Sie es auch überlegt, daß diese Heirath mit einem alten rauhen stolzen Manne uns in Verwandtschaft bringt, mit einem Mann, mit dem niemand auskommt!

Ruhberg V. Wenn unsere Tochter nur glücklich wird. Lassen wir dem alten Mann seine Sitte — gehen ihm aus dem Wege — oder begegnen ihm — so gut wir können. — Nun?

Mad. Ruhb. — Er ist ein braver junger Mann. Louise liebt ihn — wie Sie sagen — ja denn! Gott segne Ihren Willen.

Ruhberg V. Ich freue mich Ihrer Einwilligung. Ich hoffe wir sind der Glückseligkeit sehr nahe, welche Sie so lange vergeblich suchten. Reden Sie ernstlich mit Eduard. Mißtrauen Sie Ihrem Hang nach Größe; handeln Sie als Mutter. — Trauen Sie meiner Prophezeihung; Louisens stille bürgerliche Haushaltung wird es seyn, wo Sie Freuden des einfachen Lebens kennen lernen werden — welche die große Welt nicht gewähren kann. ab.

Neunter Auftritt.

Madam Ruhberg allein.

Allem entsagen! — unglücklich — gedemüthigt seyn, und eine innere Stimme, die laut uns zuruft: „Wir haben es verschuldet!" — Das ist hart, — sehr hart! Unglückliche Mutter! Diese Louise die — kann ich mir es verhehlen? — ich vernachläßigt habe, beschämt mich, bis zur Demuth! — Die stillen Leiden meines Mannes — der Schmerz — vielleicht noch die Vorwürfe meines Sohnes — schreckliche Zukunft!

O Gott! laß meine Thorheit mich hart büßen — nur erhalte mir das Herz meiner Kinder: dann will ich leiden, aber nicht klagen.

Sie geht ab.

Zweiter Aufzug.

Erster Auftritt.

Christian allein.

Aufräumen? *Er geht nach einer Kammerthür zu.* Räume auch einer auf, wo nichts ist! *Er zieht eine Schublade unter dem Schreibtisch auf.* Alles weg! alles versetzt und verkauft! — Wenn mein alter Herr das wüßte! — zu Hause Elend auf Elend — um bey dem Fräulein den großen Herrn zu spielen.

Zweiter Auftritt.

Voriger. Salomon.

Salomon. Guten Morgen Herr Christian.
Christian. Deinen Ausgang wolle Gott —
Salomon. *Nach einigem Umhersehen und Suchen, einer kleinen Pause.* Es ist recht kühlig haint morge.

Chriſtian. Ja.

Salomon. Der junge Herr nit zu Hauß.

Chriſtian. Und wenn ers wäre? Für Dich, ſo gut als wenn ers nicht wäre.

Salomon. Gottes Wunder! was der daher macht — Der junge Herr iſt á Freund zu mir, á rechter Freund. Erſt neulich hab ich ihn gekleidet — in Londner Raach. Dunkel — ſchwarz — nobel — uh proper. Ich halt Stück af ihn. Geht der junge Herr nit proper? Uh! wär á Schand, als es hieß er hat zu thun mit Schloome und iß nit proper! Apropos — iſt der Dalles noch Großhafmeſter bee äch.

Chriſtian. Pack Dich fort. Wirſt heut doch nicht bezahlt. Iſt nichts da.

Salomon. Was iſt deß? Ich hab á Wächßel, iß doch jo haint fällig. Als er nit kann zahle? Er muß ſchaffe á Burge.

Chriſtian. Schrey nicht Kerl, Du fliegſt die Treppe hinunter.

Salomon. Gottes Wunder, der Herr Chriſtian!

Chriſtian. Ja Kerl, wie Du mich da ſiehſt, breche ich Dir Arm und Bein entzwey, Du Dieb!

Salomon. Auh wei! Ich bezahle mein Schutzgeld! Macht Euch nit Ungelegenheit.

Chriſtian. Wer hat Dich gerufen Gaudieb, als Du dem armen Herrn die Kleider aufgehangen haſt? He? Weiß ichs etwa nicht, daß Du bey Blumenbergs erzählt, wie viel Du ihn geſchächt haſt.

Salomon. Was kömmt Euch der Bruſtlappe zu ſtehen.

Chriſtian. Du Greuel.

Salomon. Tauſig! Iſt mit Mokat gefüttert. Na hör Er — des Lob geb ich Ihm — Er weß ſich zu klade! Seyn Herr ach. Es iſt á Herr, wie a Kaſtir. — Mein — wie ſtehts um die Braut.

Chriſtian. Gut.

Salomon. Er hat noch zu bekomme das Jawort? — ich bin von ſaine Freund — Ich will Ihm ſage ins gehaim. Als nit bald wird Herr Baron? Er wird geſperrt in einen Thurm von de Schuldleut.

Chriſtian. Macht Miene ihn hinaus zu werfen. Gehörſt Du auch zu den Freunden?

Salomon. Reiße die Weſte auf. Mein Blut laſſe ich für ihn — ſtech' her in mein Herz — aber ſie kreuſche mortialiſch — ſie wolle klage.

Chriſtian. Pack Dich fort, ehe der alte Herr Dich ſieht. Wenn mein Herr Geld bekommt, will ich Dich rufen.

Salomon. Jo? Ich schätz ich werd komme, eh Du mich rufst. *Geht ab.*

Christian. So dauert es den ganzen Morgen, wo will das hinaus!

Dritter Auftritt.

Voriger. Ein Ladendiener.

Ladendiener. Guten Morgen! Sein Herr nicht zu Hause?

Christian. Nein, mein Herr.

Ladendiener. Hier ist der Konto aus der Reichmannischen Handlung. Wir werden den reichen Linon nicht liefern, bis die Rechnung bezahlt ist. Sage Er das seinem Herrn nur geradezu. *Geht ab.*

Christian. Nun da liegt Num. 33. — Das Ding geht nimmer gut. Der alte Herr mag auch was gemerkt haben.

Vierter Auftritt.

Henriette. Voriger.

Henriette. Madam läßt fragen, ob der junge Herr noch nicht zurück sey?

Christian. Sie sieht ja trübe aus — was fehlt Ihr?

Henriette. Ach — aufgesagt hat mir Madam.

Christian. Wie —

Henriette. Ja, mir und dem Garderobemädchen. Ich weiß nicht was vorgeht, aber der Herr hat auch die Pferde verkauft, den Kutscher abgeschafft, die beiden Bedienten und den Koch.

Christian. Was Sie sagt?

Henriette. Ach eine Herrschaft kriege ich wohl, aber so eine nicht wieder. Die Madam weinte. Der Herr hatte rothe Augen. — Sag Er mir nur was vorgeht. *Man hört zweimal innerhalb klingeln.* Ich will wieder kommen. Nicht wahr, Er weiß es? *Sie geht ab.*

Christian. Ich traue dem Handel nicht. Wenn das Ding losbricht — Er ist heftig — wird ihm das Ding zu viel — ist er im Stande und schießt sich vor den Kopf. Ja, ja, ich fordere meinen Abschied. Gehe es dann wie es Gottes Wille ist — so sehe ich doch das Elend nicht mit an. — Nun wer kommt denn da? — wird wieder einer seyn der nichts bringt! — Nun der lärmt ja verdammt. — Ich glaube — wahrhaftig, das ist er selbst.

Fünfter Auftritt.

Voriger. Ruhberg der Sohn, reich und mit Geschmack gekleidet, aber so viel möglich mit allen Zeichen durchwachter Nacht. Tritt anmuthig herein, und wirft sich in einen Sessel.

Ruhberg S. Nur einen Augenblick allein — daß ich zu Athem komme — daß ich nachdenke, wie ich dem drohenden Ungewitter entrinne — Was bin ich? Wo soll das hinaus? Aufspringend. Pah? Reflexion reißt mich nicht heraus. Meine Ehre ist verpfändet. Christian!

Christian. Was befehlen Sie?

Ruhberg S. Ohne auf ihn gehört zu haben. Alles fort — Alles! O meine Mutter — meine gute Mutter — und wenn ich an dich denke Vater!

Verbrechen aus Ehrsucht.

Während du einem kümmerlichen Alter entgegen siehest, und schlaflose Nächte durchweinst, bramarbasiert dein Sohn in Spielgesellschaften, wird verlacht! — Verlacht? Verlacht? Nein beym Teufel das soll er nicht werden! — Muth und Fassung! — Noch ist keine Aussicht verschlossen. Christian!

Christian. Was befehlen Sie?

Ruhberg S. Zu Aaron Moses. Er soll hinkommen, mich beym Fräulein heraus rufen lassen. Er soll Geld mitbringen. Indeß die beiden Uhren zu Salomon — zwanzig Louisd'or — gleich. — den Augenblick lauf! was stehst Du?

Christian. Mit bescheidener Bedenklichkeit. O mein Herr —

Ruhberg S. Wild. Eile Kerl, ich muß gleich wieder fort. Doch — höre — Komm her!

Christian. Mein Herr!

Ruhberg S. Hat mein Vater nach mir gefragt?

Christian. Ja, mein Herr!

Ruhberg S. Um welche Zeit.

Christian. Halb fünf Uhr, und dann um sieben Uhr noch einmal — die Frau Mutter aber seit sieben Uhr fast alle Viertelstunden.

Ruhberg S. geht nachdenkend auf und nieder.

Chriſtian. *Nach einer kleinen Pauſe.* Befehlen Sie noch etwas?

Ruhberg S. *Faſt weich.* Nein. Geh nur.

Chriſtian ab.

Sechſter Auftritt.

Ruhberg Sohn *allein.*

Viel Unglück — viel Unglück! und wenn die nächſte Stunde nicht glücklich iſt? Die Unmöglichkeit morgen der zu ſcheinen, der ich jetzt, — auch nur ſcheine. — Das raſende va Banque — meine Ehre verpfändet, und keine Ausſicht ſie retten zu können — ganz und gar keine! — Muth! Muth! Mein Unglück iſt nur Unglück, wenn ich den Muth verliere. Zu dem — wenn es zu enge wird, in der dichten Umzäunung, worin engbrüſtige Konvenienz-Menſchen ihr Leben wegkränkeln — wer zum wachſen und gedeihen das weite große Feld braucht — der iſt ein Dummkopf, wenn ſein Plan nicht Schwierigkeiten umfaßt, ein zaghafter Knabe, wenn er davor ſteht und ſie anſtaunt; zu viel Vorſicht iſt weibiſche Furcht — und ſo mit weiter — dem glänzenden Ziele zu, wo ich alle glücklich machen kann — Vater und Mutter — Vater und Mutter und Schweſter.

Siebenter Auftritt.

Voriger. Louise. In der Folge **Christian.**

Louise. Guten Morgen, Eduard.

Ruhberg S. Guten Morgen, meine Liebe.

Louise. Du bist wieder diese Nacht nicht zu Hause gekommen?

Ruhberg S. *Leichthin.* Sehr gegen meinen Vorsatz. In der That.

Louise. *Gütig.* Du bist ein arger Schwärmer.

Ruhberg S. Angenehme Gesellschaft, ein interessantes Gespräch, und dazu das Nachtaufsbleiben meine Schooßsünde — da thut man denn manchmal, was man den andern Tag bey sich selbst nicht verantworten kann.

Louise. Du hast doch nicht Verdruß gehabt?

Ruhberg S. Wie kommst Du auf die Frage?

Louise. Lieber Eduard — wie eine Schwester, die ihren Bruder herzlich liebt, auf die Frage kommt, wenn sie alle seine Züge entstellt findet.

Ruhberg S. Gewöhnliche Folge der Nachtwache. —

Louise. Schone doch der väterlichen Sorgen, der mütterlichen Angst.

Ruhberg S. Etwas getroffen. Louise!

Louise. Denk, wie sie die Nächte mit Schrecken auffahren, um Dich und Dein Schicksal weinen, während Du in der großen Welt, ohne Freund, ohne Rath umherirrst! Dein Herz, — unsern Stolz, hat die große Welt uns geraubt; wenn sie gar Dich noch mit falscher Hoffnung tröge?

Ruhberg S. Unmöglich, ich weiß —

Louise. Kann der Unterschied des Standes Dir jemals eine Verbindung mit der Kanenstein gewähren —

Ruhberg S. Sie liebt mich. Davon bin ich überzeugt.

Louise. Ueberzeugt?

Ruhberg S. Ueberzeugt — durch — tausend Kleinigkeiten — die — redender noch sind als deutliche Worte selbst.

Louise. Man sagt laut — sie würde den Herrn von Dammdorf heirathen. Indeß — das müßte Dir zuerst aufgefallen seyn, wenn es wäre.

Ruhberg S. Schwester, Du kränkst mich, wenn Du an ihrer Denkungsart zweifeln kannst. Sie ist das edelste Geschöpf — und nur eine

Buhlerin kann mit der Hoffnung eines Mannes spielen.

Louise. Kann Dich die Kanenstein ohne große Entsagung jemals besitzen?

Ruhberg S. Das alles wird sich nächstens entscheiden.

Louise. Nächstens? nächstens sagst Du? bald — jetzt! denn — unsere Kräfte können Deinen Aufwand nicht mehr tragen.

Ruhberg S. Wahr — wahr! —

Louise. Hättest Du gestern Deine Mutter mit dem Ausdruck des innigsten Schmerzens an Dein Zimmer gehen, und von der verschlossenen Thür wehmüthig zurückkommen sehen — hättest Du bis Mitternacht sie fragen hören: „Ist Eduard noch nicht da?" — es stünde vielleicht anders um uns.

Ruhberg S. Denkst Du, ich ringe nach Glück allein für mich? O nicht für mich, um Euch, um Dich — Dir ein glückliches Schicksal wieder zu verschaffen.

Louise. Lieber Bruder — ich habe gewählt, und werde Sorge tragen, daß mein Herz Deinen Stand nie entehre. — Aber werden wir ruhige Bürger zu Dir passen? — — Dein Glanz wird unsere herzliche Anhänglichkeit verschmähen. Wie oft wird Deine gute Schwester an Deiner Thüre abgewiesen werden, weil ihre ungeschmückte Erscheinung das Gespött der glänzenden Assamblee werden müßte. Doch — eignen Verlust wollte ich tragen — wenn Du nur glücklich wärst. Aber Du würdest es nicht seyn. Ich kenne Dich. Du hast alles empfangen, um unter den Menschen für sie zu handeln. Im Genuß der glänzenden Schwelgerey, Dir selbst zur Last, wird endlich die Urheberin Deines Glücks Deinen Ueberdruß entgelten.

Ruhberg S. Du denkst ohne Noth das Schrecklichste.

Louise. Du bist unglücklich, wenn Du Deinen Zweck erreichst; solltest Du ihn nicht erreichen, dann fällst Du aus Pracht und Fröhlichkeit in Dürftigkeit und Trübsinn. In Deinen Planen hintergangen, von einzeln Menschen betrogen, verderbende Leidenschaft, umgeben von Ehrgeiz und Heftigkeit — Eduard, Du könntest ein gefährlicher Mensch werden!

Ruhberg S. Treibt mich Ehrgeiz zu Dingen, die Euch Sorge machen können, so wird er mich vor allem hüten, was Euch Schande machen könnte.

Louise. Nicht das, was war, macht mir diese Sorge, aber daß diese Ehrsucht täglich wächst —

Ruhberg S. Du thust mir zu viel.

Verbrechen aus Ehrsucht.

Louise. Daß sie auf die unbedeutendsten Kleinigkeiten sich erstreckt; daß Du alles nur aus dem Gesichtspunkte siehst; daß ich zu gut weiß, daß der Ehrgeitzige eine Ehre mit dem Verlust der andern — die Ehre, worauf er in dem Augenblick alles setzt, mit Schande sogar erkaufen kann — Das bekümmert mich wenn ich an die Zukunft denke.

Ruhberg S. Der, von dem Du sprichst, ist ein Niederträchtiger. —

Louise. Unser Gespräch hat eine Wendung genommen, die dir mißfällt — verzeihe es mir!

Ruhberg S. Mißfällt? Kennen wir uns denn gar nicht mehr!

Louise. Manchmal scheint es so!

Ruhberg S. Meine gute Schwester, liebe Louise!

Louise. Umarmt ihn herzlich. Ach!

Ruhberg S. Weine nicht — ich bitte Dich!

Louise. Diese Thränen sind wohlthuend — sie rufen eine schöne Zeit zurück! Eduard! Was soll ein armes Mädchen thun, die sich nur um Dich ängsten, und Dir gar nicht helfen kann? Wenn Du aus dem Hause gehst; ich denke so an alles was Dir begegnen kann, daß Du niemand hast der es gut mit Dir meint, als uns, und daß

Du vor uns verschlossen bleiben mußt — sieh — das Herz möchte mir oft brechen!

Ruhberg S. *Streichelt ihre Wangen.* Es soll besser werden, Louise!

Louise. Jetzt bist Du so gut; jetzt bin ich so glücklich. Aber das dauert ja nicht. Nun kommt Ritau wieder, dann ist alles weggestürmt.

Ruhberg S. Nein, nein!

Louise. Ich habe eine Bitte — sey aber nicht heftig — sey gut — nimm meinen ehrlichen Willen friedlich auf wie sonst.

Ruhberg S. Sprich, liebes Mädchen.

Louise. Nimm das wieder. *Sie giebt ihm die beiden Uhren.* Behalte sie, gieb sie nicht weg.

Ruhberg S. *Steht beschämt und ruft heftig.* Christian — Christian!

Louise. Nein, nein! *Sie faßt seine beiden Hände.* Nimm es so freundlich wie sonst, wenn ich zu einer glücklichern Zeit Dir meinen aufgesparten Kuchen bringen durfte. —

Christian *kommt.*

Ruhberg S. *Giebt ihm heftig die Uhren.* Zu Aaron Moses — Kerl!

Christian *geht ab.*

Louise. Das ist hart und rauh.

Ruhberg S. Ach Gott — Gott!

Louise. Du brauchst Geld, das weiß ich. Ich habe freilich wenig — aber ich bin so glücklich, wenn Du es von mir annimmst — nimm es doch, lieber Bruder. *Sie giebt es ihm.*

Ruhberg S. Louise! *Wirft sich in einen Sessel.*

Louise. Gönne mir doch die Freude, Deinem Bedürfniß abgeholfen zu haben. Ich konnte Dir ja so lange schon keine Freude machen.

Ruhberg S. Nein, nein! ich will nicht. Ich bin nicht werth, ich bin nicht werth — ich bin ein unglücklicher Mensch.

Louise. Du brauchst wohl mehr — freilich dieß ist wenig — Aber ich habe nicht mehr. *Weinend.* Ach! wenn ich es hätte —

Ruhberg S. Gieb her, Louise, gieb her! Ich nahm Euch alles — ich will auch das noch nehmen. Bin ich glücklich in der Welt — so habe einen Wunsch, eine Laune, die ich nicht schon befriedigt hätte, ehe sie entstehen, einen Gedanken, dem mein Gedanke nicht zuvorkam. Bin ich unglücklich? Bin ich es! und das muß sich jetzt entscheiden — so nehm ich dieß — Es ist Dein letztes — nehme es, um Dich ganz geplündert zu haben, nehme es, damit der Gedanke an Deine herzliche Güte mir Höllenmarter werde, wo ich gehe und stehe.

Achter Auftritt.

Vorige. Madam Ruhberg. Baron Ritau.

Ruhberg S. Meine Mutter — Gott —

Louise. *Weinend.* Vergiß nicht, was ich Dir sagte. *Geht ab.*

Baron. Wie? Sie fliehen schönes Kind?

Ruhberg S. *Zerstreut.* Lassen wir sie?

Baron. Nun schöne Frau, was für einen Unstern haben wir anzuklagen, daß Sie nicht von der Gesellschaft waren? Nie waren die Launen des Glücks hartnäckiger und interessanter, dabey war man von einer Jovialität.

Mad. Ruhb. *Gezwungen freundlich.* Wirklich? ich bedaure, daß ich nicht dabey war.

Baron. Fürwahr wir bedauern es, wir! Ich habe indeß Zug für Zug das Spiel angegeben, das Sie gemacht haben würden, und man ist erstaunt frappiert, entzückt, wie ich mich in Ihren Geist zu versetzen wußte.

Verbrechen aus Ehrsucht.

Mad. Ruhb. Diese allgemeine Munterkeit _{Sehr frierend.} konnte Dich nicht anstecken, wie es scheint —

Ruhberg S. _{Verlegen scherzend.} O ja — aber die Nachtwache.

Baron. Ja, und die Unart der Madam Fortuna —

Mad. Ruhb. _{Bey Seite.} O mein Gott!

Baron. — Der mein Freund auch nicht ein Lächeln abzugewinnen vermochte.

Mad. Ruhb. _{Etwas außer Fassung.} Ja das ist schon so — je mehr man sie sucht, um so mehr flieht sie.

Baron. _{Der sich ennuirt findet, sieht nach der Uhr.} Appropos Madam — es ist noch früh — wir könnten noch vor der Toilette-Zeit eine ganz interessante Parthie vingt et un haben.

Mad. Ruhb. Sie verzeihen, ich habe noch einen dringenden Brief an meinen Bruder nach Berlin zu schreiben — Ehe Du weggehst Eduard, habe ich Dir noch etwas zu sagen — _{Weggehen wollend.} Herr Baron, auf Wiedersehen!

Baron. Madam, Madam! _{Er führt sie mit vieler Artigkeit zurück.} Ich will auf keine Art beschwerlich seyn. _{Zu Eduard leise.} Sie vergessen nicht — alles wartet — Ihre Ehre!

Ruhberg S. Ich komme gleich.

Baron. Zu Madam Ruhberg. Diesen Abend hoffe ich, sehen wir uns bey dem Fräulein.

Mad. Ruhb. Ich glaube schwerlich — mein Mann will —

Baron. Schnell einfallend. Ah — Verhinderungen von der Seite? Mit einer ironischen Verbeugung. Freilich, die mögen handgreiflich und unüberwindlich seyn. Wenn das so fort geht — so wird man die Spieltische mit Crep-Flor überziehen müssen! Indeß, noch hoffe ich — Geht ab.

Neunter Auftritt.

Madam Ruhberg. Ruhberg Sohn.

Mad. Ruhb. Pause. Beide in einiger Entfernung, endlich begegnen sich ihre Blicke, gefaßt und gütig. Du hast verloren?

Ruhberg S. — Ja!

Mad. Ruhb. — Viel?

Ruhberg S. Ernst. Ziemlich.

Mad. Ruhb. Sie geht einige Schritte, Eduard steht unbeweglich, die Blicke starr an den Boden geheftet. Sie geht heftiger, weint, trocknet sich die Augen, da sie wieder in Fassung zu seyn versucht. Weißt Du, daß es mit meinem Vermögen zu Ende gegangen ist?

Ruhberg S. — Ich weiß es.

Mad. Ruhb. Jammer im Ausdruck, die Worte ohne Accent. Ich habe nichts mehr — ich bin ganz arm.

Ruhberg S. Heftig. Gute Mutter — liebe Mutter!

Mad. Ruhb. Wichtig. Der entscheidende Tag muß heute seyn; Dein Vater verlangt es mit Ernst. Er wird selbst kommen, mit Dir darüber zu sprechen. Eduard, — gehorch ihm — er scheint Dir wohl hart — er ist doch nur entschlossen — und ach, — die Nothwendigkeit befiehlt es.

Zehnter Auftritt.

Vorige. Christian.

Christian. Ein Bedienter des Fräuleins — Die Gesellschaft wartete, leise. der Jude will nicht kommen.

Ruhberg S. Schrecklich! — Gleich werde ich kommen. Christian ab. Mit leeren Händen!

Mad. Ruhb. Du wirst wieder hingehen?

Ruhberg S. Ich muß, wegen — ich muß! — heut noch werde ich dem Baron ein Billet an das Fräulein übergeben. Wenn sie

Menschen und die Sprache des Herzens kennt, so ist sie überzeugt, daß mein Herz unter Tausenden sie wählen würde — auch wenn sie in Dürftigkeit lebte. Ich habe durch Verlust des Vermögens ihr bewiesen, daß ich jede Aufopferung für nichts achte, wenn ich mir damit erwerbe, um sie zu seyn.

Mad. Ruhb. Wohl — und doch — Wie erniedrigt fühle ich mich, daß Du dieser Heirath bedarfst? — *Ahndend.* Wenn man Dich abwiese?

Ruhberg S. Nimmermehr!

Mad. Ruhb. *Gewisser.* Wenn man Dich abwiese! Ach Eduard — ich habe den Gedanken noch nie gedacht, daß man meinen Sohn abweisen könnte — als jetzt — seit ich arm bin!

Ruhberg S. Hoffen Sie alles.

Mad. Ruhb. Du müßtest diese Stadt verlassen, und was würde aus Deiner Mutter? Die Welt müßte meines Jammers lachen, Dein Vater ihn verdammen. Ach, ein Weib ist so hülflos gegen jeden Schmerz — was könnte ich thun, als mir Vorwürfe machen, Dir nachweinen und sterben?

Ruhberg S. *Im höchsten Enthusiasmus.* Gut, gut — ich sey abgewiesen. — Sie sollen nicht unglücklich werden — wahrhaftig nicht! Kindliche Liebe wird meinen Stolz erheben, Dankbarkeit, dringender Wiederersatz, alles wird mir ungewöhn-

liche Kraft geben. Jetzt handle ich für die Ehre,
für die Freuden der Liebe. Dann handle ich für
meine Mutter, für meine verspottete Mutter —
für meinen getäuschten Vater. Dann habe ich
Unrecht gut zu machen, heiße Thränen abzutrocknen.
Der Unglückliche kann einen Segen erlangen, den
der Glückliche nicht verdient. Was könnte dem
mißlingen, den diese heiligen Gefühle begeistern? —
Fühlen Sie das? O liebe Mutter, sollte ich nicht
wünschen, ich würde abgewiesen? —

Mad. Ruhb. Eduard, wie liebe ich Dich
um dieses kindlichen Gefühls willen! — Ja —
Du hast mir Muth wieder gegeben. Sey alles
verloren — Ehre bleibt uns unverletzt. Dein
Vater wird kommen — ich gehe — ich könnte
dieser Unterredung nicht zuhören — — unsere
Schuld ist zu groß. Sie geht und kommt wieder. Warum
wird es mir so schwer von Dir wegzugehen? —
Ein ungewohntes Gefühl hält mich zurück. — Ach
Eduard — dieser Tag entscheidet für eine lange
Zukunft — Ehre oder Schande! wie es komme —
nur erhalte mir Dein Herz und die Ehre! —
Nimm ein Andenken von dieser feierlichen Stunde! —
da! — das Bild Deines Großvaters. Das Schätz-
barste was ich habe, das Einzige was ich noch
geben kann. Im Glück oder Unglück wenn ich
nicht mehr bin — denk an Deine Mutter, und
die Ehre! Denke sie gab Dir es in der Stunde,

wo das Glück ihres Hauses, die Vorwürfe ihrer Schwäche, die Angst um Dich! — ihr Todeskampf kostete. *Sie geht.*

Ruhberg S. *Zugleich ihr nach.* Ja das will ich.

Eilfter Auftritt.

Ruhberg Vater. Ruhberg Sohn.
In der Folge Christian.

Ruhberg V. Die Unterredung mit Deiner Mutter scheint lebhaft gewesen zu seyn?

Ruhberg S. Ja, lieber Vater!

Ruhberg V. Du hast geweint — Wären es Thränen der Erkenntniß — so würde ich Dich segnen, und den Ausgang ruhig Deinem Herzen überlassen.

Ruhberg S. Thun Sie es, Sie sollen Sich nicht getäuscht haben.

Ruhberg V. Aber ich weiß, wo man Dich eben jetzt wieder erwartet — und warum — Liebst Du das Fräulein von Kanenstein?

Ruhberg S. Ja!

Ruhberg V. Gut. — Es ist zu spät zu untersuchen, ob Dein Ehrgeitz, ihren Rang, ihr

Vermögen — oder Deine Liebe ihr Herz bedarf. Ich übergehe alle Einwendungen, die mich gegen diese Heirath einnehmen — Bedenke nur Eines!!

Ruhberg S. Das ist —

Ruhberg V. Ich bin sehr glücklich verheirathet; Deine Mutter hat mich nie fühlen lassen, daß sie von Adel ist; — und doch ist Dir, mein Sohn, Dein Vater jetzt im Wege, denn er ist ein Bürgerlicher.

Ruhberg S. Glauben Sie, daß ich jeder guten Empfindung entsagt habe? Wollen Sie mich so grausam erniedrigen, daß —

Ruhberg V. Verweile einen Augenblick bey meiner Geschichte, und sieh was Dir bevorsteht. Das Vermögen Deiner Mutter wollte ich ihrer Willkühr nicht verweigern, um ihr zu beweisen, daß ich bey unsrer Verbindung darauf nicht sahe. Deine Anlagen sind vortrefflich, allein sie hätten sorgfältiger gepflegt, männlicher geleitet werden sollen. Als Knabe schon waren romantische Ideen Deine liebsten. Von da gingst Du zur Empfindeley über — Dir eckelte vor der schalen Nahrung — Du wurdest fleißig — Deine Anlagen hatten sich entwickelt — Du wurdest bedeutend — gelobt — Du fühltest Dich — Dein Ehrgeitz entstand — stieg — wuchs ungeheuer, und ward durch die schwache Seite Deiner Mutter auf einen Punkt gelenkt — Gott woll es nie von mir fordern, daß ich Dich dahin kommen ließ. Dein Vertrauen neigte sich vom Vater weg — hin zu der Mutter welche Deine Einfälle befriedigte. Ich liebe Deine Mutter, ich hätte dieß alles nicht ändern können, ohne ihr das Herz zu zerreissen — Du siehst jetzt auf einem Punkt, wofür ich zittre — heut — nachdem ich 25 Jahre glücklich mit einer vortreflichen Frau gelebt habe — muß ich Deinetwegen wünschen: — ich hätte sie nie gesehen.

Ruhberg S. Lieber Vater, Sie schaffen Sich schreckliche Folgen einer so glücklichen Heirath. Warum denken Sie mich nicht glücklich unter Leuten, die sich meines Glücks annehmen? Zwar Sie lieben den Adel nicht — Sie sind überhaupt gegen eine Verbindung verschiedener Stände eingenommen —

Ruhberg V. Ich halte Unterschied der Stände für Bedürfniß. Aber ich kann nicht leiden, daß man irgendwo sey, wo man nicht hingehört — am wenigsten daß man sich aufdringe, wo man ganz und gar nicht hingehört. Ich liebte Deine Mutter ohne irgend eine Rücksicht — doch ist diese Heirath meiner Kinder Unglück. Wenn ich nun sehe, daß ein Bürgerlicher so viel Geringschätzung des freien Willens, so wenig Gefühl seiner eignen Menschenwürde hat, daß er glaubt, der Abglanz einer fremden Würde — könne seinen Werth erhöhen: — so bedaure ich ihn — und wenn es mein Sohn ist, an dem ich dieß sehe, so kränkt es mich.

Ruhberg S. Wenn ich Sie doch überreden könnte, eine der Einladungen anzunehmen, Sie würden sehen —

Ruhberg V. Was Du nicht siehst — was ich mir so gerne verbergen möchte — daß man Dich verachtet.

Ruhberg S. Wie —

Ruhberg V. Wie können sie anders. Was sollen sie von einem Manne denken, der in einer ansehnlichen Klasse mit leichter Mühe der Erste seyn könnte, statt deß aber eine Familie zu Grunde richtet, um unter ihnen der Letzte, der Sklav ihrer Meinungen, der Lastträger ihrer Launen zu seyn. Dieß alles hat mich diese letzten Jahre sehr beunruhiget — um so mehr da ich es nicht ändern konnte, so lange das Vermögen Deiner Mutter noch da war. Dieses ist nun — doch sie wird mit Dir darüber gesprochen haben.

Ruhberg S. Ja!

Ruhberg V. Auch wegen meines bestimmten Willens in Ansehung Deiner.

Ruhberg S. Auch deßwegen.

Ruhberg V. Nun so gehe hin. Spiele nicht mehr. Was Du jetzt noch verschwenden könntest — sind die wenigen ruhigen alten Tage Deiner Aeltern.

Es wäre zu hart, wenn Du Deine Mutter noch Mängel leiden ließest. — Ich bitte Dich, spiele nicht mehr. — Jetzt habe ich denn weiter nichts zu sagen. Geh jetzt hin, wo man Dich erwartet. *Er gehet, nach einigen Schritten fällt ihm der Sohn um den Hals.*

Ruhberg S. Mein Vater —

Ruhberg V. Was hast Du —

Ruhberg S. Ich gehe nicht —

Ruhberg V. Wie —

Ruhberg S. Ich bleibe hier —

Ruhberg V. Mein Sohn —

Ruhberg S. Ich gehe nie wieder hin — ich kann nicht — ich kann Sie nicht verlassen — sagen Sie mir, ob Sie mir verzeihen können? —

Ruhberg V. Alles!

Ruhberg S. Ob Sie mich wieder lieben können?

Ruhberg V. Du willst nicht wieder hingehen?

Ruhberg S. Nein!

Ruhberg V. Nie wieder?? —

Ruhberg S. — Nein! —

Ruhberg V. *Nach einer Pause.* Du warst von jeher rasch — schnell in Aufwallungen wie Deine Mutter. — Du bist es wieder gewesen. Es wäre

Verbrechen aus Ehrsucht.

Mißbrauch, wenn ich Dir ein Gelübde abdränge — das Du nicht halten kannst.

Ruhberg S. Wie?

Ruhberg V. Nein, mein Sohn, jetzt sage ich Dir, — gehe hin. *Christian kommt, macht eine Pantomime auf Ruhberg Sohn.* Siehst Du — jetzt mußt Du hingehen. Wenn Du aber zurück kommst — und bey kaltem Blute Deine Rückkehr beschließest — dann mein Sohn — hast Du etwas Großes gethan: — Du sollst Dein Versprechen nicht gebrochen haben — Sieh, ich selbst *Er führt ihn an die Thür der Gassenseite.* führe Dich hin.

Ruhberg S. Mein Vater —

Ruhberg V. *reißt sich los, und geht auf der entgegen gesetzten Seite ab.*

Dritter Aufzug.

Zimmer des jungen Ruhberg.

Erster Auftritt.

Christian. hernach Sekretär Ahlden.

Christian nimmt eine Wanduhr herunter, als er eben damit abgehen will kommt der Sekretär Ahlden.

Sekretär. Ist sein Herr nicht zu Hause?
Christian. Nein!
Sekretär. Wo ist er?
Christian. Ach —
Sekretär. Ist etwas vorgefallen?
Christian. — Er ist wieder dort! —
Sekretär. Bey dem Fräulein?
Christian. Leider Gottes ja! — Sehen Sie — man spricht nicht gern von seiner Herrschaft, und ich bin wahrhaftig der Mensch nicht — aber himmelschreiend ist es — Sehen Sie nur,

da wird ein Stück nach dem andern fortgetragen —
Er zeigt ihm die Papiere. Da — haben Sie die Güte,
sehen Sie das einmal nach.

Sekretär. Laß Er das gut seyn — laß Er.
Ich bin von allem unterrichtet, — und —

Christian. O lieber Herr, — Sie sind ja
ein Freund von meinem jungen Herrn, und werden nun gar ein Verwandter — wozu ich denn
von Herzen Glück wünsche, — thun Sie doch
ein Einsehen in die Sache! Machen Sie, daß er
aus dem verfluchten Hause bleibt —

Sekretär. Ich will mein Möglichstes thun —

Christian. Sehen Sie, von Jugend auf
hat mich der junge Herr leiden können — und
hat allemal große Stücke auf mich gehalten —
wie manchmal hat er auf der Universität gesagt —
Christian, so lange ich lebe, bleibst du bey mir,
du sollst Brot haben, so lange ich welches habe! —
ja — seit er mit den vornehmen Herrschaften umgeht — lieber Gott, da bin ich ihm nicht gut
genug mehr. Sonst machte ich ihm alles zu Danke;
jetzt ist dieß nicht recht, und das nicht recht —
Warum? — Ach das sehe ich wohl ein; ich
mache keinen Staat. Er möchte so einen jungen
Brausewind haben — und mich will er doch nicht
fortschicken. — Gut ist der Herr, darauf will ich
leben und sterben — wenn er nur aus dem verfluchten Hause bliebe!

Zweiter Auftritt.

Haushofmeister. Vorige.

Haushofm. Dero gehorsamster Diener — Sind ohne Zweifel der junge Herr Ruhberg?

Sekretär. Nein, mein Herr!

Christian. Er ist nicht zu Hause —

Sekretär. Wenn sein Herr zu Hause kommt, so sage Er ihm, ich ließ ihn bitten, mich bey sich zu erwarten. Geht ab.

Christian. Sehr wohl.

Haushofm. Der Herr kommen wohl bald nach Hause? So will ich mich hier noch etwas verpatientieren.

Christian. Das möchte Ihnen wohl zu lange dauern.

Haushofm. So sey Er so gut, ihm das Billet einzuhändigen. Sage Er nur: ich wäre der Haushofmeister des von Dammdorfischen Hauses. Ich habe in der Nachbarschaft zu thun und werde aufs baldigste wieder hier seyn. Geht ab.

Dritter Auftritt.

Christian allein.

Wirst nur gar zu bald wieder kommen, meine ich immer. — Der ist auch aus der vornehmen Freundschaft geschickt. — Ich weiß was ich thue; wenn das Volk ihn noch einmal so überläuft — schicke ich sie alle zu der Fräulein Braut. Mein Seel, schaden kanns nicht! Sie ist reich — und da sie ihn lieb hat — thut sie wohl einmal ein Uebriges. Er wird ihr es so nie sagen, wo ihn der Schuh drückt! —

Vierter Auftritt.

Ruhberg's Sohn. Baron Ritau. Christian.

Baron. Kopf in die Höhe mon ami, Kopf in die Höhe! — perseverance!

Ruhberg S. *Der sich gleich Anfangs in stummer Verzweiflung gesetzt hat, beschäftiget sich, ohne darauf zu achten, mit einem Spiel Karten.* Ja, das ist wahr!

Baron. Jetzt müssen wir das Ding von allen Seiten angreifen. Vor allen Dingen — muß alles so masquiert werden, daß es scheine, als ginge noch alles auf brillanten Fuß fort. Man muß nicht merken, daß die Umstände in Verfall gerathen sind.

Ruhberg S. Ihn starr ansehend. Der Valet kostet mir viel!

Baron. Warum aber auch sich so entetieren?

Ruhberg S. Talliiert an dem Tische wo die Papiere liegen, welche er ohne aufzumerken herunter wirft, stampft mit dem Fuße, wirft die Karte weg, und ruft in einer Art von Raserey: Er kostet verdammt viel!

Baron. Der auf die fallenden Papiere aufmerksamer worden ist. Was Teufel, ist denn das? Liebesbriefe? — Er nimmt sie. O weh! von böser Gattung; 1000, 200, — 456, mon ami — Sie stecken tief? — das sind erst kritische Karten!

Ruhberg S. Der ohne auf ihn zu hören, heftig umhergeht. Die verdammten Sieben. Ich hatte sogar keine Ahndung davon!

Baron. Ihn beym Arme schüttelnd, ernstlich. Mon ami, hören Sie doch!

Ruhberg S. Gleichgültig. Was?

Baron. Sehr pressant und laut. Hier liegen eine Menge Noten, die bezahlt seyn wollen!

Chriſtian. Der bisher im Hintergrunde war, kömmt beſcheiden näher, ſo daß Ruhberg in der Mitte iſt. Es war faſt nicht auszuhalten, ſo ungeſtüm waren die Leute — einige drohten — ſprachen von Arreſt —

Ruhberg, S. Erwachend. Ja das iſt bös — das iſt ſchrecklich.

Fünfter Auftritt.

Vorige. Ein Gerichtsdiener.

Gerichtsd. Wohnt hier Herr Ruhberg?

Chriſtian. Der ihm gleich Anfangs entgegen ging. Ja!

Gerichtsd. Stelle Er ihm dieß zu. Geht ab.

Chriſtian giebts hin.

Ruhberg S. Nachdem er geleſen. Teufel und alle Wetter!

Baron. Was iſts?

Ruhberg S. Entſetzlich — entſetzlich!

Baron. So reden Sie doch.

Ruhberg S. Sie wiſſen von der Forderung der Gebauerischen Erben an mich?

Baron. Die 1000 Rthlr.

Ruhberg S. Richtig. Eben ist bey der Justizkanzley Arrest gegen mich erkannt worden!

Baron. Teufel! — Ist das gewiß?

Ruhberg S. *Auf das Billet deutend.* Der Rath Grundmann warnet mich, ich soll zuvorkommen — zahlen.

Baron *zuckt die Achseln. Eine kleine Pause.*

Ruhberg S. *Nachdem er gelesen.* Das Ding fängt an mich warm zu machen.

Baron. Freund! wenn das losbricht? so steht unsere Sache schlecht. Sehr schlecht!

Ruhberg S. *Ironisch.* Ja, da haben Sie wahrhaftig recht.

Baron. Allons donc! — Geben Sie mir das Billet an das Fräulein. Ich will Ihr Heil versuchen.

Ruhberg S. Ja, ja! *Holt es, hat aber das Billet des Hofmeisters in der Hand gehabt, und giebt nun dieses statt jenem.* Da — und nun — Sie sehen, es fängt an heiß zu werden, — im Namen der Verzweiflung! Thun Sie Wunder.

Baron. Das ist ja ein Billet an Sie?

Ruhberg S. Wie? — ja wahrhaftig! *Sie tauschen. Laß sehen — Er erbricht.* — Ha!

Baron. Nun — wie?

Ruhberg S. C'est fort!

Baron. Was haben Sie denn wieder?

Verbrechen aus Ehrſucht.

Ruhberg S. Dieſe Nacht — mein Gott, wie konnten Sie's vergeſſen — dieſe Nacht!

Baron. Ah Ciel! Der Herr von Dammdorf —

Ruhberg S. Das verfluchte va Banque!

Baron. Es war wahrlich — eine Inſolenz.

Ruhberg S. Warum warnten Sie mich nicht?

Baron. Mein Gott in einer ſolchen Geſellſchaft! —

Ruhberg S. Warum riſſen Sie mich nicht bey den Haaren zurück?

Baron. Das würden Sie mir übel gedankt haben —

Ruhberg S. Mein Engel wären Sie geweſen!

Baron. Ja, was iſt zu machen?

Ruhberg S. Ihm ins Ohr. Zum Thore hinaus zu gehen — einen ſchlechten Kerl mich brandmarken zu laſſen.

Baron. Ah fi donc — den Kopf nur nicht verloren. Jetzt entwickelt ſich alles!

Ruhberg S. Ja wohl — ja wohl!

Baron. Nachgedacht, nachgedacht!

Ruhberg S. Worauf? woran?

Baron. An Zahlung —

Ruhberg S. Herr, ich habe nichts — nichts — gar nichts, bin ärmer als in den Windeln.

Baron. Also Ausweg denn?

Ruhberg S. Welchen — welchen? Dort 1000 Rthlr. — hier mein Ehrenwort auf heut!

Baron. Ja — da weiß ich nicht zu rathen. *Leicht.* Zwar das Ehrenwort —

Ruhberg S. Verpfändet an meinen adeligen Nebenbuhler!

Baron. Es war aber auch eine rasende Sottise von Ihnen.

Ruhberg S. Ja, rasend war ich — das war ich!

Baron. Man müßte versuchen, ob der Herr von Dammdorf in einem großmüthigen Raptus zu Milderung der Summe zu persuadieren wäre — Eine Art Geschenk —

Ruhberg S. Es ist mein Nebenbuhler!

Baron. Ich habs — das geht. Eine höfliche Vorstellung — begleitet von einem Wechsel, worin Sie Sich zu der Schuld öffentlich und förmlich bekennen. — Sie hofften, er würde nicht so strikte auf der Zahlung bestehen, da ohnehin ein Kavalier das Ehrenwort eines Bürgerlichen —

Ruhberg S. Die Ehre des Bürgers gegen den Kavalier, ist die stolzeste in der Welt, und nicht selten die unverletzlichste.

Baron. Ja das sind alles herrliche Sentiments! — aber, wenn alle Ihre Schuldner ein Geschrey erheben; so ist ja die Proposition die Sie dem Fräulein thun wollen, die lächerlichste von der Welt.

Ruhberg S. Das weiß ich, das bringt mich ja von Sinnen!

Baron. Die halbe Gesellschaft stierte Sie an, lachte, zischte sich in die Ohren, als das rasende va Banque Ihnen echappierte. Sie schnitten ja Gesichter und radotierten solches Zeug, daß ich mich wahrhaftig wundere, daß Sie nicht gleich der Gegenstand der allgemeinen Persiflage geworden sind! hm —

Ruhberg S. Ha, ha, ha, — Persiflage, ja das ist das rechte Wort!

Baron. Ja wahrhaftig!

Ruhberg S. Hm! — Hören Sie, mir ist wunderlich bey dem Dinge zu Muthe, ich bin — in einer recht mörderlichen Stimmung.

Sechster Auftritt.

Salomon. Vorige.

Salomon. Na! endlich einmal — Höre Sie, ich bräuch mein Geld — glach —

Baron. Aber —

Salomon. Prolongire kann ich nit mehr.

Ruhberg S. Salomon — höre, wenns Dein Nutzen wäre — liehest Du wohl noch etwas her?

Salomon. Was rede Sie? — Gewesen bin ich bey der Fräle Braut.

{ Ruhberg S. Baron!
{ Baron. Kerl!

Salomon. Nu, gesprochen habe ich sie nit, aber — als Sie mich nit zahle — ich muß wieder hingehen.

{ Ruhberg S. Beym Teufel —
{ Baron. Kerl wo Du —

Ruhberg S. Ich muß einen Ausweg haben.

Salomon. Nu — ich muß Resolution habe?

Siebenter Auftritt.

Haushofmeister. Vorige.

Baron. O weh —

Ruhberg S. Was will Er?

Haushofm. Eine geneigte Empfehlung von meinem gnädigen Herrn — dem Herrn Baron von Dammdorf, und er schickt mich her, bey Ihnen die bewußten 1000 Rthlr. zu empfangen.

Salomon zuckt sehr bedenklich die Achsel, Ruhberg redet mit ihm, zeigt auf den Haushofmeister, der Jude geht mit Christian ab. Christian kömmt gleich wieder herein.

Baron. Nach einer Pause. Mein Freund, das wird Er wohl jetzt nicht mit bekommen — aber

Haushofm. Fast grob. Ho ho, Sie erlauben, — mein gnädiger Herr sagten für ganz gewiß: der Herr Ruhberg würden zahlen — Sie hätten Dero Ehrenwort sehr strikte verpfändet.

Ruhberg S. Wild. Das habe ich auch —

Baron. Mit falschem Feuer. Mon ami! — Sie haben mit Ihrem Ungestüm alles verdorben — da liegt das Billet. Er legt es auf einen Tisch. Ich zieh mich aus der Affaire. Will fort.

Ruhberg S. Hält ihn auf. Baron — Christian! Außer sich. Sie treiben mich zu verzweifelten Dingen.

Baron. Wie?

Christian. Was befehlen Sie?

Ruhberg S. Aengstlich. Ich will — Herr Baron, Sie gehen doch gleich zu dem Fräulein?

Baron. Ja — wenn nur —

Ruhberg S. Christian, frag doch meinen Vater, ob — ob — Nachmittag bey der Justiz Seßion ist?

Christian geht.

Haushofm. Ich bitte mich nicht lange aufzuhalten —

Ruhberg S. Nein, nein —

Haushofm. Ich bin bereits beordert, so wie ich von hier weggehe, mit dieser Summe einen Posten zu tilgen. Ich hoffe Sie werden in Konsideration, Dero gegebenen Parole, mich nicht —

Ruhberg S. Halt Ers Maul — Er wird bezahlt.

Baron. Mein Gott, wovon —

Christian. Zurückkommend. Der Herr Vater sind nicht zu Hause.

Ruhberg S. Christian, der Jude soll bey Dir warten — bis — bis ich klingle —

Christian geht.

Verbrechen aus Ehrsucht.

Ruhberg S. Herr Baron — haben Sie die Gnade den Mann einen Augenblick — ich bin gleich wieder hier. Geht ab.

Achter Auftritt.

Baron. Haushofmeister. Ruhberg S.
bald wieder zurückkommend.

Baron. Er weiß wohl nicht mein guter Alter — ob Sein Herr jetzt bey dem Fräulein Kanenstein ist?

Ruhberg S. Tritt hastig ein. Herr Baron!

Baron. Was haben Sie —

Ruhberg S. Sich leicht stellen wollend. Sie glauben also — wenn ich diese Leute bezahlen könnte — hätte ich Hoffnung bey dem Fräulein?

Baron. Befremdet und verwirrt. Ja, die haben Sie — Mein Gott ja — aber was haben Sie — blaß, entstellt — der Angstschweiß steht Ihnen auf der Stirne — Sie zittern —

Ruhberg S. — Dem alten Manne währt die Zeit lange. Geht ab.

Baron. Ihm nachsehend. Eine kleine Pause. Das begreife ich nicht!

Haushofm. Sehen Sie, Herr Baron, ich kann Ihnen nicht sagen, ob mein gnädiger Herr alleweile bey dem Fräulein sind, denn um des gnädigen Herrn Thun und Lassen, Gehen und Stehen bekümmere ich mich nicht. Ich denke immer: „Was deines Amts nicht ist, da laß deinen Vorwitz" und Gott sey gedankt! — ich befinde mich wohl dabey.

Baron. Ha ha, das glaube ich — ich lobe Ihn.

Haushofm. Aber mein gnädiger Herr sind auch nicht etwan so — wie es manche giebt. — „Die Schale weggeworfen, wenn die Zitrone ausgedrückt ist." — Denn sehen Sie, ich bin ein Erbstück von dem seligen alten Herrn.

Baron. So so! — Aha!

Haushofm. Ich kann Ihnen sagen, Herr Baron, auf dem Gute ist kein Acker Landes, kein Weiher, kein Gehölz, kein Baum, Obst- und Gemüsegarten, ich weiß was er trägt.

Baron. Tausend! — das ist viel.

Haushofm. Ja, den möchte ich sehen, wer den gnädigen Herrn um einen Pfennig betrügen könnte, wenn er erst durch meine Hand gehen muß.

Baron. O ja, dafür sehe ich Ihn an.

Haushofm. Ja — es wird doch nichts erübriget. Bey dem seligen Herrn war allezeit ein starker Ueberschuß, bey uns aber will es nicht zulangen. — Herr Baron! *Raunt ihm vertraulich zu.* Der Staat ist zu groß. —

Baron. Lachend. Ja wohl da —

Haushofm. Wie vorhin. Sie wollen es Fürsten und Herren gleich thun!

Baron. Ja, da liegt es.

Haushofm. So eine Reise nach Italien die macht mir denn auch viel Molestie. Da kommt ein Brief nach dem andern. — „Geld, Alter — Geld!" — Da muß hingeschickt werden — Ah — es ist eine Schande und ein Spott. Wenn der gnädige Herr hier etwas kaufen, da fragen sie so wohl zuweilen Dero alten Knecht — o, da habe ich schon manchen luftigen Handel den Krebsgang gehen lassen.

Baron. Lange Weile findend. Das ist wahr, Sein Herr hat an Ihm einen treuen Diener.

Haushofm. Ja, ich bin ein alter Knabe, aber, was die Treue importiert, da thut mir es keiner gleich.

Neunter Auftritt.

Vorige. Ruhberg S. blaß, verstört und hastig.

Ruhberg S. Hier, alter Freund, ist Sein Geld — Geh Er.

Haushofm. Wegen dem Nachzählen?

Ruhberg S. Das thue Er zu Hause —

Haushofm. Ja, und dann wegen der Quittierung?

Ruhberg S. Ich will keine — fort!

Haushofm. Nun dann — Ihr gehorsamster Diener. (Geht ab.)

Baron. Ich bin höchlich erstaunt — bravo! ich gratuliere!

Ruhberg S. Ich danke Ihnen, Herr Baron — ich danke Ihnen.

Baron. Aber wo, zum Kuckuk, haben Sie denn am Ursprung des Mangels noch eine solche Summe herbekommen?

Ruhberg S. Da haben Sie noch einige Summen, zahlen Sie damit den Juden, nehmen Sie die Gebauerische Klage zurück, und befriedigen Sie die schreiendsten Forderungen — und vor allen — eilen Sie — fliegen Sie zu dem Fräulein.

Baron. Sogleich.

Ruhberg S. Ich will der Kleinigkeiten nicht erwähnen, welche Sie mir als Freundschaftsbezeugungen oft so hoch anrechneten, nicht daß ich Ihnen einst das Leben rettete — aber daß Sie mich diesen Engel kennen lehrten — daß ich nun aus Armuth bedarf, was vorher nur mein Glück vergrößert haben würde, daß verschwendete Reichthümer, eine vernichtete Familie, verloren — o mein Freund, bey allem was Sie wissen — bey dem was

Sie nicht wissen! — Fachen Sie jedes Fünk-
chen, das für mich spricht zur Flamme an! Mein
Glück muß gleich entschieden werden, wenn es
so groß seyn soll, als mein Unglück werden kann.

Baron. Gott mir ahndet ein schrecklicher —

Ruhberg S. Gehen Sie — kein Zögern,
seyn Sie so schnell, als wenn es Ihre Seele gälte!

Baron. Ja, wenn aber —

Ruhberg S. Lassen Sie mich! Ihr Dastehn
ist schrecklich, tödtlich Ihr Anblick bis Sie von
ihr kommen. Er treibt ihn ängstlich fort. Fort, fort —
ich muß allein seyn!

Baron geht.

Zehnter Auftritt.

Ruhberg S. allein.

Allein — allein muß ich seyn, seit ich laster-
haft bin — oder ist es frömmlende Gewissenhaftig-
keit — Ueberbleibsel der Ammenmoral? — Aber
diese Angst, diese Bangigkeit — das Blut schlägt
zum Herzen — meine Hände sind kalt — alle
Besinnung verläßt mich — ist das das Zagen des
gemeinen Sünders? — — Rasender — du bists! —

„Meinem Vater heimlich abgeliehen" sage ich! — „Er hat die Landeskasse angegriffen" wird die Menge sagen. Neid, Verfolgung, Falschheit, Wuth und Gesetze, werden gegen mich aufstehen. „Er hat die Kasse best" Hier darf ich das Wort nicht sprechen, in kalten Mauern werde ich es beweinen, die Gesetze werden ihr Opfer suchen — und der Gedanke hat es entseelt.

Eilfter Auftritt.

Sekretär Ahlden. Ruhberg Sohn.

Sekretär. Nun denn, endlich einmal zu Hause. Guten Tag, lieber Ruhberg!

Ruhberg S. Verlegen, freundlich und höflich. Ihr Diener!

Sekretär. Ey mein lieber Ruhberg, seit wann sind wir denn auf so ceremoniösen Fuß mit einander?

Ruhberg S. Ceremoniös? davon weiß ich nichts.

Sekretär. Nun — was ist es dann, das mich hier unbekannt macht, oder nicht willkommen? Ich möchte aber so gerne willkommen seyn; und doch sieht es nicht so aus.

Verbrechen aus Ehrsucht.

Ruhberg S. Der Vorwurf ist sonderbar genug!

Sekretär. Es sollte kein Vorwurf seyn, aber mir ist es lieb, wenn Du es dafür genommen hast. Es beweiset, daß Du Dich einer Zeit erinnerst, wo es unter uns beiden anders war.

Ruhberg S. Wenn man sich lange nicht gesehen hat —

Sekretär. Ich war oft hier.

Ruhberg S. Daß ich es verfehlt habe — *Höflich.* thut mir von Herzen leid.

Sekretär. Von Herzen? Nun wenn das keine Formel war — und dafür sind wir ja wohl alle beide zu gut — so gieb mir die Hand.

Ruhberg S. *reicht sie ihm zerstreut hin.*

Sekretär. Es sind zwar nur zwey Finger, die mich etwas scheu berühren — aber ich nehme mir mein Recht — ich nehme Deine ganze Hand, und drücke sie brüderlich. — Sieh mich an, ehe ich diese Hand entlasse.

Ruhberg S. *sieht ihn flüchtig an.*

Sekretär. *läßt die Hand los.* Haftet denn gar nichts an Dir? Der roheste Mensch freut sich, wenn das Schicksal ihm einen Menschen aus der Zeit der akademischen Jahre zuführt, mich führt das Herz zu Dir. Laß doch die Adresse gelten.

Ruhberg S. *Schüttelt ihm die Hand.* Recht gern, lieber Ahlden!

Sekretär. So recht! Nun haben wir uns wieder gefunden! Ich wäre auch eher nicht abgegangen. Könntest Du auch mich entbehren; Ich kann Dich nicht missen. Die Freundschaften in jener Zeit geschlossen, woher die unsere stammt, halten im Sturme und reichen über das Grab hinaus! Hat sich auch zwischen uns beide eine Weile her die große Welt geworfen —

Ruhberg S. Es wird auch mehr davon gesprochen, als wahr ist.

Sekretär. Wie es denn zu gehen pflegt. So wollen wir doch —

Ruhberg S. Hast Du noch etwas zu sagen? Es thut mir leid, aber wahrlich, eine pressante Angelegenheit ruft mich fort!

Sekretär. So? Schenke mir nur wenige Augenblicke für manche Monate, die mir bey Dir verloren gegangen sind. Zwar hat mich jetzt ein sehr dringendes Anliegen zu Dir gebracht! Indeß — Du meinest, es wäre jetzt nicht der Augenblick. Nun — so sey es darum! Davon ein andermal. Indeß gewähre mir eine Bitte.

Ruhberg S. Die wäre?

Sekretär. Ich möchte etwas von Dir haben und behalten, woran Dir wohl jetzt nicht mehr viel liegt. Du weißt vielleicht nicht mehr, daß Du es gemacht hast. Ich meine die Zeichnung vom Sonnenuntergange. Du machtest sie auf der Universität; sie gefiel so sehr!

Ruhberg S. Ah — ja! *Er öffnet das Portefeuil, nimmt die Zeichnung heraus.* Da! *Er hält sie zurück.* Du willst sie behalten?

Sekretär. Wenigstens vor der Hand.

Ruhberg S. Ahlden!

Sekretär. Ruhberg!

Ruhberg S. Du siehst mich so wehmüthig an.

Sekretär. Ich kann nicht anders.

Ruhberg S. Hoffest Du nichts mehr von mir?

Sekretär. Darüber haben wir sprechen wollen. Du hast ja aber nicht Zeit dazu.

Ruhberg S. Was willst Du mit dieser Zeichnung?

Sekretär. Ich will ein Andenken von Dir besitzen — und möchte gern ein Andenken in Dir auffrischen!

Ruhberg S. Glaubst Du, daß wir bald scheiden werden?

Sekretär. *Nimmt die Zeichnung.* Wer kann das wissen! *Er betrachtet sie am Tische.*

Ruhberg S. *Geht einige Schritte.* Du bist sehr ernsthaft!

Sekretär. *Ohne ihn anzusehen.* Wer ist es nicht, wenn er Deine Lage fühlt! — Du bist dahin gegeben. Bist nicht mehr Herr Deines Schicksals, Deines Thuns — wer weiß, wie Du enden wirst! Da ich nun viel auf Dich halte: so laß mich das Blatt aufheben, bis man sieht, wie es mit Dir gehen kann! Ich habe immer viel auf das Stück gehalten. *Hebt die Zeichnung auf.* Das ist dann doch gerettet! — Es ist eine herrliche Zeichnung — an dem Tage, da Du Ritau das Leben gerettet hattest, ward dieß angelegt! *Er scheint in der Betrachtung verloren.* Die herrliche Perspektive! In kleinen Zügen die weite Schöpfung so groß dargestellt. Bey allem, was schon über das Nehmliche gesagt, gesungen und gemacht worden ist — so kühn, so neu und doch so wahr. In leisen Andeutungen so unendlicher Raum für die Phantasie. Das ist kein Stück, davor man einst vorüber gehen und sagen wird, „es ist schön." Es giebt Deinen Blick. Indem man es sieht, ist man der Künstler der es schuf; wenn man es verläßt, scheidet man von einem Freunde. *Er breitet die Zeichnung auf dem Tisch hin.* Ich sehe Dich an der Warte sitzen und mich und die Uebrigen — die Natur im glühenden Sonnenuntergange verherrlicht. Das war ein Tag!

Ruhberg S. *Seufzend.* Das war ein Tag!

Sekretär. Nenne mir einen Deiner jetzigen Tage, dessen Du einst Dich erinnern möchtest?

Ruhberg S. seufzt.

Sekretär. Schade, daß Du in dieser Kunst nicht weiter gegangen bist!

Ruhberg S. Schade? Von ihm weg. Schade um vieles!

Sekretär. Sich rasch zu ihm wendend. Ja wohl! Auch in der Poesie hast Du interessante Sachen geliefert. — Das schläft nun alles! So gar für Musik bist du todt!

Ruhberg S. Das wird alles wieder kommen!

Sekretär. Wie gern möchte ich das hoffen!

Ruhberg S. Hast Du gar keine Hoffnung von mir, ehrliche Seele?

Sekretär. Du verlierst mit jeder Stunde von Deinem innern Gehalt! Seufzt. Wie es verloren geht, werden wir nicht gewahr! Wer bringt in seiner ersten Kraft wieder, was verwüstet ist! Wohin sind die großen erhebenden Vorsätze? — Weißt Du noch, wie wir auf der Universität uns freuten, nach und nach dem Aktenstyle aus dem Wege zu gehen — wie wir uns ärgerten, daß die Richter den Menschen nicht begreifen könnten — wie wir uns beredeten, wenn es einst an uns kommen würde, in den Gerichten, ohne Schwärmerey, mit Ernst Gutes zu thun!

Ruhberg S. Wohl weiß ich das!

Sekretär. Die Zeit des Wirkens ist gekommen! Was geschieht?

Ruhberg S. Mit dem Willen bin ich hieher gekommen. Es war mir wenig daran gelegen, bekannt zu werden. Aber — Ritau machte mich bey der Fräulein Kanenstein bekannt; sie zog selbst meine Mutter an sich — Leidenschaft für das schöne Geschöpf riß mich hin — ich ward in die Lebensart verwickelt — vorbey war es mit jenen einfachen Planen.

Sekretär. Und vorbey mit Deiner Glückseligkeit! Sonst lebtest Du das Leben des Weisen — was jetzt? Sage selbst, wie es jetzt mit Dir steht, oder wenn Dein Gewissen nicht treu ist — lies es in gräßlicher Schrift auf den Gesichtern der Unglücklichen dieses Hauses, deren Seligkeit Du vertändelt hast.

Ruhberg S. Was soll das? Was ich war — bin ich nicht mehr — kann es nie wieder werden! Was willst Du — was machst Du aus mir?

Sekretär. Reiß Dich heraus — stoß Deine ungetreuen Gefährten von Dir — verachte den Schimmer — werde Bürger — Bruder meiner künftigen Frau — erhebe Dich zum Sohne und zum Bürger — alles ist dann gethan, Du stehst auf der Höhe — die Deinen lieben Dich, und die Menge bewundert Dich!

Ruhberg S. Es ist zu spät, es ist zu spät! — Bruder — so nenne ich Dich aus ganzer Seele — sieh, meine Augen sprechen was mein Herz fühlt, diese Thräne ist das Beste was ich lange empfunden habe. Damit nimm vorlieb — Kehre um von meinen Ruinen, wende Dich ab und laß mich liegen! Ich bin vorbey!

Sekretär. Kann ich das? Kann ich nach dieser Thräne jetzt scheiden?

Ruhberg S. Geh — ich halte es nicht aus!

Sekretär. Ist Dein Herz gebrochen — so bist Du Herr Deines Schicksals! Tritt den Tand mit Füßen, um den die Deinen verzweifeln. Komm ins Freie — Dort wollen wir den neuen Lebensplan entwerfen!

Ruhberg S. O es ist zu spät! In Verzweiflung. Es ist zu spät!

Sekretär. Wie so?

Ruhberg S. Der Würfel ist geworfen. Gewonnen oder verloren — morgen werden wir das wissen.

Sekretär. Ruhberg! Sieh hin auf Dein Spiel — rette Dich mit dem letzten Wurfe!

Ruhberg S. Sieht gen Himmel. Er ist geworfen!

Sekretär. Wirst Du in diesem Schweigen beharren?

Ruhberg S. Ja!

Sekretär. Aber —

Ruhberg S. Und was soll ich thun? In das trockene Aktenleben tauge ich nun einmal nicht mehr!

Sekretär. Trocken? das kann eine Arbeit nicht seyn, die Menschen glücklich macht. Sieh — zum Beispiel — heute ist es entschieden, daß meine Defension einem Menschen das Leben gerettet hat. Sage Dir es, wie ich mich dabey fühle.

Ruhberg S. Freilich — das habe ich mir oft gesagt. Wen hast Du defendiert?

Sekretär. Den alten Einnehmer Sieveet von Grünhayn, Du mußt Dich erinnern — der berüchtigte Kassenangriff —

Ruhberg S. Kassenangriff! So? so!

Sekretär. Kennst Du den Mann?

Ruhberg S. Ja, der Fall ist mir bekannt.

Sekretär. Die Defension war nicht leicht. Die Kassendefekte sind seit einiger Zeit so häufig — die geschärften Gesetze hatten den Galgen auf geringe Summen gesetzt.

Ruhberg S. Es ist Unsinn, Todesstrafe darauf zu setzen.

Sekretär. Ja die Wiederholung —

Ruhberg S. Es ist Raserey, sage ich Dir.

Sekretär. Kann aber mit irgend einer Ordnung ein solcher Diebstahl —

Ruhberg S. *Rasend.* Ein Mensch, der eine Kasse angreift, ist kein Dieb!

Sekretär. Was denn anders?

Ruhberg S. Die mehrsten wollen es wieder ersetzen.

Sekretär. Wollen!

Ruhberg S. Und würden — wenn man nicht —

Sekretär. Auf diese Art könnte jeder liederliche Bursche zur Befriedigung seiner Ausschweifungen stehlen — und —

Ruhberg S. Untersucht Ihr denn aber — wie der Mensch dahin gekommen ist? Giebt es nicht Fälle, wo der Richter gerade so gehandelt haben würde, als der Verbrecher, den er verdammt?

Sekretär. Wohl. Tausche die Personen, und es wird —

Ruhberg S. Ha, du bist kalt — kalt — wie sie alle sind. Eure Pflicht heißt Blutgier, Eure Gerechtigkeit ist Morden.

Sekretär. Aber sage mir — wie kannst Du wegen eines möglichen Falles —

Ruhberg S. Hm — das werde ich jetzt erst gewahr —

Sekretär. So ausschweifend heftig seyn? — ich begreife Dich nicht.

Ruhberg S. In der That, ich muß deklamiert haben — Verzeih — Du weißt ja —

Sekretär. Du haſt eine eigene Art. Kannſt Du Dich nicht für eine Sache intereſſieren — ohne ſie mit einem Feuer zu umfaſſen, das Dich verzehrt?

Ruhberg S. Das iſt meine fröhlichſte Hoffnung, daß es nicht lange mehr ſo dauern kann — Wenn es nur nicht auf eine ſchreckliche Art bricht!

Sekretär. Ihn mit Güte umarmend. Iſt denn nimmer Friede in Dir? Eine Pauſe — Ruhberg wendet das Geſicht ab. Inneres Bewußtſeyn gewährt ja Frieden und die Ruhe des Weiſen!

Ruhberg S. Dreht ſich raſch um, fixiert, ergreift ihn. Geh hin, und weine über mich! Er ſtürzt aus dem Zimmer.

Sekretär. Ruhberg, Freund, Bruder — Ihm nach.

Vierter Aufzug.

Erster Auftritt.

Ruhberg Vater, hernach **Christian.**

Ruhberg V. Ist schon auf der Bühne, er sitzt und liest, sieht nach der Uhr. Drey Viertel auf vier — nun werden sie bald hier seyn. Klingelt. Christian kommt. Ist mein Sohn zu Hause?

Christian. Gewesen — und sagten, sie würden bald zurückkommen.

Ruhberg V. Gut. Wer vorfährt oder sich melden läßt wird nicht angenommen.

Christian. Sehr wohl!
Geht ab.

Zweiter Auftritt.

Ruhberg Vater. Madam Ruhberg.

Ruhberg V. Meine Liebe! Sie haben trefflice Einrichtungen gemacht. Bey Ihrer getroffenen Einschränkung litt niemand, der uns lange gedient hat. — Zwar, das durfte ich von Ihrem Herzen erwarten.

Mad. Ruhb. Der Himmel weiß. Ich habe nicht leicht einen schmerzlichern Auftritt gesehen. Sie wissen, es sind alle gute Leute. Keiner wußte woran er war, — sie wollten, sagten sie: „gern um weniger dienen," sie wollten — ich konnte es nicht länger ertragen, ich schloß mich in mein Kabinet und weinte.

Ruhberg V. Ich stelle mir sehr lebhaft vor, was Sie bey dem allen geduldet haben. — Auch habe ich eben deßwegen Ihnen vorschlagen wollen, ein anderes — etwa kleineres Haus zu beziehen, um alle Erinnerung von vordem zu verbannen.

Mad. Ruhb. O lieber Mann — das Haus ist lange bey meiner Familie gewesen —

Ruhberg V. Es kommt darauf an, wie mein Sohn steht — ob wir es behalten können oder nicht. Wenn er aber keine Schulden hätte, welches doch nicht zu vermuthen ist, so braucht er doch ansehnliche Unterstützung, ehe seine Geschäfte in Gang kommen.

Mad. Ruhb. Unterstützung? — Geschäfte? Sie vergessen —

Ruhberg V. *Gütig.* Was ich so gern vergesse, die Heirath.

Mad. Ruhb. Ach! —

Ruhberg V. Hat er Anfrage gethan —

Mad. Ruhb. Ja!

Ruhberg V. Und die Antwort —

Mad. Ruhb. Ist noch nicht zurück.

Ruhberg V. Noch nicht zurück? — Lassen Sie uns nicht weiter davon reden — Eduard wird doch kommen?

Mad. Ruhb. Gewiß.

Ruhberg V. Wenn es möglich ist — so seyn Sie heiter an meinem Familienfeste.

Mad. Ruhb. Werden Sie Kummer an mir gewahr — ach! — so gilt er nur mir.

———

Dritter Auftritt.

Vorige. — Oberkommissär Ahlden. Sekretär Ahlden von Louisen herein geführt.

Oberkomm. *Noch inwendig.* Ich habe zu bitten — wird nicht geschehen.

Ruhberg V. Ah da sind sie!

Oberkomm. Ey, ey! *Tritt ein.* Sie sind gar zu artig Mamsell, gar zu artig.

Ruhberg V. Seyn Sie mir herzlich willkommen —

Oberkomm. Ihr Diener, Herr Kollega — gehorsamer Diener Madam —

Mad. Ruhb. Mein Herr —

Sekretär. Wir kommen früher als Sie uns erwarteten. Das werden Sie mir vergeben.

Ruhberg V. Wollen Sie nicht Platz nehmen?

Oberkomm. Wenn Sie erlauben — ich liebe die Bewegung im Gehen und Stehen — die Uebrigen werden sich ihrer Bequemlichkeit bedienen — Ein recht allerliebstes Kind — Ihre Mamsell Tochter, so artig und manierlich — so sedat —

Louise. Zum Sekretär Ahlden. O wie mich das freuet, daß ich ihm gefalle.

Oberkomm. Wie alt ist das liebe Kind?

Mad. Ruhb. Neunzehn Jahr.

Oberkomm. Neunzehn? — so alt, wie mein Justinchen wenn sie noch lebte. Auf Johannis werden es sieben Jahre, daß sie starb. — Warum setzen Sie Sich nicht? Richten Sie Sich nicht nach mir! Viel Sitzen wäre mein Tod — Sitzen, Wein, Kaffee und Traurigkeit, dafür muß ich mich gewaltig in Acht nehmen.

Ruhberg V. Da thun Sie wohl.

Oberkomm. Wenn ich nur ein wenig über Schilds Rand gehe, gleich kommt mein Accident. — Das Blut steigt mir zum Kopfe, ich sehe alles doppelt und dreyfach.

Mad. Ruhb. Sie scheinen doch recht wohl zu seyn, auch —

Oberkomm. So, so, — ein Paar allerliebste Schwanen haben Sie in Ihrem Garten, Madam! — Apropos — ist denn der Herr Sohn nicht da —

Mad. Ruhb. Er wird nachher die Ehre haben, Ihnen —

Oberkomm. Nach Zeit und Gelegenheit — pressiert nicht —

Mad. Ruhb. Erlauben Sie, er —

Oberkomm. Wenn Sie erlauben, werde ich die lieben Thierchen dann und wann besuchen, ich füttre sie so gern.

Mad. Ruhb. Verbeugt sich. Mein Sohn würde längst hier gewesen seyn, wenn —

Oberkomm. Sagt zu Ruhberg V. Wissen Sie denn, wer die reiche Amtsvogtey bekommt? Er nimmt ihn mit sich in den Hintergrund.

Mad. Ruhb. sieht ihm etwas empfindlich nach.

Sekretär u. Louise sind in Verlegenheit.

Mad. Ruhb. Ihr Herr Vater hat vielleicht vor der Hand Geschäfte mit meinem Manne, wenn das ist, so wollen wir —

Sekretär. Noch nicht, glaube ich — Näher zu ihr. Es ist Liebe und Gütigkeit, wenn Sie die Aussenseite entschuldigen, o wenn er Ihnen näher bekannt seyn wird —

Ruhberg V. Ich hätte doch nicht gedacht —

Oberkomm. Cui favet, Wieder herunterkommend. lieber Herr Kollega — cui favet! — Nun was ich sagen wollte — die jungen Leute wollen uns in Verwandtschaft bringen.

Ruhberg V. Ja, lieber Ahlden, das hat sich so auf einmal gefunden.

Oberkomm. Ich will Ihnen sagen — wenn es Ihr Wille ist — je nun — in Gottes Namen! — ich will nichts dagegen haben.

Verbrechen aus Ehrſucht.

Mad. Ruhb. Ich danke Ihnen dafür. Für uns und meine Tochter, daß Sie nichts dagegen haben wollen.

Oberkomm. Ja ſehen Sie — Sie müſſen mirs nicht übel deuten — Im Anfange hatt' ich dagegen.

Ruhberg V. *Nur wenig befremdet.* So?

Mad. Ruhb. *Faſt heftig.* Das hör ich zum erſten Male in der That.

Oberkomm. Ja, ja, im Anfange war ich gar nicht davon erbauet.

Sekretär. Ja, mein Vater meinte —

Oberkomm. Daß ſein Sohn ihn reden laſſen ſollte! — alſo — wie geſagt, denn ich bin nun einmal ſo, — hinterm Berge halten und diſſimulieren, iſt all mein Lebtage meine Sache nicht geweſen — Im Anfange — hätt' ich lieber — lieber gewollt, daß mir — Gott verzeih mir meine ſchwere Sünde, die hohen Herren meine Rechnung nicht hätten paſſieren laſſen, als daß der Menſch ſich hier vergafft hätte.

Mad. Ruhb. Ich weiß nicht wie —

Oberkomm. Sie erlauben, — es gehört zur Sache — ich will Sie nicht beleidigen.

Mad. Ruhb. Ich geſtehe, daß es mich einigermaßen befremdet —

Oberkomm. Nur Geduld. Ich weiß, Sie nehmen Raison an. Sehen Sie — jeder Vater hat Aussichten für seine Kinder, und Entwürfe, wie sie zu Brot und Ehre gelangen sollen — so mochte ich denn nun für meinen Sohn auch ein Projektchen gehegt und gepflegt haben — dem diese Heirath schnurstracks entgegen lief. Ja — und da werden Sie pardonnieren, daß ich Anfangs diese Heirath nicht gern sah. He — was sagen Sie?

Mad. Ruhb. O ja — der Fall ist mir wohl begreiflich. *Mit Beziehung auf sich.*

Oberkomm. So sehr ich mich denn nun Anfangs alteriert hatte — denn sehen Sie, der Junge hat mir noch in seinem Leben nicht so die Spitze geboten — — so dachte ich doch bald darauf: „Das Mädchen ist brav — ist ein honettes Haus — den einzigen Sohn hast du ja nur — sie ist ihm nun einmal an die Seele gewachsen, zudem hat er sein Wort gegeben — Wort muß man halten — ich habe in meinem Leben noch kein Wort gebrochen, und sollte Schuld seyn — Nein" — Genug ich gab mich drein. So steht die Sache nun. Wenn Sie beide Aeltern nun Ihre Einwilligung geben wollen, so ist die Sache richtig.

Ruhberg V. Sie sind ein biedrer rechtschaffner Mann. Ich gebe meine Einwilligung.

Mad. Ruhb. Ich die Meinige.

Verbrechen aus Ehrsucht.

Oberkomm. Nun, das wäre also richtig — aber — je nun es wird sich auch wohl geben.

Ruhberg V. Was hätten Sie noch?
Sekretär. Mein Vater —

Oberkomm. Ja wenn ich wüßte — ich kann nicht eher froh seyn, bis ich es gesagt habe.

Mad. Ruhb. Gütig. O zögern Sie nicht —

Oberkomm. Wahrhaftig? — Ich soll sprechen? — ja es betrifft aber gerade Sie —

Mad. Ruhb. Um so mehr bitte ich — haben Sie Vertrauen auf mich —

Oberkomm. Aeußerst gütig. Sehen Sie nur nicht auf die Worte, die weiß ich nicht zu setzen, aber ich meine es wahrlich gut.

Ruhberg V. Guter Mann!

Mad. Ruhb. Wahrheit — zum Glück meiner Kinder, thut nicht weh.

Oberkomm. Brav! wahrhaftig brav! So billig hätte ich mir Sie nicht vermuthet. Nun sehen Sie — Ihr Haus? Ist ein Haus, dessen Verwandtschaft Ehre macht. Aber — nehmen Sie mir es nicht übel — Ihre Lebensart ist mir zu groß. Darum bitte ich Sie nun herzlich — lassen Sie die Kinder fein bürgerlich zusammen haushalten. Nicht groß. Höre ich von Ab- und Zufliegen der jungen Herren, von Spieltischen, Lästerkompagnien, niedlichen Soupees und lustigen Parthun, so weiß ich, daß es mit meinem Sohn zu Ende ist, dann gräme ich mich und gehe drauf.

Mad. Ruhb. Ich wünsche meine Tochter glücklich — ich werde ihr mütterlich rathen, alle diese Dinge zu vermeiden. Auch —

Oberkomm. Liebe, scharmante Frau — Mein Gott wie verkennt man die Frau — Nun freu ich mich der Heirath erst, da Sie so brav — so herzensbrav sind. Gott weiß, ich habe mich vor Ihnen gefürchtet. Ey, ey, ich habe Ihnen Unrecht gethan — so wahr ich lebe — großes Unrecht.

Ruhberg V. Sie kannten Sich beide nicht.

Oberkomm. Ey wir wollen manchen langen Abend zusammen verplaudern — sieh! sieh! — verschafft mir mein Karl noch so ein Paar herzgute Freunde ehe ich aus der Welt gehe. *Er drückt beiden die Hände.* Und nicht wahr, ich darf kommen in meinem Alltagsrock?

Mad. Ruhb. Darf ich das Ihnen noch beantworten!

Oberkomm. Ja, den Rock habe ich nicht getragen, seit den neun Jahren, da unser Durchlauchtigster Prinz heirathete — und weil ich Sie noch nicht kannte, habe ich ihn heut angezogen. Geschieht nicht wieder!

Mad. Ruhb. *weint, und umarmt Louisen.*

Ruhberg V. Was haben Sie?

Mad. Ruhb. Soll ich nicht weinen? *Zum Oberkommiſſär.* Ach mein Herr, meine Tochter — meine gehorſame Tochter kommt zu Ihnen, wie — wie —

Oberkomm. — Was —

Mad. Ruhb. Eine Bettlerin —

Ruhberg V. Ja, mein Herr — mit Nichts, mit gar nichts — kommt ſie zu Ihnen, — Mein iſt die Schuld — dieß peinliche Bekenntniß iſt die geringſte Buße für meinen Eigenſinn in einer ſchwächlichen thörichten Maxime. Ich ließ ſie zur Bettlerin werden.

Oberkomm. Bettlerin — mit einem Herzen für die Noth von Tauſenden? — Meine Kinder, ich trete Euch meinen Dienſt ab, und das wenige was ich habe! — Mädchen — füttere mich zu Tode, hörſt Du?

Louiſe. Mein Vater —

Mad. Ruhb. Ach, ich arme Mutter!

Oberkomm. Ich bin alt — ſchlecht und recht — brauche nicht viel, und kann auch noch weniger brauchen lernen. Gebt mir ein Kämmerlein unter dem Dache — aber meine Kinder müſſen gut wohnen.

Mad. Ruhb. Sie preſſen mir Thränen aus —

Oberkomm. Großen Ton haſſe ich. Aber wenn den Leuten eine Bequemlichkeit des bürger-

lichen Lebens abginge, wenn sie Mangel an stiller
Hausfreude hätten, wenn ihnen nicht so viel übrig
bliebe mit einem guten redlichen Freund des Lebens
sich zu freuen, hie und da einen Elenden zu erquik=
ken, einen Jammernden aufzurichten, so wollte ich
auf Stroh schlafen, mir es am Munde abdarben,
wollte Kinder unterrichten und abschreiben — bis
sie hätten, daß sie so leben könnten.

Mad. Ruhb. Gott sey Dank — für Ihr
Herz und Ihre Verwandtschaft.

Oberkomm. Obs ihnen gleich nicht übel
gehen soll.

Ruhberg V. Nun meine Liebe, werden Sie
nun fröhlich seyn, an meinem Familienfeste?

Mad. Ruhb. Ach — wäre Eduard nur
auch so glücklich!

Ruhberg V. Wird auch werden! — Nun
meine Kinder! Sie nähern sich. Wir sind einig.
Junger Mann — ich gebe Ihnen hier meine
Tochter. — Machen Sie sie glücklich — sie ist
ein gutes Kind.

Mad. Ruhb. Mein Herr — seyn Sie doch
immer dieses Hauses eingedenk. Louise — vergiß
Deine Mutter nicht, und wenn es Euch gut
geht — vergeßt Eures Bruders nicht. Seyd ihm
Rathgeber und Stütze, wenn wir auch nicht mehr
sind — so wird Euch Gott segnen.

Verbrechen aus Ehrsucht.

Ruhberg V. Ja darum bitte ich Sie, und auch Sie, würdiger Mann!

Oberkomm. Von Herzen — zwar hätte ich bey der Gelegenheit — indeß ein andermal.

Sekretär. Gott sey mein Zeuge, Sie sollen Sich in keiner Erwartung getäuscht finden, mein Vater — Liebe Mutter — Sie werden Ihre Tochter glücklich sehen. Eduard, dem Freunde meiner jüngern Jahre — nun meinem Bruder — verspreche ich Brudertreue bis in den Tod.

Louise. Zum Oberkommissär. Werden Sie Ihre Tochter lieben? an ihren kindlichen Diensten Freude haben, lieber Vater?

Oberkomm. Ja, meine Tochter!

Louise. Ihre Freude, Ihr Zeitvertreib wird mein einziger Gedanke seyn.

Oberkomm. Ja! liebes Kind, wollen Sie Sich meiner annehmen? — Gott thut mir viel Gutes! Verlor mein liebes Weib, und hatte niemand der mein Alter pflegte und mir zusprach, wenn die Last zu schwer wurde — und habe nun so eine herrliche Schwiegertochter — und was mir die größte Freude macht, sie hat gerade die Art deiner seligen Mutter — wenig Worte — aber das Herz im Auge — so ein Herz, von dem man Trost nehmen kann in dieser unruhigen Welt — Meine gute Charlotte, wenn du noch da wärest! —

wenn du wüßtest, daß mirs noch so gut geht, nehmt mir's nicht übel — ich muß weinen — wenn ich an die gute Frau denke — sie war gar zu gut —

Ruhberg V. Weinen Sie. Es ist ein tröstender Gedanke — daß der Platz, wo ein guter Mensch heraus trat — nach langen Jahren noch offen steht — und daß dem Weisen diese Lücke noch spät eine Thräne kostet.

Louise. Erzählen Sie mir oft von ihr; nach Ihrem Beispiel, und dem Ihrigen, liebe Mutter — will ich lernen, meinen Karl glücklich zu machen.

Ruhberg V. Pause. Ists doch Schade, daß wir so alt sind — die Kinder werden glücklich seyn und wir sehen es nicht lange mehr. Kleine Pause, niemand bewegt sich.

Mad. Ruhb. Wer weiß, wie lange wir noch so beisammen sind? — Eine größere Pause.

Oberkomm. Lieben Leute, das wird meinem Herzen zu viel. Gott segne Euch, seyd glücklich. Nun Herr Kollega, kommen Sie an unser Geschäft. Das sag ich Euch: wenn wir wieder kommen — und es spricht mir einer noch von Tod und Sterben — den schicke ich fort! — Nun kommen Sie. Nach der Arbeit ist gut ruhen. Diesen Abend wollen wir lustig seyn. Er will immer gehn, seine Fröhlichkeit steigt aber und macht ihn wiederkommen. Madam — unter uns; ich habe von Musikanten gehört; von einem alten Manne, der, wenns darauf ankäme, keinen Spaß verdürbe, und von einer braven lieben Frau, die ihm den Ehrentanz nicht abschlüge.

Oberkommissär und Ruhberg V. gehen ab.

Vierter Auftritt.

Madam Ruhberg. Louise. Sekretär Ahlden.

Eine kleine Pause.

Mad. Ruhb. Lieber Sohn, was haben Sie für einen würdigen Vater!

Louise. Ja wohl.

Sekretär. Er ist von strenger Redlichkeit — dann und wann zu gerade hin — aber gut wie man nur gut seyn kann.

Louise. Habe ich nicht gut gewählt, liebe Mutter?

Mad. Ruhb. Wohl hast du das! Ihr Herr Vater und ich wir haben einander sehr verkannt. — Ich fürchte, er wird mich noch oft verkennen.

Sekretär. Haben Sie vergessen, in welcher Ergießung seines Herzens er Ihnen vorhin Gerechtigkeit wiederfahren ließ?

Mad. Ruhb. Ich möchte diese gute Meinung so gern erhalten, aber ach — das sind für Euch so glückliche Stunden, und ich kann Euch meinen Kummer nicht verbergen —

Sekretär. Ihre Hand küssend. Wollten Sie das vor Ihren Kindern?

Mad. Ruhb. Thränen zu Eurer Freude!

Louise. Freude bey meiner Mutter Thränen?

Mad. Ruhb. Wo ist er, was macht er?

Sekretär. Ich verstehe Sie —

Louise geht hinaus.

Mad. Ruhb. Aber fühlen können Sie es wahrhaftig nicht, was in mir vorgeht. Wo ist er, warum ist er nicht hier? Heut nicht? jetzt nicht? — Es muß etwas mit ihm vorgehen.

Sekretär. Was könnte —

Mad. Ruhb. Das ists eben — ich fühle alles, was seyn könnte, und zittre vor dem, was ist. Er liebt seine Schwester unbegrenzt, und ist nicht da!

Sekretär. Vielleicht —

Mad. Ruhb. Er hatte obendrein versprochen da zu seyn, er hält sonst fest auf sein Wort Sehr bekümmert. und ist nicht da!

Sekretär. Wer weiß, ob nicht —

Mad. Ruhb. Nicht wahr — Sie können nichts sagen —

Louise kommt wieder.

Mad. Ruhb. Ist er noch nicht da?

Louise. — Nein —

Mad. Ruhb. — So viel Unruhe zu einer Zeit, wo jede Kleinigkeit, alles — auf das ganze Leben bestimmt. — Es gehet so vieles gegen meine Erwartung — ich hätte gern alles gut gemacht und habe alles schlimm gemacht. — Wie viele Aeltern sind in dem Fall, das erfüllt zu glauben, was sie für ihre Kinder wünschen — und wie wenige werden mir verzeihen.

Sekretär. Seyn Sie gewiß, die Thaten des Mannes werden die Verirrungen des Jünglings verdunkeln.

Fünfter Auftritt.

Vorige. Ruhberg Sohn.

Louise. Da ist er.

Ruhberg S. — Komm ich vielleicht zu spät?

Mad. Ruhb. Es wäre zu spät, weil es nicht zu früh war — geschweige daß —

Ruhberg S. Es ist mir leid; aber ich hatte unumgänglich auszugehen, und wurde an einigen Orten sehr aufgehalten — war der Baron Ritau noch nicht da?

Louise. Nein!

Ruhberg S. Nicht? — Sonderbar!

Mad. Ruhb. Hast Du noch nicht Antwort erhalten?

Ruhberg S. Nein!

Mad. Ruhb. Das dauert lange —

Ruhberg S. Je nun — trösten wir uns mit dem Sprichwort —

Louise. Vor aller Eilfertigkeit wirst Du des fremden Herrn nicht gewahr —

Ruhberg S. Mein lieber Bruder! umarmt Ahlden, zu den andern. Wir haben uns schon gesprochen —

Mad. Ruhb. Eduard, wenn Du doch da gewesen wärst, Du hättest einen vortrefflichen Mann kennen gelernt.

Ruhberg S. Wen?

Louise. Meinen zweiten Vater.

Ruhberg S. Ah — wo ist er und mein Vater — wo sind sie?

Mad. Ruhb. Er war so zufrieden mit Deiner Schwester, so vergnügt, so gerührt, er hat Thränen vergossen. Wir wurden alle so schwermüthig — die Sache fing an eine so traurige Wendung zu nehmen — das wurde dem guten Manne zu viel — auf einmal brach er ab, und — eines Theils war es schon vorige Woche verabredet, dann auch — um sich zu zerstreuen — sie sind eben bey der Kassenübergabe begriffen.

Ruhberg S. Mein Gott!

Mad. Ruhb. Was ists?

Louise. Was hast Du?

Ruhberg S. *Schon gemäßigt.* Bey der Kassenübergabe, sagen Sie?

Mad. Ruhb. Ja!

Louise. Warum findest Du das so sonderbar?

Ruhberg S. Ey — denken Sie nur selbst — heut — Geschäfte *Mit Beziehung.* es ist sehr sonderbar!

Sekretär. Ja, das ist so seine Art und Weise — es war vorige Woche auf heut bestimmt, und in seiner Zeitrechnung thut er sich allemal viel darauf zu Gute — wie er sagt, zwey Fliegen mit einem Schlage zu treffen.

Ruhberg S. *Ganz entfernt von den Uebrigen.* O mein Gott!

Sekretär. Dagegen werden Sie sehen, wie er heute lustig seyn wird, dem Jüngsten zum Possen. — Wenn er seinen Dienst gethan hat, scheint er ganz ein andrer Mensch.

Sechster Auftritt.

Vorige. Hofrath Walther. Hofräthin.

Mad. Ruhb. Schmälen muß ich mit Ihnen, lieber Vetter — so spät! — ist das freundschaftlich?

Hofrath. Die Schuld meiner Frau — noch eigentlicher aber, die liebe Gewohnheit ihres Geschlechts, nie mit dem Putz fertig zu werden!

Hofräthin. *Zu Mad. Rubberg.* Ich habe Louisen mein herzliches Kompliment über ihre Wahl schon gemacht.

Hofrath. Ja — es wird ein glückliches Paar —

Sekretär. Die Prophezeihung kommt von einem glücklichen Paare.

Hofrath. Nun Kousin Eduard, warum so still —

Ruhberg S. Die Folge eines stechenden Kopfschmerzens — weßwegen ich auch auf mein Zimmer — *Will fort.*

Hofräthin. *Ihn aufhaltend.* Das glaubt Ihr dem jungen Herrn auf sein Wort? — ich nicht. Es ist zu still bey uns —

Ruhberg S. *Ahndend.* Es wird lebhafter werden!

Hofräthin. Indeß — ungerechnet des stechenden Kopfschmerzens, ungerechnet daß viele Damen über mich zürnen werden — ich rechne auf Sie, als auf meinen Gesellschafter.

Ruhberg S. Sie werden schlechte Unterhaltung finden!

Hofrath. Du darfst stolz seyn, wenn Du den Vetter eine Stunde behältst. Er ist als unbeständiger Gesellschafter bekannt. *Von innen wird etliche Mal stark geklingelt.*

Oberkomm. *Ruft.* Zu Hülfe, zu Hülfe!

{
Mad. Ruhb. Allmächtiger Gott!
Ruhberg S. Ich bin verloren!
Sekretär. Was ist —
Hofrath u. Hofräthin. Wer ruft?
}

Mutter, Tochter, Sekretär Ahlden, laufen nach der Thüre — Ruhberg S. sieht ihnen gräßlich nach, Hofrath und Frau stehen erschrocken, niemand betrachtet Ruhberg S., als sie an der Thüre sind, stürzt der

Siebenter Auftritt.

Oberkommissär. Vorige.

Oberkomm. ihnen entgegen. Zurück! — Mein Sohn, den Arzt, schnell — den Arzt! —

{ Mad. Ruhb. Mein Mann — mein Mann!
Louise. Ach Gott, mein Vater!

Oberkomm. Lauf, um Gotteswillen — lauf!

Sekretär geht ab.

Mad. Ruhb. Was ist meinem Manne zugestoßen?

Oberkomm. Eine starke Ohnmacht — haben Sie Salz bey Sich?

Mad. Ruhb. Ja doch — ja. Will hinein.

Oberkomm. Bleiben Sie zurück!

Mad. Ruhb. Wie —

Oberkomm. Es kann nicht seyn.

Mad. Ruhb. Ich sollte nicht — wie —

Oberkomm. Das Salz her! — da Herr Hofrath — auf Pflicht und Eid Ihres Dienstes, lassen Sie niemand hinein. — Niemand, wer es auch sey.

{ Louise. Mein Vater —
{ Hofrath. Aber —

Oberkomm. Es geht nicht — hinein! Er treibt ihn hinein, Madam Ruhberg hält er ab und schließt zu. So, Frau Hofräthin — wollen Sie besorgen, daß niemand aus dem Hause geht und ins Haus kommt — als mein Sohn und der Doktor? Verhüten Sie alles Laufen und Fragen der Domestiken.

Hofräthin geht ab.

Mad. Ruhb. Um Gottes willen, warum soll ich nicht zu meinem Mann —

Oberkomm. Still nur — still nur —

Louise. Lassen Sie mich zu meinem Vater.

Oberkomm. Madam, an der Kasse fehlen 5000 Rthlr. in Louisd'or.

{ Mad. Ruhb. Mein Gott!
{ Louise. Was sagen Sie?

Ruhberg S. fährt zusammen.

Pause.

Mad. Ruhb. Sagen Sie wahr?

Oberkomm. Gezählt — gefehlt — gezählt und wieder gefehlt! — da lag Ihr Mann wie todt zur Erde — ich sage wahr.

Ruhberg S. Verzweifelnd. Mein Vater — mein Vater! Rennt nach der Thür, kommt zurück zum Oberkomm. O lassen Sie mich hinein, nur einmal noch ihn sehen, lassen Sie mich hinein! — mein ganzes Leben für eine Minute bey meinem Vater! ich will seinen fliehenden Geist aufhalten — *Er rennt an die Thüre, wirft sich nieder.* Vater, mein Vater, hörst Du mich nicht?

Louise. Lebt er noch — o Gott, lebt er noch?

Oberkomm. Still Kinder, schreckt den Mann nicht auf! Zurück junger Herr — hieher! — nicht gewinselt nicht geklagt; nicht geheuchelt; Rede und Antwort!

Ruhberg S. Ja — ja!

Oberkomm. Wo ist das Geld hin, Madam? —

Mad. Ruhb. Weiß ich —

Oberkomm. Das frag ich Sie, die weiß, was im Hause vorging, die weiß, was außer dem Hause aufging.

Achter Auftritt.

Vorige. Sekretär Ahlden. Hernach der Hofrath.

Sekretär. Der Doktor wird gleich hier seyn — wie stehts? —

Louise. O schlecht!

Mad. Ruhb. Was haben Sie gefragt? — ich weiß es nicht. — Bey Gott ich weiß es nicht! —

Oberkomm. Nicht? — Wollte Gott ich müßte es nicht wissen! O du gutherziger Thor — bist so oft betrogen, und wirst doch wieder gefangen!

Mad. Ruhb. Ach Gott, ich bin von mir — ich zittere an allen Gliedern — helft mir doch aufstehen —

Sekretär u. Louise helfen ihr.

Sekretär. Mein Gott, was ist denn vorgegangen? — reiß mich aus dieser Angst.

Oberkomm. Der unterdessen auf und nieder gegangen war, trocknet sich die Stirne mit dem Tuch. Mich so in die Falle zu locken! Wartet ich will Euch das Spielchen verderben! Also zur Sache — Es ist ein Hausdiebstahl, dann —

Sekretär. Was für ein Diebstahl?

Oberkomm. Denn die Kasse ist nicht erbrochen noch beschädiget.

Sekretär. Was für eine Kasse?

Oberkomm. Die Rentkasse, 5000 Rthlr. fehlen.

Sekretär. Heiliger Gott!

Oberkomm. Also Madam, und Sie junger Herr, sagen Sie mir; kann die Summe ersetzt werden? — so — so ists gut — so will ich nicht sehen, was ich sehe.

Mad. Ruhb. Ach Gott, nein! — ja — vielleicht. Bringen Sie uns nicht zur Verzweiflung.

Hofrath. Aus dem Zimmer sehend. Still; kein Geräusch, er fängt an sich wieder zu erholen. Geht wieder hinein.

Oberkomm. Also nicht ersetzt werden? — Gut! Gewaltsam an sich haltend. Es ist ein Haus: Diebstahl; sagen Sie mir, auf wen Sie Vermuthung haben, ehe ich öffentlich untersuche.

Mad. Ruhb. Wollen Sie uns ins Verderben stürzen?

Oberkomm. Zum letzten Male, Madam — Ich frage wahrhaftig zum letzten Male, vermuthen Sie was? Stärker. Wissen Sie was?

Mad. Ruhb. So soll Gott nichts von mir wissen!

Oberkomm. O wünschen Sie, daß er nichts von Ihnen wüßte —

Mad. Ruhb. Wie wollen Sie —

Oberkomm. Nein, ich kann nicht mehr — es frißt mir das Herz ab. Mich so zu locken, mich weich zu machen, um — Verdammt sey mein Herz — wenn ich Euch nicht dafür züchtige.

Mad. Ruhb. Ach Gott, mein Herr, ich schwöre —

Oberkomm. Da liegt der gute Mann, Er soll das Opfer von Lügnern, Betrügern und Dieben seyn. Nein, bey Gott, er soll nicht. Ich will Euch seine Ehre aus den Klauen reissen — seine Leiche soll in Frieden zur Ruhe kommen.

Sekretär. Aber mein Vater! — ich kann nicht zu mir selber kommen.

Oberkomm. Da sieh hin — sieh den an, dem stehts auf der Stirne, was die Mutter verläugnet.

Mad. Ruhb. Gerechter Gott!

Oberkomm. Sie habens! —

{ Mad. Ruhb. Ich?
{ Oberkomm. Sie — Sie, Sie! Ich will es schreien, bis Ihr gottloses Gewissen erwacht.

{ Louise. Arme Mutter —
{ Sekretär. Mein Vater —

Ruhberg S. Ich bins —

{ Mad. Ruhb. Was?
{ Louise. Großer Gott!
{ Oberkomm. So?
{ Sekretär. Ich ahndete es.

Ruhberg S. — Ja, ich bins! ich bin vom Schicksal hingetrieben; ich bin bey den Haaren hingerissen — ich bin vom Teufel hingeführt. Ergehe über mich was die Gerechtigkeit will, der Fluch des Vaters und der Mutter — ich bins!

Louise. Weh uns!

Sekretár. Zu Mad. Ruhberg. Mein Gott, wie ist Ihnen? — reden Sie doch!

Mad. Ruhb. Niederträchtig handelt mein Blut nicht. Zum Oberkomm. Laſſen Sie ihn hinführen, wo Sie wollen — er iſt mein Sohn nicht — er werde ein öffentliches Opfer der Gerechtigkeit, mich koſtet es keine Thräne.

Oberkomm. Mich führt Ihr nicht an! — Sie kannten die Geſellſchaften, die er frequentierte, Sie wußten ſeine Ausgaben — Sie haben auch um das gewußt.

Mad. Ruhb. Ueber Ihren niedrigen Angriff bin ich erhaben! — Sie zertreten mich elende Mutter — Gott behüte Sie für Reue.

Oberkomm. Lachen Sie Madam — den Muth nicht verloren! — Sie haben ihn erzogen, Sie haben das ſtolze Herz erzogen, lachen Sie —

Sekretár. Mein Vater, um Gottes willen Mäßigung, laſſen Sie uns die Sache verbergen!

Verbrechen aus Ehrsucht.

Neunter Auftritt.

Die Hofräthin führt den Doktor durchs Zimmer ins Kabinet. **Vorige.**

Oberkomm. So? hast Du auch darum gewußt? haben sie Dich durch Liebe bestochen? Habt Ihr mich zum Opfer des Komplots machen wollen?

Sekretär. Mein Gott, wie kommen Sie auf den Gedanken?

Louise. Bester Vater, verkennen Sie uns denn ganz?

Oberkomm. Schwiegervater meint Ihr, muß Eid und Pflicht vergessen? — Gut, mich sollt Ihr nicht überlistet haben! — Ich kassiere die Heirath.

{ **Sekretär.** Nimmermehr — Sie wollten —
{ **Louise.** O Gott!

Oberkomm. Ich kassiere die Heirath!

{ **Sekretär.** So wahr Gott lebt, diese Verbindung ist fest.
{ **Mad. Ruhb.** Meine unschuldige Tochter!

Oberkomm. Ich will keine Verbindung mit stolzem Gesindel.

Mad. Ruhb. fällt entkräftet in einen Seſſel. —

Ruhberg S. Herr, beſchimpfen Sie mich, — martern Sie mich — morden Sie mich — Ich verdiene alles — aber wenn Sie meine Mutter ferner mißhandeln, Herr, zittern Sie!

Louiſe. Bruder, Bruder!

Ruhberg S. Ich habe nichts mehr zu verlieren.

Oberkomm. Brav, brav, thue als ob Du ehrlich wärſt — brav!

Ruhberg S. Sagen Sie mir, was Sie wollen, wenn Sie meine Mutter mißhandeln, ſo achte ich nicht meines Verbrechens, nicht Ihres Alters — vergeſſe mich — die Welt — alles!

Sekretär. Raſender! —

Louiſe. Hält ihren Bruder ab. Karl, führe Deinen Vater weg —

Oberkomm. Ich will gehen — hängen ſollſt Du nicht, aber —

Mad. Ruhb. Springt auf und umfaßt ihn. Um des barmherzigen Gottes willen!

Oberkomm. Aber meinen letzten Heller vermache ich für Deine Verſorgung im Zuchthauſe, Mörder! Reißt ſich los und geht.

Zehnter Auftritt.

Ruhberg Vater, vom Hofrath und Doktor geführt.

Ruhberg V. Ist entkleidet, vom Doktor geführt, tritt in die Thüre. O meine Kinder!

Hier muß der Vorhang schon im Fallen seyn.

Ruhberg S. Stürzt vor seinem Vater nieder, den die Mutter in ihren Armen hält. Mein Vater, verfluchen Sie mich nicht!

Sekretär. Bleiben Sie Vater. Geht ab.

Louise. Ihm nach. Karl, rette uns!

Fünfter Aufzug.

Zimmer des alten Ruhberg.

Erster Auftritt.

Louise. Madam Ruhberg.

Im Hintergrunde steht ein Koffer, halb gepackt, einige Kleider hängen auf Stühlen, Madam Ruhberg will nach dem Kabinet ihres Mannes, Louise kommt heraus und führt sie vor.

Louise. Wohin wollen Sie?

Mad. Ruhb. Zu ihm, zu ihm! —

Louise. Schonen Sie seiner, er hat sich kaum erholt.

Mad. Ruhb. Grausames Kind, Du reißest mich von ihm!

Louise. Um Ihrer Ruhe willen.

Mad. Ruhb. Ruhig — ich ruhig? Ja, wenn ich leiden könnte für ihn, wenn es ein Mittel gäbe für meine Schuld zu büßen! Sie reißt sich los und geht an die Thüre. Es ist verschlossen — ach er hat sein Herz vor mir verschlossen.

Louise. Der Doktor wird verschloſſen haben, wir ſollen ihn etwas ruhen laſſen. Ach mein armer Vater leidet auch für Sie. Nicht einen Vorwurf hat er Ihnen gemacht.

Mad. Ruhb. Nein — o nein! Jeder Blick war Liebe und Güte; um Ehre und Leben hab ich ihn gebracht — und jeder Blick war Liebe und Güte.

Louise. Liebe Mutter gehen Sie wieder auf Ihr Zimmer.

Mad. Ruhb. Wird mir dort leichter ſeyn? wird mein Gewiſſen mir dort weniger ſagen?

Louise. Ach, er hört Sie doch nicht — hört doch Ihre Klagen nicht!

Mad. Ruhb. Er muß ſie hören — wird

Louise. Ich bitte Sie.

Mad. Ruhb. Ich habe ihn elend gemacht, und ſtilles Dulden iſt ſeine Rache. O! daß er hart wäre — grauſam — *Wehmüthig.* War er denn nie hart gegen mich? — war er nie? — Nein, nie! niemals! O daß er meiner Reue ſpottete, meiner Thränen lachte, daß er mich von ſich ſtieße —

Louise. Liebe Mutter, Ihr Jammer ver: größert ſein Elend. —

Mad. Ruhb. Aber ich ſchwur, jedes Leid mit ihm zu theilen bis in den Tod. Dieſem theuern heiligen Rechte kann ich nicht entſagen —

Louise. Ich verzweifle noch nicht an Hülfe; der Baron ist noch nicht zurück; der alte Ahlden wird sich erweichen lassen.

Mad. Ruhb. O nimmer, nimmer, Du siehst ja, er kommt nicht zurück.

Louise. Karl wird seinen Vater nicht verlassen, bis er uns rettet — ich kenne sein Herz.

Mad. Ruhb. Der Baron ist nicht zu finden — *Die Hände ringend umher.* wir sind verloren — wir sind verloren. Wenn es bekannt wird — Mann oder Sohn dem schändlichsten Tode — Es ist aus — alles ist vorbey — dieß Haus gehet zu Ende!

Louise. Um unsrer Glückseligkeit willen — assen Sie Sich!

Mad. Ruhb. Glückseligkeit? — Hoffnung? Das ist vorbey, gutes Kind, auch Dein Glück hat abgeblühet; bist Du nicht meine Tochter? Die Schwester des Diebes? Eine Schmach ruhet auf fallen. Du warst Braut — Du bist es nicht mehr. Unglück trennt Verwandte und Liebe.

Louise. Thun Sie seinem Herzen nicht weh. Meine Rechte auf Ihren Kummer sind auch ihm heilig.

Mad. Ruhb. Wer achtet auf die Thränen einer unglücklichen Mutter! Armes Mädchen, Du standst auf dem Gipfel der Glückseligkeit — ich habe Dich zurück gestoßen. Elend lasse ich Dir zum Erbtheil; in einem dürftigen verachteten Alter wirst Du Deine Mutter verfluchen!

Louise. Nie, o nie! — ich entsage allem, ich will Sie nie verlassen. Ich will Ihres Alters pflegen. Bin ich denn Ihre Tochter nicht? Können die Thränen Ihrer Louise denn gar nichts erleichtern? Nichts kann ich mit Ihnen theilen, als mein Herz — o liebe Mutter verachten Sie es nicht!

Mad. Ruhb. Das sagst Du mir? Du, die ich hintangesetzt habe, bist meine Stütze, da mich alles verläßt? *Christian kommt aus dem Kabinet, sie sieht es, und geht schnell hinein.* Gott mache Dich zu einer glücklichern Mutter, als ich bin.

Zweiter Auftritt.

Louise. Christian.

Louise. Ist mein Vater erwacht?

Christian. Gleich wie Sie hinaus waren. — Der Doktor hat mich schon ein paar Mal gefragt: „Was denn im Hause vorging, warum der alte Herr so erschrocken wäre?"

Louise. Er hat ihm doch nicht gesagt —

Chriſtian. Ey behüte! — „Es wären Nachrichten von der Madam ihrem Bruder aus Berlin eingegangen" ſagte ich: — „von einem großen Unglücksfall," das habe ich auch den Leuten im Hauſe geſagt.

Louiſe. Wenn doch der Sekretär da wär! — ſchicke Er gleich wieder hin.

Chriſtian. Erlauben Sie, das macht Aufſehen. Nach dem alten Oberkommiſſär iſt auch ſchon dreymal geſchickt; er iſt aber nicht zu finden. — Wenn es nur hier nicht immer ſo unruhig wäre. — Der Herr iſt etliche Mal ſehr erſchrocken, als er der Madam ihre Stimme hörte; wir haben ihn in das Eckzimmer gebracht; dort hört er doch nicht was hier vorgeht.

Louiſe. Wenn mein Bruder wieder kommt, ſage Er ihm, daß mein Vater ihn jetzt durchaus nicht ſprechen kann. Geht ins Kabinet.

Chriſtian. — Ich weiß ſchon. — Ich habe es wohl geſehen wie — Packt am Koffer. Daß ich das in dem Hauſe noch erleben muß!

Dritter Auftritt.

Ruhberg Sohn. Christian.

Ruhberg S. *In einem Oberrock oder simpeln Frack, gestiefelt — geht gerade auf das Kabinet zu — da er es aber verschlossen findet, nach einigem heftigen Umhergehen.* Christian!

Christian. Was befehlen Sie?

Ruhberg S. Hast Du meinen Vater gesehen?

Christian. — Ja —

Ruhberg S. Was macht er?

Christian. Ach! —

Ruhberg S. Sah er noch so blaß aus?

Christian. — Leider — ja —

Ruhberg S. Schien er nicht etwas mehr Kräfte zu haben?

Christian. — Nein, wahrlich nicht! —

Ruhberg S. Was sagt der Doktor?

Christian. Ach Gott, fragen Sie mich nicht — *Geht wieder zu dem Koffer.*

Ruhberg S. Was machst Du da! — was packst Du da? — Das sind ja meine Sachen! — Wozu das?

Christian. Weiß nicht — der Herr hat mir es befohlen — ich soll mich eilen.

Ruhberg S. Weißt Du nicht weßwegen?

Christian. Gar nicht.

Ruhberg S. Hat es Dir mein Vater selbst befohlen?

Christian. Ja!

Ruhberg S. War er zornig, als er Dir es sagte?

Christian. Gar nicht. — „Bring alles Gewehr weg auf mein Zimmer, verschließe das Haus und packe meines Sohnes Sachen ein" — als er das gesagt hatte, drehte er sich um — ich hatte ihm eben nichts angemerkt — der Doktor saß in der Eck an dem großen Glasschranke — er ging mit gefalteten Händen ruhig die Stube auf und ab — ich gehe, — auf einmal höre ich schluchzen — ich — ich drehe mich um — „Christian" — sagte er leise zu mir: — „Sag ihm, er solle die Hand nicht an sich selbst legen. —"

Ruhberg S. *wirft sich in einen Stuhl.*

Christian. Dann trocknete er sich die Augen, und sagte ganz freundlich — „Geh, mein guter

Verbrechen aus Ehrsucht.

Christian!" — Ach, es war ein Anblick zum Erbarmen.

Ruhberg S. *Springt auf.* Ich muß ihn sprechen —

Christian. Um Gottes willen nicht —

Ruhberg S. Was willst Du?

Christian. Er hats verboten, er will Sie nicht sprechen.

Ruhberg S. Ich muß ihn sprechen — ich kann es nicht länger aushalten — ich muß — *Er geht hin.*

Vierter Auftritt.

Vorige. Baron Ritau.

Baron. Ah — mein Freund —

Ruhberg S. *Kehrt zurück.* Ha, endlich, endlich! Christian laß uns allein.

Christian *geht ab.*

Baron. Ich bedaure, die Zeit wird Ihnen lang geworden seyn.

Ruhberg S. Nun sind Sie ja da. Geschwind — woran bin ich?

Baron. Aber — Sie sind ja so zerstreut —

Ruhberg S. Lassen wir das —

Baron. Es ist als ob Ihre Gesichtszüge nicht mehr dieselben wären.

Ruhberg S. Nun wie stehts, haben Sie Antwort bekommen?

Baron. Ich habe sie, aber —

Ruhberg S. Sie haben? — her damit, her —

Baron. *Aengstlich und gutherzig.* Aber sagen Sie mir nur, wie sich das mit —

Ruhberg S. Die Antwort — die Antwort!

Baron. Ihrer Schwester Heirath so schnell gemacht hat.

Ruhberg S. Die Antwort!

Baron. Ich fürchte —

Ruhberg S. Die Antwort — Herr wollen Sie mich rasend machen — heraus damit.

Baron. *Sehr verlegen.* Womit? —

Ruhberg S. Mit dem Billet — der Antwort!

Baron. Sie ist eines Theils mündlich —

Ruhberg S. Mündlich! — so! — Nun? —

Baron. Sehen Sie — Sie müssen die Sache nur aus dem rechten Lichte betrachten. Erstlich wissen Sie — das Fräulein ist delikat — sehr delikat — und da mag eben Ihrer Schwester Heirath beigetragen haben, daß — daß — daß —

Verbrechen aus Ehrsucht.

Ruhberg S. Weiter —

Baron. Vor allen Dingen — aber was ich doch fragen wollte, hatten Sie bey Reichberg gesagt, daß Sie den bestellten reichen Linon dem Fräulein zum Geschenke bestimmten?

Ruhberg S. Nein, nein! — nun — vor allen Dingen?

Baron. Vor allen Dingen muß ich Ihnen sagen, daß einige Kreditoren dort waren —

Ruhberg S. Dort waren? —

Baron. Dort waren, und Bezahlung suchten. Das Fräulein hat unter andern den reichen Linon selbst behalten, weil der Ladendiener merken ließ, daß Sie ihn für das Fräulein bestellt hätten. Auch hat sie hier diesen Wechsel von 50 Rthlr. an eine alte Wittwe bezahlt, welche sich dort im Hause sehr insolent aufführte. Sie überschickt Ihnen hier denselben. *Er will Ruhberg den Wechsel übergeben, dieser ohne ihn zu nehmen hört ihm erstarrt zu.* Bester Freund, ich leide für Sie —

Ruhberg S. Weiter!

Baron. Hier dieses Billet — aber

Ruhberg S. Geben Sie her — *Erbricht.* „Monsieur. Der Herr Baron von Ritau hat mir — *Entkräftet und ahnend.* O lesen Sie, lesen Sie weiter —

Baron. „Monsieur, der Herr Baron von Ritau hat mir Ihr Billet übergeben. Anlangend Ihre Proposition — so ist es mir unbegreiflich, wie Sie nur daran denken können. Ich wüßte nicht, daß ich etwas gethan hätte, was Sie zu dieser Hoffnung verleitet hätte.

Ruhberg S. Wüßte sie nicht — sie wüßte nicht! — Das ist nicht wahr Herr, das steht nicht da! —

Baron. Leider steht es da.

Ruhberg S. Nein, nein, es ist nicht wahr, *sieht hinein und taumelt fast im Zimmer herum,* und wenn alle — jeder — Gott, Gott, das ist zu viel: — Weiter, weiter! —

Baron. „Eine unschuldige unbedeutende Galanterie berechtiget Sie nicht zu der Hoffnung einer Mesalliance. Ihr Desastre im Spiel wird täglich bekannter, und giebt zu seltsamen Meinungen Anlaß. — — Meine Ehre befiehlt mir Sie zu bitten, mein Haus ferner nicht zu besuchen.

Ruhberg S. *wirft sich in einen Stuhl.*

Baron. „Ich rathe Ihnen, das Spiel zu abandonniren, denn Sie haben keine Contenance. Uebrigens wünsche ich ihren Affairen die beste Tournure. Dem Herrn Baron Ritau werden Sie gefälligst meine Briefe und Porträt einhändigen."

Ruhberg S. — Ist das alles?

Baron. *Mitlesend.* — Ha —

Ruhberg S. Nicht wahr — es ist Ihr Spaß?

Baron. Was?

Ruhberg S. Hm — das? — Alles was Sie gesagt haben.

Baron. Leider — es ist Ernst.

Ruhberg S. Nicht wahr, Sie haben ein andres Billet von ihr noch bey Sich?

Baron. Wahrlich nicht, ich —

Ruhberg S. Geben Sie her —

Baron. Wollte Gott, ich hätte es —

Ruhberg S. Geschwind! — nun! — O um Gottes willen geben Sie her —

Baron. Ja, ich habe —

Ruhberg S. Sie haben — o sehen Sie, *Ihn küssend.* sehen Sie, mein Herz sagte mirs ja wohl.

Baron. Lassen Sie mich ausreden.

Ruhberg S. Nein doch, nein, nur her!

Baron. Sie täuschen Sich gewißlich — hören Sie doch: Als ich von Ihrer Situation mit ihr sprach, schien sie — wer weiß — sie war auch vielleicht gerührt.

Ruhberg S. O sie wars, sie war es gewiß!

Baron. Sie ging an ihre Chatoulle und gab mir dieses.

Ruhberg S. *Freudig.* Nun weiter —

Baron. — Es ist für Sie —

Ruhberg S. *Ohne zu errathen.* Wozu?

Baron. Zu einigem Soulagement Ihrer Situation — Es thäte Ihr leid — aber sie könnte vor der Hand nicht mehr thun.

Ruhberg S. *Wie vom Schlage getroffen.* Was?

Baron. Schicken Sie es zurück —

Ruhberg S. *Der auf das Papier sieht und es nimmt.* 20 Louisd'or? Mir? — mir 20 Louisd'or?

Baron. Bester Freund!

Ruhberg S. Für eine zu Grunde gerichtete Familie — 20 Louisd'or?

Baron. Schicken Sie es zurück.

Ruhberg S. Für einen ermordeten Vater, 20 Louisd'or?

Baron. Um Gottes willen, schonen Sie Sich!

Ruhberg S. Für eine gestohlne Seligkeit, 20 Louisd'or? Gut, ich will hin! *Sucht den Hut.*

Baron. Was?

Ruhberg S. Ich will quittieren über diese Summe!

Baron. Sie werden doch nicht —

Ruhberg S. Hat den Huth gefunden. Kommen Sie — wir wollen Rechnung halten!

Baron. umfaßt ihn. Bleiben Sie, ich bitte Sie um Gottes willen!

Ruhberg S. Buhlerin — verfluchte Buhlerin, so mit meinen Hoffnungen zu spielen. Teufel — Teufel — so zu locken — mich bis an die Hölle zu locken! — Rache! Rache!

Fünfter Auftritt.

Vorige. Madam Ruhberg.

Mad. Ruhb. Was gehet hier vor? — Ah Herr Baron!

Baron. Madam, ich übergebe Ihnen hier Ihren Sohn.

Mad. Ruhb. Was ist denn vorge —
Ruhberg S. Lassen Sie mich!

Baron. Er darf jetzt nicht ausgehen, ich beschwöre Sie, halten Sie ihn auf. Geht ab.

Sechster Auftritt.

Ruhberg Sohn. Madam Ruhberg.

Ruhberg S. Laßen Sie mich, ich lechze nach Rache! ich will Rache haben zum Schauder für jeden weiblichen Teufel, der mit der Seligkeit eines Mannes spielt.

Mad. Ruhb. Betrogen von ihr?

Ruhberg S. Schändlich, fürchterlich!

Siebenter Auftritt.

Louise. Vorige.

Louise. Aus dem Kabinet kommend. Eduard, Deine Stimme hat Deinen Vater erschreckt — er zittert an allen Gliedern —

Ruhberg S. Ach mein Vater! —

Louise. Geh auf Dein Zimmer.

Ruhberg S. Kann ich? — kann ich? —

Louise. Er will Dich sprechen, er will Dich rufen lassen — sammle Dich — sey nicht so heftig — ich bitte Dich um Gottes willen..
Sie führt ihn fort.

Ruhberg S. Indem er sich fortführen läßt. Gelängnete Betheuerungen, gelogne Liebe — Bösewicht! Vatermörder! Er geht. Verachtung, Verzweiflung und keine Rache! Geht ab mit Louisen.

Mad. Ruhb. Der letzte Streich — das vollendet!

Achter Auftritt.

Sekretär Ahlden. Madam Ruhberg.

Sekretär. Ist mein Vater nicht hier?

Mad. Ruhb. Nein!

Sekretär. Bey Seite. Auch nicht hier gewesen —

Mad. Ruhb. Nein!

Sekretär. Ich bin ausser mir! — alle Mittel uns zu retten, schlagen fehl —

Mad. Ruhb. Sagen Sie meinem Sohne, daß er fliehe — schnell, Augenblicks — trösten Sie meinen Mann. Geht ab.

Sekretär. Trösten soll ich dich, und habe selbst keinen Trost als Verzweiflung.

Neunter Auftritt.

Louise, Sekretär Ahlden.
Hernach Christian.

Louise. Bist Du da? Bringst Du uns Rettung?

Sekretär. Ach! —

Louise. Keine Rettung? So ist es aus mit uns, wir sind verloren!

Sekretär. Was macht Dein Vater?

Louise. Leidet, und ist dem Tode nahe. Meine Mutter ist in Verzweiflung — Eduard wage ich keine Minute zu verlassen. *Im Kabinet des alten Ruhberg wird geklingelt.* Mein Vater ruft — erwarte mich hier.

Sekretär. Keine Aussicht — gar keine — Vater, du stürzest sie.

Christian. Ihr Herr Vater schickt, Sie sollten gleich nach Hause kommen und auf ihn warten —

Sekretär. Auf ihn warten, und jede Minute ist unschätzbar, wie kann ich? — dort — ja, ja, ich will gleich kommen —

Chriſtian geht ab.——

Louiſe. Kommt erſchrocken aus dem Kabinet. Ach Gott!

Sekretär. Was iſts?

Louiſe. Er will ihn ſprechen —

Sekretär. Wen?

Louiſe. Meinen Bruder.

Sekretär. Hat er ihn noch nicht geſprochen?

Louiſe. Nein, der Doktor hats verboten. Ach, ich zittre vor dieſer Zuſammenkunft, ſie iſt meines Vaters Tod. Er fährt zuſammen, wenn er nur ſeinen Namen nennen hört. Ich will ihn rufen, ich darf nicht weit bleiben. — Mein Vater fürchtet ſich vor dem Jammer meiner Mutter. Geh Du zu ihr, und ſprich ihr Troſt zu.

Sekretär. Ich ſoll meinen Vater zu Hauſe erwarten. Ich darf nicht hier bleiben. Faſſe Muth, ich will thun, was Liebe und Verzweiflung mir eingeben.
                                    Geht ab.

Louiſe. Der Segen der Liebe begleite Dich!
                            Geht ab.

———

Zehnter Auftritt.

Christian, allein.

Das hätte mir einer vorher sagen sollen, als ich in das Haus trat, daß es so ein Ende nehmen würde. Schließt den Koffer zu. Wer weiß, wo du noch hinkommst? Wer dich auch auspackt, so redlich meint er es wahrlich nicht mit meinem unglücklichen Herrn, als ich.

Eilfter Auftritt.

Der Doktor. Voriger.

Doktor. Kommt aus dem Kabinet. Christian, lasse Er das Recept machen. Ich bleibe unten im Hause, und wenn Seinem Herrn etwas zustoßen sollte, so rufe Er mich.

Verbrechen aus Ehrsucht.

Zwölfter Auftritt.

Vorige. Ruhberg Sohn.

Ruhberg S. Herr Doktor, was macht mein Vater?

Doktor. Er ist matt — sehr matt.

Ruhberg S. Glauben Sie, daß der Schreck tödtliche Folgen haben könnte?

Doktor. Im Anfange war ich sehr besorgt wegen der anhaltenden Krämpfe — sie haben aber nachgelassen, und wenn keine heftige Gemüthsbewegung mehr nachkommt, Der alte Ruhberg klingelt, Christian geht hinein. so glaube ich, daß wir nichts zu befürchten haben. Aber — ich begreife nicht, wie Ihr Herr Vater an dem Unglück von einem Schwager so gefährlichen Antheil nimmt.

Christian. Zu Ruhberg S. Ihr Herr Vater wird gleich hier seyn.

Doktor. Er hat mit Ihnen zu sprechen — ich werde indeß noch etwas im Hause bleiben. Geht ab.

Ruhberg S. geht verzweifelnd umher.

Christian. Zieht den Schlüssel vom Koffer. Da mein Herr!

Ruhberg S. Wozu das? —

Christian. Ihr Herr Vater hat es mir so befohlen. Geht ab.

Ruhberg S. Er wird kommen — in diesem Leben habe ich keinen solchen Augenblick mehr zu gewarten — Er kommt — Gott steh mir bey!

Dreizehnter Auftritt.

Ruhberg Vater. Ruhberg Sohn.

Ruhberg V. kommt sehr langsam herunter.

Ruhberg S. Sieht zur Erde nieder, und stürzt dann zu seinen Füßen. Erbarmen — Vergebung!

Ruhberg V. Steh auf — sieh mich an.

Ruhberg S. wendet sich weg.

Ruhberg V. Sieh mir ins Gesicht!

Ruhberg S. hebt den Kopf furchtsam auf, und läßt ihn gleich wieder sinken.

Ruhberg V. Du kannst mich nicht ansehen — sieh, so wird von nun an das Gesicht jedes ehrlichen Mannes Dich blenden.

Ruhberg S. O Gott!

Ruhberg V. Gräßlich bist Du mit mir umgegangen — alle Freuden der Welt vermögen nicht, mir die Lebenskraft wieder zu geben — die Du heut von mir genommen hast.

Ruhberg S. Weh über mich!

Ruhberg V. Für meine Angst an Deinem Krankenbette, für durchweinte Nächte, für jede Entsagung, für frühe graue Haare — für alle Vatersorgen — hättest Du mich heute belohnen können, dann stände ich hier vor Dir und freuete mich meines glücklichen Alters — meines gehorsamen Sohnes — Nun stehe ich hier vor Dir, mißhandelt von Deiner Ueppigkeit und jammere über ein dürftiges, schändliches Alter.

Ruhberg S. Wahr — Schrecklich wahr! Verstoßen Sie das Ungeheuer, das für alle Ihre Liebe mit Undank und Laster Ihnen lohnte. Verfluchen Sie mich!

Ruhberg V. Denkst Du das von mir — Unglückliches Geschöpf? — Nein, ich fluche Dir nicht! — Wahrlich Du bist unglücklicher als ich. Jetzt leide ich, und leide sehr viel; — aber das wird bald aus seyn. Ein Hügel kühler Erde über mich, und mein Elend ist vorbey — mein Andenken verloschen.

Ruhberg S. einen Ausruf des Schmerzens.

Ruhberg V. Aber Du lebst — Du sollst leben — und Deine Kräfte sind gelähmt; Du bist uneins mit dir, die Menschen wirst Du hassen, sie werden Dich meiden, ewig wirst Du Frieden suchen — und nimmer finden. In fernen Landen, weit von dem Grabe Deines Vaters, wird die Thräne der Verzweiflung auf dürren Boden fallen, niemand wird ihrer achten. Geängstet vom Vergangenen — gequält vom Gegenwärtigen — wird eine kalte fremde Hand Deine Augen schließen — Wahrlich, Du bist ein unglückliches Geschöpf!

Ruhberg S. O! mein Vater — mein Vater!

Ruhberg V. Nenne mich nicht so, Unglücklicher! — vor wenig Stunden wäre mir es nicht um ein Königreich feil gewesen, daß ich sagen könnte: — „ich bin Vater dieses Sohns." Aber Du hast ihn ja von mir genommen diesen Namen. Geh hinaus in die Welt und sey glücklich! — Wir sprechen uns zum letzten Male.

Ruhberg S. Zum letzten Male?

Ruhberg V. — Zum letzten Male! — ich werde Dich umarmen, Dich segnen — Du gehst — und mein Sohn ist gestorben.

Ruhberg S. Ich soll Sie nicht wieder sehen?

Ruhberg V. — Auf der Welt nicht mehr.

Ruhberg S. Ich soll Sie der Schande aussetzen, als ein feiger Bösewicht ein elendes Leben davon tragen?

Ruhberg V. Wenn Dir mein letzter Wille heilig ist!

Ruhberg S. Sie in Ketten, mein unschuldiger Vater in Ketten! In Ketten der Schande, die ihm sein Sohn —

Verbrechen aus Ehrsucht.

Ruhberg V. Ich will es so! Es ist die Bedingung meiner Verzeihung. — Deine Sachen sind gepackt. Nimm die Post, in zwölf Stunden bist Du über die Grenze. Hier nimm dieß Geld — Es ist mein letztes — und nun geh — komm nie wieder hieher. — Sey meinetwegen unbesorgt! Der König ist gnädig — ist mir immer gnädig gewesen, er wird mich schonen.

Ruhberg S. Ich kann nicht — ich kann nicht —

Ruhberg V. Alle Freude, die mir Gott bestimmt hatte — gewähre er Dir. Wenn Du jetzt von mir gehst — sehen wir uns nicht wieder — es sind die letzten Worte Deines Vaters — ehre sie!

Ruhberg S. Sie sind mir heilig!

Ruhberg V. Du gehst in Verzweiflung von mir. Dein wartet vielleicht ein elendes Leben. — Lege Deine Hand nicht an Dich selbst. Versprich mir das — Ruhberg S. wendet sich weg. Unglücklicher, versprich es!

Ruhberg S. Ich verspreche es.

Ruhberg V. Und so müsse Dich Gott in Deiner letzten Stunde verlassen — wo Du nicht hältst was Du versprachst. Ich vergebe Dir, ich segne Dich. Ich drücke Dich mit Todesangst an mein Herz. Ich bitte Gott, daß er Dein Vater sey, wenn ich nicht mehr bin, daß er — daß Er wird ohnmächtig.

Ruhberg S. Vater, mein Vater! — zu Hülfe — um Gottes willen zu Hülfe! —

Vierzehnter Auftritt.

Vorige. Louise.

Louise. Mein Vater — o Gott, mein Vater —
Sie setzen ihn auf einen Stuhl.

Ruhberg S. Er ist todt — Weh über mich. Heiliger — mit Segen gegen deinen Mörder, gingst du aus der Welt —

Louise. Er bewegt sich — er lebt! Gott sey Dank, er lebt!

Ruhberg S. O Gott — du gabst ihm dieß Leben nicht wieder, — um ihn in Schande sterben zu lassen.

Funfzehnter Auftritt.

Vorige. Mad. Ruhberg. Sekretär Ahlden. Oberkomm. Ahlden.

Oberkomm. Der Mensch an seinem Halse — fort von ihm!

Mad. Ruhb. Armer, unglücklicher Märtyrer!

Louise. Er lebt, liebe Mutter!

Oberkomm. Fort mit dem da. *Er schleudert ihn weg.*

Sekretär. Mein Vater — mein theurer Vater!

Ruhberg S. Retten Sie meinen Vater! Ich flehe Ihre Barmherzigkeit an, um Rache gegen mich.

Oberkomm. *Hart.* Die will ich nehmen — darum komme ich.

Mad. Ruhb. Darum führten Sie mich her — Zeuge soll ich seyn, wie Sie uns zertreten, unsrer Noth spotten?

Oberkomm. Sie sind nicht hülflos. Suchen Sie nur bey Ihren vornehmen Freunden.

{ **Sekretär.** Mein Vater!
{ **Louise.** Schonen Sie unser!

Oberkomm. Sie opferten ihnen ja Vermögen, Ehre, Vaterfreuden, Glück und Himmel auf. Fünf tausend Thaler können Sie jetzt vom Verderben retten. — Es ist eine Summe, die vielleicht eben jetzt auf ihren Spieltischen liegt. Gehen Sie, suchen Sie doch ihre Hülfe!

{ **Mad. Ruhb.** Unmensch!
{ **Ruhberg V.** O mein Herr!
{ **Sekretär.** Mein Vater!
{ **Louise.** Ach Gott!

Ruhberg S. Nur zu, mein Herr. Ihre Grausamkeit ist mein Trost. Ich, der Mörder eines theuern Vaters soll frey ausgehen? Dulden

Sie das nicht, gerechter Mann! — Geben Sie mich an; oder haben Sie bereits Ihre Pflicht gethan?

Oberkomm. Ja Herr, das habe ich.

Louise. O Gott!

Mad. Ruhb. Ich unglückliche Mutter!

Ruhberg V. Herr, ich fordre mein Kind von Ihnen.

Oberkomm. Und ich, Herr, fordere von Ihnen Rechenschaft für eine Seele, deren Bildung Ihnen Gott anvertraute. — Da steht er, das Opfer von Maximen und Weibererziehung. Jetzt soll er hingehen in Freiheit und sich vervollkommnen zum Bösewicht, und vollenden als Selbstmörder! Elend, Schande und Verzweiflung sind die Folgen Eurer Erziehung. Und Du — Mensch! weißt Du es, wohin Du sie gebracht hast? Deine Mutter wollte sich als Thäterin angeben. Ich hielt sie zurück.

{ Ruhberg V. Meine Frau!
{ Ruhberg S. O ich Ungeheuer — meine Mutter!

Oberkomm. Auf allen Seiten Elend und nirgends Rettung.

{ Mad. Ruhb. Rettet Euch — rette Dich, unglücklicher Mann!
{ Louise. Fliehen Sie, mein Vater!

Sekretär geht im Hintergrunde heftig auf und nieder.

Verbrechen aus Ehrsucht.

Oberkomm. Es ist zu spät, meine Veranstaltung macht die Flucht unnütze.

Sekretär. Mein Vater — bey dem Andenken meiner Mutter beschwöre ich Sie!

{ **Ruhberg S.** Erbarmen für meinen Vater!
{ **Louise.** Um Gottes willen, Erbarmen!

Oberkomm. Die Thüren Eurer vornehmen Freunde sind verschlossen — es ekelt ihnen vor Eurer Noth. Mit großer Härte steigend. Mich habt Ihr verkannt, vielleicht verachtet, meine altväterische Sitte verspottet. — Meinen Sohn haben Sie für Ihre Tochter nicht gewollt — nun will ich Ihre Tochter nicht für meinen Sohn. — Alle drücken in willkührlichen Worten Verachtung aus. Mein Sohn soll ein reiches Mädchen heirathen — ein Mädchen — Er wirft einen Geldsack hin, und umarmt Louisen. — die allenfalls einen unglücklichen Vater auslösen kann. Alle erstaunen lebhaft in einzelnen unartikulierten Tönen, aber niemand spricht. Ja, ich wäre gern schuldenfrey gestorben — es soll nicht seyn. — Nun die Schuld wird mir Gott mit Wucher ersetzen!

Ruhberg S. Engel der Rettung!

Mad. Ruhb. Ich kann Ihnen nicht danken — ich bin außer mir.

Oberkomm. Komm mein Sohn, Dir bin ich diese Belohnung schuldig gewesen. Deinetwegen habe ich selbst von Juden und Christen geborgt. Du warst immer ein guter Sohn, ein gehorsamer

Sohn, ein fleißiger Bürger — Gott wird Dir gute Tage geben, Dich segnen, und ich segne Dich auch.

Ruhberg V. Mann! Sie retten mich vom Verderben.

Oberkomm. Die Kur war etwas hart — aber auch ein böser Schaden. Junger Mensch, — fort muß Er, das versteht sich. Aber ich will Ihm schon Auskunft geben. Apropos — ich höre, das Fräulein hat Ihm eine Rekreation geschickt — die gebe Er mir — im Ernst gesprochen — die gebe Er mir. Ruhberg S. giebt ihm die 20 Louisd'or. So, die will ich dem Fräulein Jesabel persönlich zur schuldigen Danksagung restituiren, und noch ein Paar Wörtchen im Kauf!

Ruhberg S. O mein Herr, Dank ist von mir Unglücklichen zu wenig — Aber Gott sey mein Zeuge —

Oberkomm. Meiner gegen Ihn an jenem Tage, wenn Er jetzt nicht ein braver Kerl wird! — Nun bitte ich Euch, vergebt ihm; Unglück mag ihn bessern! Ehre Er eine edle Freiheit, bleibe Er bey seines gleichen — sey Er redlich, gut und froh — und wenn ich schon lange vermodert bin — sage Er seinen Kindern, daß sie es auch so machen — und, wenn es Ihm dann nach geändertem Wandel gut geht, so trinkt ein Glas deutschen Weins zum Andenken des alten Oberkommissärs.

Die Mündel.

Ein Schauspiel in fünf Aufzügen.

Personen.

Kanzler Flessel.
Hofrath, sein Sohn.
Kaufmann Drave.
Seine Frau.
Auguste, ihre Tochter.
Philipp Brook, } Dravens Mündel.
Ludwig Brook,
Kaufmann Rose.
Eine Wittwe.
Ein alter Mann.
Sekretär des Kanzlers.
Kommissär.
Jakob, Bedienter beym Kanzler.
Friedrich, Bedienter bey Draven.
Lisette, Mädchen bey Augusten.
Gerichtsdiener.

Erster Aufzug.

Zimmer beym Kanzler.

Erster Auftritt.

Hofrath Flessel und **Ludwig Brook,** sitzen bey einem eleganten Frühstück. Hernach **Jakob.**

Ludwig.

Noch ein Glas! — Verderben allen Freudenstörern! *Er trinkt.*

Hofrath. Unmöglich, mein Schatz!

Ludwig. Nun noch eins — dann auch wahrlich keins mehr — Allons! Minnedienst!

Hofrath. Bravo! Und Minnesold! *Sie stoßen an und trinken.*

Ludwig *singt.*

Hofrath *klingelt.*

Jakob. *kommt.* Was befehlen Sie?

Hofrath. Abgetragen! — Doch nein — mein Vater — vielleicht, daß mein Vater — Ist er noch nicht zurück?

Jakob. Ich will nachsehen. *Er nimmt die gebrauchten Couverts mit, läßt aber ein reines, auch Wein und Essen stehen.*

Hofrath. *Aufstehend.* Wir haben lange gesessen! *Beschaut sich behaglich.*

Ludwig. Gar nicht! und haben filistermäßig wenig gefrühstückt.

Hofrath. Ah Ciel! — ich bin ganz untröstbar über mein Embonpoint!

Ludwig. Für einen Minnesänger läßt es freilich nicht gut.

Hofrath. *Höchst ernstlich.* Man verliert alle Grazie der Nachlässigkeit.

Ludwig. *Seinen Ernst parodierend.* Alles Hinreissende des schmachtenden Liebhabers!

Hofrath. *Bekümmert.* Unsre Damen sind mehr als jemals dafür eingenommen!

Ludwig. Ah! von den Damen zu reden! wie stehst Du denn mit der Drave?

Hofrath. Hm! schlecht! Dein theurer Herr Vormund und seine ganze Familie sind so christlich, so voll ängstlicher Formalitäten, daß es nicht auszustehen ist. Wenn man nicht mit Heirathsanträgen ins Haus fällt; so ist gar nichts zu thun. —

Die Mündel.

Ich habe mich beinahe schon zu der Lüge bequemt, und doch keinen freundlichen Blick von dem Mädchen erhalten.

Ludwig. Aha — Du machst den Geheimnißvollen!

Hofrath. Wahrhaftig nicht!

Ludwig. Und bist der Glückliche!

Hofrath. Nein — der bist Du!

Ludwig. Meinetwegen sey außer Sorgen! um so mehr *Ironisch.* da Du meine brennende Leidenschaft für Deine Schwester kennst. Aber vor meinem schwermüthigen, finstern Herrn Bruder — vor dem nimm Dich in Acht!

Hofrath. Ha, ha ha! — Ich muß lachen; als ob so eine finstre, menschenfeindliche Karrikatur irgend Jemand gefallen könnte! — geschweige gar einem Mädchen.

Ludwig. Hm! Sache des Geschmacks! wer weiß — zu dem ist mein strenger Herr Vormund sehr für ihn eingenommen.

Hofrath. Zu Deinem großen Schaden! das wirst Du erfahren.

Ludwig. Ich kann das immer noch nicht recht glauben.

Hofrath. Es ist niemand in der Stadt, der Dich so lästert, als Dein Herr Bruder.

Ludwig. Das sagt Ihr.

Hofrath. Und er hat Glauben, weil er ein Heuchler ist, seine Fehler versteckt. Du weißt nicht —

Ludwig. Was nicht? — daß er die Klausel in meines Vaters Testament durchsetzen will? — Dein Vater hat mich darauf aufmerksam gemacht; es schien mir nicht ganz wahrscheinlich, aber die Drohungen des Herrn Drave machen, daß ich endlich doch darauf höre.

Hofrath. Was ist das für eine Klausel?

Ludwig. Eine stattliche Vorsicht des seligen Papa, daß, wenn einer seiner Söhne erklärter Verschwender sey, der andere das Vermögen administrieren solle.

Hofrath. So? Eine häßliche Klausel!

Ludwig. Sie ist ganz gut gemeint, aber so arg habe ich es nicht gemacht. Wollte man sie doch in Erfüllung bringen — so soll mich Gott — das wird sich Alles finden! — zur Sache! — Dein Vater wird mir doch Deine Schwester noch geben?

Hofrath. Sicher!

Ludwig. Aber ich bitte Dich, mach, daß ich gleich Geld in die Hände bekomme.

Hofrath. Verlaß Dich auf mich!

Ludwig. Dein Vater darf von seinem Vermögen nichts hergeben; er soll mir nur meinen

Antheil an dem Nachlaß der wahnsinnigen Antike herausgeben. — Davon kann herrlich kommerziert werden!

Hofrath. Wahnsinnige Antike? — Was soll das? — Wahnsinnige Antike!

Ludwig. Wie Du so neu thun kannst! — Von wem ich rede? — Von meinem alten Mutterbruder, den Ihr, als vorsichtige Christen, qua wahnsinnig, bey trefflicher Diät, eingesperrt haltet.

Hofrath. Ach von dem Alten! — So! so!

Ludwig. *Ironisch dehnend.* Ja von dem. Daß Ihr ehrenvesten Menschen doch stets verlegen werdet, sobald man den Fleck trifft!

Hofrath. Ja — was ich sagen wollte! — wenn er nicht entkommen wäre! Aber so weiß man ja nicht: ob er todt ist, oder wo er ist. Der Mann macht mon cher Pere wahren Gemüthskummer.

Ludwig. Je nun, er ist todt! —

Hofrath. Das weiß man ja nicht.

Ludwig. Er soll todt seyn!

Hofrath. Aber schäme Dich doch, frivoler Mensch!

Ludwig. Eben so leicht ein Lebendiger todt, als ein Vernünftiger toll! Nicht wahr, ich habe den Puls richtig gefühlt? Und wenn er sich wieder blicken läßt, so setzt man ihn wieder fest.

Hofrath. Hm! — Das geht doch nicht an! —

Ludwig. Ueber die Gewissenhaften! Wenn Ihr meinen alten Onkel bey voller Vernunft für toll erklären laßt, wenn Ihr seit funfzehn Jahren sein Vermögen so ganz ordentlich und christlich verwaltet habt — so werdet Ihr doch nun, seinem rechtmäßigen Erben seinen Antheil zu pränumeriren, nicht etwa Bedenken tragen?

Hofrath. Wenn man Deine Jovialität nicht kennte, so würde ich sagen: Du hast Dich da sehr beleidigender Ausdrücke gegen uns bedient.

Ludwig. Nun mit dem Wahnsinn war es doch nicht so ganz richtig; der alte Patron war manchmal ganz vernünftig.

Hofrath. Völlig wahnsinnig, sage ich Dir! Völlig wahnsinnig!

Ludwig. Wahrhaftig, der arme alte Narr dauert mich zu Zeiten!

Hofrath. *Mit einem Seufzer.* Fügung Gottes!

Ludwig. Wir wollen darum nicht streiten. — *Seufzt.* Er ist nun die Luft und den Kommerz nicht mehr gewohnt, ich aber brauche Geld. Also erlasse ich Euch die tiefe Untersuchung. Nur hütet Euch vor meinem ehrbaren Bruder, daß der Eure Spur nicht kriegt! — Er argwohnt ohnehin nichts Gutes, und hat seine Kundschafter überall ausgestellt. Dazu wißt Ihr, daß man seit der letzten Geschichte mit dem Kornhandel, Euch sehr beobachtet. Seit der Zeit sprechen Leute ganz laut, die vorher in Unterwürfigkeit verstummten.

Hofrath. Mögen sie! wir wissen uns frey.

Zweiter Auftritt.

Vorige. Der Kanzler.

Hofrath. Guten Morgen, mon cher Pere!

Ludwig. Herr Kanzler —

Kanzler. Guten Morgen, mein Sohn — ergebner Diener, junger Herr!

Ludwig. Schon so früh in Geschäften?

Kanzler. Muß man nicht? Du lieber Gott! muß man nicht? Das liebe Vaterland will bedient seyn.

Ludwig. Der Staat ist Ihnen viel schuldig.

Kanzler. Wird nicht anerkannt, was ich thue! *Giebt Hut und Stock an seinen Sohn, der alles ins Kabinet trägt.* Ist keine Attenzion darauf!

Ludwig. Erlauben Sie — Jedermann weiß —

Kanzler. Die Menschen judiziren jetzt über alles verkehrt; sind aus göttlichem Strafgericht völlig verblendet. *Er hustet.* Nichts vorgefallen, Samuel?

Hofrath. Nein, mon cher Pere!

Kanzler. Bin ich doch müde — echauffiert — Es funkelt mir vor den Augen.

Hofrath. Und haben auch noch nicht gefrühstückt!

Kanzler. Ist wahr, mein Sohn, bin noch ganz nüchtern. *Sich umwendend.* Bring einmal her! Damit Leib und Seele zu Gottes Ehre noch zusammenhalten.

Ludwig *setzt den Tisch vor ihm hin.*

Kanzler. Allzu obligeant, junger Herr! allzu obligeant! Setzen Sie Sich! *Während dem Aussuchen der Speisen.* Auf den kalten Marmorplatten im Schlosse wird einem ganz schwach — *Ißt.* Ist Ihnen nicht auch gefällig? Es scheint ein zartes, liebes Thierchen zu seyn.

Ludwig. Unendlich verbunden!

Kanzler. Ohne Komplimente! langen Sie zu. — Ich bin ein ehrlicher Deutscher — ohne Komplimente! *Ißt weiter.* Habe heut abermal Proben von der Klemenz meines gnädigsten Herrn gegen Dero unwürdigen Knecht erhalten — *Die Bouteille gegen das Licht haltend.* Ist das Mallaga, mein Sohn?

Hofrath. Ungar'scher, mon cher Pero!

Kanzler. Eh bien! *Schenkt ein und trinkt.* Sie werden ja wohl auch gehört haben — von dem Spektakel neulich — wie einer von den Rechnungsführern — homo quidam ex infima plebe! — bey den Frucht = Lieferungen für das Armuth, eines Doli mich zu bezüchtigen sich erkühnte? —

Ludwig. Ja — ich habe von der Verwegenheit gehört.

Kanzler. Glaube, daß Herr Drave mir dadurch einen Possen hat spielen wollen! Ist auch ein Aufklärungs = Monsieur, der Herr Drave.

Hofrath. Nun — was beschließen Ihro Durchlaucht?

Kanzler. Nachdem mir nichts erweislich war — *Neckende Pantomime von Brook gegen den Hofrath.* haben Ihro Durchlaucht den Verwegenen, zur Reparazion meiner Ehre, gezüchtigt.

Hofrath.⎫
Ludwig.⎭ Wie so?

Kanzler. War gestern schon unterzeichnet — *Trinkt.* Kassiert — und cum infamia des Landes verwiesen! Samuel, lös' doch einmal das Schenkelchen ab! *Ist.* Wofür hat Gott sonst so einem Herrn das Schwert in die Hand gegeben, als die Unschuld zu schirmen? Schenke ein, Samuelchen! *Trinkt.* Ja — der ist über die Grenze. Der liebe Gott leite seine Schritte zur Besserung; so kann ihm diese Strafe noch ersprießlich werden.

Ludwig. Da widerfährt ihm Recht, dem Bösewicht!

Kanzler. Ja wohl! Gieb mir doch die Serviette — Ich war so ein guter Narr, und habe um gnädigste Milderung gefleht, ist aber alleweile nicht möglich, indem Seine Durchlaucht derley Kalumnianten Ihrer treuen Dienerschaft nicht gehegt noch gepflegt wissen wollen.

Ludwig. Wenn auch solche insolente Angriffe geduldet würden, so möchte man lieber hinter dem Pfluge herlaufen, als dem Staate dienen.

Kanzler. So ist es! — An Dero Vormund, Herrn Drave, habe bereits wieder geschrieben.

Ludwig. Allzugnädig! In der That —

Kanzler. Ja, ich bin unermüdet. — Bin begierig auf die Antwort — habe erst neuerlich gänzlich abschlägliche erhalten.

Ludwig. Das hat er sich unterstanden? — Das ist eine horrende Impertinenz!

Kanzler. Hat ihm keine Rosen getragen, mein Werther! Ha ha ha! — Hat ihm nicht! — Ich ließ mir sogleich ein in die Handlung geliehenes Kapital von 8000 Rthlr. zurück bezahlen. — Ja, ja! — Dero wohlseliger Herr Vater haben es nicht gut gemacht, solche hoffnungsvolle Leute, von den wahrhaft admirabelsten Talenten, so einem gefährlichen Menschen zu subordinieren.

Ludwig. Freilich nicht. Sie waren beide sehr gute Freunde, da hat er Wunder gedacht, wie gut er unsere Erziehung besorgt hätte.

Kanzler. Was ich doch sagen wollte — *Nimmt sehr bedächtig Toback.* Ist denn dem Manne noch keine Vormundschaftsrechnung abgenommen worden?

Ludwig. Nein.

Kanzler. Samuel, notiere es! — Muß sogleich geschehen! Auf der Stelle! — Habe auch heute deßhalb angeklopft. Daß der junge Herr nicht gar etwa um das Ihrige kommen.

Ludwig. Was das betrifft, so glaube ich ziemlich sicher seyn zu können. Ein ehrlicher Mann ist Drave.

Kanzler. Trau, schau, wem! — pflege ich meinen Kindern oft zu sagen.

Ludwig. *Ironisch.* Ja wohl!

Kanzler. Gott läßt oft solche Menschen seine Hand fühlen; dann hat die freche Welt ein Exempel.

Hofrath. O ja!

Kanzler. Solche Leute sind dann freilich zu beklagen; aber man muß dabey dem Finger Gottes nachspüren und die zeitliche Habe versichern. Das wollen wir hierbey auch thun. Haben der junge Herr den Statum Dero Vermögens versprochnermaßen bey Sich?

Ludwig. Uebergiebt ihn. Hier ist er.

Kanzler. Sieht ihn durch. So — so — so — so — Zufrieden lächelnd. Ja, ja! ein feines Vermögen! — Hm! — hm! 20000 Rthlr. bey Rose — Hm! ein starker Posten! Ei, ei! — Welcher Rose ist der?

Ludwig. Johann Friedrich Rose.

Kanzler. Johann Friedrich Rose, der ists?

Ludwig. Ja.

Kanzler. Gieb mir doch den Rötel mein Sohn. zeichnet damit den Namen in die Liste. — — So, so, Herr Drave: an Johann Friedrich Rose? — Der Rose ist auch ein Aufklärer.

Ludwig. Darf ich mich unterstehen, zu fragen: warum Ihnen der Name so auffällt?

Kanzler. Aus wichtigen Gründen! denn ich weiß die Historie aller verschlossenen Schreibtische.

Ludwig. Sie glauben —

Kanzler. Daß bey Herrn Rose eben jetzt eine Veränderung vorgeht — daß Ihr Kapital höchst unsicher steht.

Ludwig. Ich könnte also verlieren?

Kanzler. Sie nicht! Aber dem Herrn Vormund, dürfte man wohl bey der Gelegenheit die Fettfedern ein wenig rupfen, und sein Moralitäts-Wesen taxieren. — Kostete ihn neulich schon viel Laufens, als er mir die 8000 Rthlr. zurück zahlen

mußte; sagte: hätte alles im Handel stecken. —
So, Herr Drave! will Ihnen gleich eine Kom=
mission über den Hals schicken — sollen gleich'n
mal nachsehen — *Blättert um.* Ei, ei! — sind
doch auch beträchtliche Passiva! — Der junge Herr
sind kein Haushälter —

Ludwig. Leider war ich es bisher nicht!

Kanzler. Die liebe Jugend gebraucht keine
Praecautiones. Sind auch wohl von dem Herrn
Vormund brav mitgenommen worden? — He?
Nun — ich bin ein ehrlicher Deutscher! — sagen
Sie alles nur geradezu! — Der ansehnliche
Mobiliennachlaß — das Silberzeug — es ist kein
gerichtliches Inventarium gemacht worden? —

Ludwig. Nein, das ist nicht geschehen.

Kanzler. Deßwegen müssen Sie einkommen!
Kein Inventarium? Da sehe man diesen kosmo=
politischen Kaufmann! Davon werden dann die
philosophischen Landläufer genährt und unterhalten.
Sie sind betrogen, geplündert. — Dagegen müssen
Sie einkommen.

Ludwig. *Sich scheuend.* Ja — sollte er wohl —

Kanzler. Nur der Formalität wegen! —
War er ehrlich, desto besser! so kränken wir keinen
Unschuldigen mit Verdacht. Unterschreiben Sie
mir nur eine kleine Vorstellung gegen dieses außer=
gerichtliche Inventarium — bloß der Formalität
wegen! — Der junge Herr sind zu gut! verstehen

Sie mich? zu gut! Schenken alles weg! Eine hochpreisliche Obervormundschaft läßt sich kein X für ein U machen! verstehen Sie mich! — Kommen Sie, wir wollen auf mein Zimmer gehn, und in Ihren Angelegenheiten arbeiten.

Ludwig. Allzugnädig! Obwohl ich es nicht zugeben sollte. Sie kommen erst von der Arbeit, und wollen schon wieder in Geschäfte Sich begraben.

Kanzler. Was ich verspreche, das halte ich! Ich bin ein ehrlicher Deutscher — von altem Schrot und Korne! — Sind viele Papiere gekommen, Samuel?

Hofrath. Viele — aber nichts von Belang! Sie liegen bereits auf Ihrem Tisch. Außer einigen — hier sind sie: Ein Memorial vom Pachter Seefeld, um Nachlaß —

Kanzler. Ist nichts! — muß zahlen! — kannst's nur gleich ausfertigen. Das Aerarium darf nicht leiden.

Hofrath. Amtmann Ebermeier bittet um versprochene Zahlung der vom Kriege rückständigen Summe —

Kanzler. Wird ad refe - Gähnt. rendum angenommen!

Hofrath: Eine demüthige Danksagung der Gemeinde zu Uffstädt für die, auf unsere Fürsprache, erlassenen Abgaben —

Kanzler. Kann Serenissimo zugestellt werden. Die ehrlichen Leute haben mir für meine
Mühe etliche Hammel geschickt; sie gehen unten
herum. An dergleichen unschuldigen Dingen habe
ich dann noch so ab und an mein Vergnügen.

Hofrath. Ferner — ist da noch ein —

Kanzler. Ist genug! — Wollen jetzt einmal
Ihre Sachen vornehmen — *Will gehen.*

Dritter Auftritt.

Vorige. Jakob.

Jakob bringt ein Billet.

Kanzler. An mich?

Jakob. Ja!

Kanzler nimmt und liest.

Hofrath. Jakob, trag Er ab!

Jakob räumt ab.

Kanzler. Hm — hm! — Latifari! —
nichts! — Wird abgeschlagen! — Ist nichts!

Hofrath. Was ist's, mon cher Pere?

Kanzler. Ueber den hochweisen Herrn Sekretär, mit seiner Fürsprache! — Soll den zwey
Gebrüder Spitzbuben, die hingethan werden sollen — erlauben, Abschied von einander zu nehmen.

Ludwig. Von wem ist die Rede?

Hofrath. Ha ha ha! Vermuthlich von den zwey Delinquenten, die neulich beym Postraub ergriffen worden sind?

Kanzler. Ja. Aber hab' ich's doch gesagt — Da haben sie mir wieder so einen neumodischen, empfindsamen Sekretär hingesetzt — da sagt er, lies doch einmal, Samuel!

Hofrath. *liest.* „Ich dächte, die Menschlichkeit beföhle es —"

Kanzler. Menschlichkeit? — Dummheit!

Hofrath. „Diesen unglücklichen Brüdern den ohnehin so schmerzlichen Abschied nicht zu verwegern, um so mehr, da ihr hartes Schicksal —"

Kanzler. Nichts! hör auf — sollen nicht vor ihrem Ende noch auf Diebspraktiken sich bereden — können gleich so abgethan werden! *Zu Jakob.* wollte schon Antwort schicken! — Nehmen Sie nur nicht übel, daß Sie solch Gewäsche haben mit anhören müssen!

Ludwig. O ganz und gar nicht! Es war für mich sehr unterhaltend.

Kanzler. Da sehen Sie — so gehts Tag aus, Tag ein! — Immer Unruhe, immer Arbeit! Ich denke denn nun freilich: Post nubila Phoebus! *Schon im Gehen.* A propos! Sie nehmen doch vorlieb mit mir auf eine Suppe?

Ludwig. Wenn Sie befehlen, so —

Kanzler. Was das Haus vermag: eine Suppe und ein gut Glas Wein. Ich bin so ein ehrlicher Deutscher!

Gehen ab.

Vierter Auftritt.

Zimmer beim Kaufmann Drave.

Kaufmann Drave sitzt und schreibt. Hernach **Friedrich.**

Drave. Ruft. Friedrich!

Friedrich kommt.

Drave. Ist der Bediente vom Kanzler noch draussen?

Friedrich. Ja!

Drave. Er soll warten. Ich bin gleich hier fertig.

Friedrich geht ab.

Fünfter Auftritt.

Voriger. Madam Drave. Hernach **Friedrich** ab und zu.

Mad. Drave. Guten Morgen! kriegt man Dich heut gar nicht zu sehen?

Drave. Giebt ihr die Hand ohne aufzusehen, schreibt weiter und sagt ganz kurz. Guten Morgen!

Mad. Drave. Ich komme Dir wohl ungelegen?

Drave. Eben nicht.

Mad. Drave. Du hast Geschäfte, die —

Drave. Abgethan sind. Unterzeichnet und steht auf.

Mad. Drave. Du bist erhitzt; hast Du Verdruß gehabt?

Drave. Ja!

Mad. Drave. So?

Drave. Geärgert hab ich mich, über —

Mad. Drave. Wen?

Drave. Meinen theuern Mündel, Ludwig Brook. — Weil es gegen mein Gewissen ist, liederlich gemachte Schulden zu bezahlen, so pressiert mich der Mensch mit dem Kanzler, daß es —

Mad. Drave. Noch immer? — ey!

Drave. Da werde ich bombardiert mit hohen Verwendungen, ich soll zahlen!

Mad. Drave. Nun, und —

Drave. Die hohe Verwendung in Ehren — ich zahle nicht!

Mad. Drave. Alle gut! aber —

Drave. Kommt auf einmal hier ein Billet vom Herrn Kanzler — *Höchst aufgebracht.* Ich soll Nachmittags hinkommen, und meine Vormundschaftsrechnungen zur Durchsicht mitbringen.

Mad. Drave. Was denkst Du zu thun?

Drave *nimmt das Billet daraus er geschrieben und giebt es ihr, während sie liest, geht er heftig umher.*

Mad. Drave. *liest.* „Hochwohlgeborner Herr! Die Weigerung, meines Mündels Schulden zu bezahlen, ist den Umständen, meinem Gewissen und meinen Pflichten gemäß. Von diesem allen, und von meiner mühsamen Verwaltung bin ich bereit, am gehörigen Orte Rechenschaft abzulegen: sonst aber, wenn man aus übler Laune meine Redlichkeit in Zweifel zieht, nicht gehalten, außergerichtlich mich zu vertheidigen."

Drave. *Nimmt das Billet und legts zusammen.* Nun?

Mad. Drave. Mich dünkt — ich wollte doch nicht — daß Du es dem Kanzler abschlügest.

Drave. *Alles liegen lassend, heftig.* Warum nicht? — Ich bitte Dich, warum nicht?

Mad. Drave. *Sehr bedenklich.* Er ist ein mächtiger Mann.

Drave. Thut nichts.

Mad. Drave. Er haßt uns! Du weißt, daß er jede Gelegenheit genutzt hat, uns zu schaden. Er hat Argwohn, daß Du den Schreiber angestiftet hast, der ihn neulich des Unterschleifs beschuldigte; er hat Dich das deutlich merken lassen. Du weißt, er haßt unversöhnlich! Was hast Du seinen arglistigen Ränken entgegen zu setzen?

Drave. Ehrlichkeit — mein Herz — die gute Absicht!

Mad. Drave. Du solltest ihn doch nicht vor den Kopf stoßen — mit den Rechnungen lieber zu ihm gehen —

Drave. Erst durch Mißbrauch des obrigkeitlichen Ansehens mein Gewissen betäuben, und da das nicht fruchtet, meine Ehre kränken! — Das ist schlecht!

Mad. Drave. Das ist Alles wahr! — aber — es ist sehr wahr — freilich —

Drave. Zudem ist das Geld, wofür er sich verwendet, sein Geld, gegen jüdischen Zins durch die dritte Hand an Brook geliehen.

Mad. Drave. Schlecht genug! Inzwischen gilt er viel, und wenn er sich rächen wollte —

Drave. Friedrich!

Friedrich kommt.

Mad. Drave. Du willst es? Ich wünsche, daß es gut gehen mag!

Drave. Siegelt, macht die Aufschrift. An den Herrn Kanzler!

Friedrich damit ab.

Mad. Drave. Wäre Alles nur mit besserer Art geschehen! Du weißt, daß er erst neulich, Däner Heftigkeit wegen, Dir das große Kapital aufkündigte, und —

Drave. Meiner Heftigkeit wegen? — Um es gegen höhere Prozente wieder an den Mann zu bringen! Um es auch dort zu ungelegener Zeit wieder abzufordern, und so endlich alle gute Handelshäuser zu ruinieren; um desto mehr selbst wuchern zu können! —

Mad. Drave. Das bey Seite; so wünschte ich — Du bringst mich, Dir es zu sagen — selbst um des jungen Brook willen, daß Alles mit besserer Art geschähe. Es setzt nachher so unangenehme Verhältnisse — und er scheint seit geraumer Zeit gegen Augusten nicht unempfindlich zu seyn.

Drave. Betroffen. So? Und Auguste?

Mad. Drave. Liebt ihn sehr.

Drave. *Ausbrechend.* Daß Gott erbarm!

Mad. Drave. Was haſt Du?

Drave. Hat mir es doch geahnet! hab' ich es doch gedacht! Deßhalb ſchleicht das Mädchen um mich herum, als wenn ſie ein böſes Gewiſſen hätte — darum iſt ſie, als wenn ſie nicht mehr zu mir gehörte. Hat mir die unſelige Vormundſchaft nicht Entſagungen genug gekoſtet? Hat ſie mein Leben nicht durch Sorgen und Aerger gekürzt? Hab ich ihr nicht Freuden genug geopfert? Muß ich ihr auch mein einziges Kind noch opfern?

Mad. Drave. Ich ſehe nicht ein, wie —

Drave. Richtig! richtig! ſonſt ſtändeſt Du nicht ſo ruhig da!

Mad. Drave. Nun, was iſt es denn, das Dich ſo ſehr erſchreckt? Daß er lebhaft iſt? zu Zeiten etwas wild? — Je nun, er iſt jung.

Drave. Lebhaft? — wild — jung? — Sittenlos, ausſchweifend, heuchleriſch — ſo iſt Ludwig Brook! Der iſt der Mann für mein Kind? Dem laſſe ich meine Auguſte, wenn ich aus der Welt gehe? — Dem? Frau — Du haſt mir eine ſchlimme Neuigkeit gebracht!

Mad. Drave. Du ſiehſt doch Alles von der finſtern Seite! Er iſt leichtſinnig — ſehr leichtſinnig, das iſt wahr! Auch würde ich an keine Verbindung denken, so wie er ist. Die Liebe wird seine Aenderung bewirken, dann aber —

Drave. Aendern? Er? —

Mad. Drave. Ich will's lieber von seinem Leichtsinn hoffen, als von dem schwarzen Karakter des Aeltesten.

Drave. Von meinem guten, ehrlichen Philipp Brook? O lästere nicht! — Ja, wenn Du mir die Nachricht gebracht hättest, daß sie den liebte — O Gott! — unsere ganze Habe wollten wir ihr mitgeben! — Die glücklichsten Aeltern wären wir geworden!

Mad. Drave. Nun fürwahr, da sähe ich dann doch auch keine Glückseligkeit, wenn wir das Mädchen zu dem Grillenfänger sperrten!

Drave. Ach er ist ein so gutherziger Grillenfänger! —

Mad. Drave. Leichtsinn und gutes Herz gewährt mehr Glückseligkeit, als solche finstre Tugend — wenn es anders Tugend ist! —

Drave. Ich bin mit Beiden nicht zufrieden. Unglücklich genug für mich! Den Aeltesten ließ ich ohne merkliche Aufsicht seinen Weg gehen, weil ich diesen für den unschädlichsten hielt — und er wurde düster — voll ernster Laune — menschenscheu — Das herrlichste Talent liegt begraben, in sich selbst gekehrt; unthätig verzehrt ihn der Hang nach Thätigkeit und Größe.

Mad. Drave. Wahr! und die fröhliche Laune des Jüngsten wurde zurück gezwungen.

Drave. Unterdrückt! denn sie wurde Ausschweifung.

Mad. Drave. Statt die Natur in ihm handeln zu laſſen, wurde das finſtre Leben ſeines mürriſchen Bruders ihm zum Muſter angeprieſen. Lieber Mann! ich fürchte Du verdienſt einigen Vorwurf, wenn ſich die Brüder haſſen, wenn man Ludwig der Heucheley beſchuldigen könnte.

Drave. Haſſen? der Aelteſte haßt ſeinen Bruder nicht. Haßt ihn ſein Bruder? — ſo iſt es traurig genug!

Mad. Drave. Lieben kann er ihn bey der Behandlung nicht. Er haßt nicht — aber er iſt kalt. Sie haben ſich ja in einem Vierteljahr nicht geſprochen.

Drave. Das muß geendigt ſeyn! Sie müſſen ſich ſprechen, erklären, und Alles wird gut ſeyn. Ludwig hat Achtung für Dich. Beweg ihn, daß er ſeinen Bruder gut empfängt; ich will eine Zuſammenkunft veranſtalten.

Mad. Drave. Gut. Da es nun einmal ſo weit iſt, was denkſt Du wegen Auguſten zu thun?

Drave. *Nachdenkend.* Ha! jetzt kann ich Alles reimen, was zeither mich befremdete — Somit ſehe ich denn auch wohl, daß ihre Leidenſchaft zu ernſtlich iſt, als daß da noch etwas zu thun wäre. Zwingen werde ich ſie nicht — aber von Brooks Neigung muß ich mich erſt überzeugen.

Mad. Drave. Das kannſt Du ſehr leicht und bald. Seine Erklärungen waren beſtimmt genug.

Drave. Hat er geſagt, daß er ſie heirathen wolle?

Mad. Drave. Nicht geradezu. Aber —

Drave. So hat er nichts geſagt. Ach Weiber, Weiber! Ihr ſeht doch immer nur das, was Ihr zu ſehen wünſcht.

Mad. Drave. Verlaß Dich etwas auf mich. Ich habe als beſorgte Mutter, nicht als ſchwache, eitle Mutter, geſehn.

Drave. Wenn das iſt.

Mad. Drave. Hätteſt Du nur das fatale Billet nicht weggeſchickt — Brook iſt doch einmal in Konnexion mit dem Kanzler —

Drave. Bedeutend. Das weiß ich!

Mad. Drave. Und dieſe Konnexion —

Drave. Wünſchte ich abgebrochen zu ſehen als Vormund, und würde ſie ſchlechterdings verbieten, als — als — Mißmüthig. wenn aus der bewußten Sache was werden ſollte.

Mad. Drave. Warum das eben?

Drave. Weil — wie Du auch manchmal fragen kannst!

Mad. Drave. Freilich möchte ich meinen Sohn nicht gern in dem Hause wissen: allein jetzt — wer kann es ihm verargen? der Mann gilt viel —

Drave. Zu Hause Burschengesellschaft, beym Kanzler Hofmachen, Rabulisterey, Bosheit und Härte! — aus der Gesellschaft seines aufgeblasenen ignoranten Sohnes, zum Ekel ermüdet von den Künsten seiner koketten Tochter — überläßt man uns den jungen Herrn. Mein friedliches, stilles Haus muß dann zum Besten jener glänzenden Eigenschaften geneckt, mein gutes, argloses Mädchen getäuscht — verführt werden! — Ja, das sage ich Dir, wenn mir Jemand das Mädchen unglücklich macht! — dann — dann schütze mich Gott für Thorheit!

Mad. Drave. Ey Du siehst auch immer und ewig so viel Unheil und Böses —

Drave. Ich habe zu viel schon gesehen, zu viel schon erlebt! —

Mad. Drave. Daß Du darüber nie das gegenwärtige Gute genießest.

Drave. Angenommen also, was Du von der Liebe mir sagtest — so werde ich dem süßen Herrn Hofrath noch heute das Haus verbieten.

Mad. Drave. Weßwegen denn das nun wieder?

Drave. Verbieten auf jeden Fall!

Mad. Drave. Das ist Rache; Nothwendigkeit ist es nicht.

Drave. Sey es Rache; weßhalb soll ich mich necken lassen, ohne mich zu rühren? Und was frommet die Gesellschaft des Narren? — Ich habe dringende Geschäfte außer Hause. Ich kann jetzt mit dem Mädchen nicht selbst sprechen. So bald ich zurück komme, soll es geschehen. Bereite sie auf Alles. — Sag' ihr, daß ich mein Leben für ihr Glück hingeben könne — daß ihre Wahl die meinige seyn würde — daß ich aber —, wenn sie ein Spitzbube betröge! ihn bestrafen würde; möchte er sich flüchten in wessen Schutz er wollte!

Er geht zur Gassenseite, Mad. Drave nach der Mitte zugleich ab.

Zweiter Aufzug.

Erster Auftritt.

Auguste sitzt und liest, macht das Buch zu, trocknet sich die Augen. Indeß kommt Madam Drave. In der Folge Friedrich.

Mad. Drave. Wieder gelesen! und auch wieder geweint?

Auguste. Nicht doch, liebe Mutter.

Mad. Drave. Wenn die verweinten Augen Dir nicht widersprächen! — Du mußt nicht so oft allein seyn — Dich beschäftigen! — Ich will Deine Stückerey holen lassen.

Auguste. Wollen wir nicht auf mein Zimmer gehn?

Mad. Drave. *Klingelt.* Um den Menschen auszuweichen?

Friedrich kommt.

Mad. Drave. *Lisette soll ihm die Stickerey geben. Friedrich geht.* Hier ist es freier, lebhafter: Dein finstres Zimmer ist Nahrung für Deine Grillen. Weißt Du, daß wir eilen müssen, wenn die Stickerey noch auf den Geburtstag fertig werden soll!

Auguste. Freilich wohl! — Ich bin seit einiger Zeit nachlässig gewesen.

Friedrich *bringt den Rahmen.*

Mad. Drave. Wenn ich Dir nicht helfe, so wirst Du schwerlich enden.

Auguste. *Indem sich beide an die Arbeit gesetzt haben.* Ich glaube, die Zeichnung ist nicht übel — sie wird ihm gefallen.

Mad. Drave. Die Zeichnung ist sehr gut. Nur denke ich, die Farben wären etwas zu einfach gewählt.

Auguste. Eben das gefällt mir so. Die große weiße Fläche — und das sanfte Grün — es giebt so einen freundlichen Anblick.

Mad. Drave. *Ihre Hand fassend, mit Zuversicht.* Grün ist die Farbe der Hoffnung.

Auguste. Besser, ich leide, als daß ich gar schon bis zum hoffen gekommen wäre.

Mad. Drave. Die größte Schwierigkeit habe ich heute aus dem Wege geräumt!

Auguste. So?

Mad. Drave. Ich habe Deinen Vater von Deiner Liebe unterrichtet.

Auguste. O liebe Mutter, was haben Sie gethan!

Mad. Drave. Was wir schon längst hätten thun sollen. Weißt Du Jemand, dem Dein Glück ängstlicher am Herzen liegt, als Deinem Vater? Er will alles, was nur mit Deinem Glücke bestehen kann.

Auguste. *Freudig.* Was sagen Sie? — mein Vater —

Mad. Drave. Wird sich in seiner Entschließung nicht übereilen; und das mußt Du auch nicht, liebes Kind! Aber Du darfst alles von Deinem Vater hoffen — wenn Brook Dich ernstlich liebt.

Auguste. Wenn? — Ach liebe Mutter, dieses Wenn köstet mich schon unaussprechlich viel. Wenn er meine aufrichtige Liebe hinterginge. Er scheint vielseitig —

Mad. Drave. Wenigstens sehr leichtsinnig.

Auguste. Er spottet der Empfindung.

Mad. Drave. Als den gefühlvollsten Mann, mußt Du ihn Dir freilich nicht denken.

Auguste. So — wie er nun einmal lebt, mag er sich vielleicht betäuben wollen.

Mad. Drave. Nur sollte er nicht vergessen, daß das Urtheil —

Auguste. Böse ist er nicht.

Mad. Drave. Das nicht.

Auguste. Wenn er ganz unbeobachtet ist, thut er doch manches Gute.

Mad. Drave. O ja.

Auguste. Und immer mit so vieler Herzlichkeit — ganz ohne den Schein zu wollen.

Mad. Drave. Das ist wahr.

Auguste. Ein Mann kann nicht für alles so weich seyn, als wir; gefühllos ist er aber darum doch nicht. Er steht nicht gut mit seinem Bruder — es thut mir leid —

Mad. Drave. Deßhalb entschuldige ich ihn allenfalls. Es mag schwer halten, mit dem mürrischen Menschen auszukommen.

Auguste. Nun sehn Sie — demungeachtet, welchen herzlichen Antheil nahm er nicht an seiner Krankheit? wie unermüdet war er für seine Bequemlichkeit besorgt. Der ist nicht böse! Er ist gewiß nicht böse!

Mad. Drave. Wenn er nun gleichwohl —

Auguste. Für mich nicht gut wäre? — Ach, ich Unglückliche! Und ich liebe ihn so herzlich! liebe seine Fehler; denn die schlimmsten entstanden aus Anlagen zu herrlichen Eigenschaften.

Mad. Drave. Ich gestehe, daß ein Verweis, den mir Dein Vater über meine Leichtgläubigkeit gegeben hat, mich bekümmert.

Zweiter Auftritt.

Hofrath Flessel. Vorige.

Hofrath. Meine schöne Damen, ich lege mich Ihnen zu Füßen!

Auguste. Herr Hofrath —

Mad. Drave. Wir haben Ihren Besuch so früh nicht vermuthet.

Hofrath. Ich bin fast rasend geworden, auf meine Ehre! bis die Wohlstandsstunde mir erlaubte, hieher zu eilen. — Man ist doch gar zu gut in Ihrem Hause — und bey Ihnen, meine Angebetete!

Auguste. Es muß noch grünes Band dort auf Ihrer Seite liegen.

Mad. Drave. Hier mein Kind.

Hofrath. Wer ist denn der Glückliche, für den Sie diese allerliebste Arbeit bestimmen?

Mad. Drave. Diese Weste ist für meinen Mann.

Hofrath. Fürwahr, Niemand, als der Vater dieser Grazie, darf es wagen, dieses Meisterstück des feinen eleganten Geschmacks an sich blicken zu lassen.

Mad. Drave. Ei, ei, Herr Hofrath, Sie sind heute wieder geneigt —

Hofrath. Das schwöre ich; lebten wir noch in der goldnen Zeit der Minne, oder wären Ihre Anbeter Fürsten, und Einer würde mit diesem Geschenke beglückt — fürwahr, das könnte blutige Kriege veranlassen!

Auguste. Unmöglich können Sie glauben, daß diese Uebertreibungen gefallen; warum also —

Hofrath. Uebertreibungen? Sie sagen Uebertreibungen? — Ist nicht die Gunst der Schönen —

Dritter Auftritt.

Philipp Brook. Vorige.

Philipp. Guten Morgen Madam! — *Er verneigt sich mit sanftem Ausdruck gegen Augusten, welche ihm verbindlich dankt.* — Ist Herr Drave nicht zu Hause? — Guten Morgen, Herr Hofrath.

Mad. Drave. Nein er ist — *Sie nimmt ihn bey Seite und bezeigt ihren Verdruß an der Gesellschaft des Hofraths.*

Philipp *kriegt ihn, und antwortet ihr mit einem einzigen Achselzucken.*

Hofrath. *Während dessen.* Mamsell Auguste. — Sie sollen einen herrlichen Spaß erleben!

Auguste. Wie so?

Hofrath. Der soll persifliert werden! — der soll schwitzen, daß ihm angst und bange wird.

Auguste. Ich verbitte mir das!

Mad. Drave. *Ihr Gespräch endend.* Daher erwarte ich meinen Mann auch gleich wieder zurück.

Philipp. Es wäre mir sehr lieb.

Hofrath. Mein Herr Brook, ich habe die Ehre, Ihnen mein Kompliment zu machen.

Philipp. *Vom wieder angefangenen leisen Gespräch sich rasch umwendend, nach einem festen Blick.* Worüber?

Hofrath. Ueber — ei! — hm! über — darüber, daß ich das Vergnügen habe, Sie zu sehen.

Philipp. Das war eine gute Definizion von einem Kompliment. — *Zu Augusten.* Wie kommt es, daß Sie mit Ihrer Arbeit noch nicht weiter sind?

Auguste. Schuld des guten Wetters — Hausgeschäfte — Visiten —

Hofrath. Ich habe die Ehre, daß Ihr Herr Bruder mit mir in sehr genauer Freundschaft steht.

Philipp. In sehr genauer?

Hofrath. Sehr genauer!

Philipp. Das ist das erste Mal, daß ich meines Bruders Genauigkeit rühmen höre.

Hofrath. Aber sagen Sie mir nur, lieber Herr Brook — sagen Sie mir nur, warum man Sie so selten sieht.

Philipp. Damit man mich nicht zu oft sehe.

Hofrath. Das ist alles löblich und gut! Aber mon cher, Sie sperren Sich zu Hause ein, wie ein Eremit; das ist ja gegen Ihre Jahre — gegen Ihre Bestimmung!

Philipp. Untergeordnet. Finden Sie das?

Hofrath. Aufgebläht. Allerdings!

Philipp. Sich belehren lassen wollend. Sie haben also über meine Bestimmung nachgedacht?

Hofrath. Mit Prätension. Pah! was brauchts da viel Nachdenkens — das sieht man auf den ersten Blick, daß Sie die nicht erfüllen.

Philipp. Besorgt. Wirklich?

Hofrath. Gewiß! Belehrend. Sie leben, z. E. in gar keiner Vertraulichkeit mit Ihren Freunden.

Philipp. Einen Schritt zurück. Ich unterscheide Bekannte von Freunden.

Hofrath. Mit Protektion. Warum bewerben Sie Sich nicht um ein Amt?

Philipp. Weil ich noch keines offen fand, dessen Pflichten ich ganz erfüllen könnte.

Hofrath. Schadenfroh und überlegen. Nein, nein, mein scharmanter Freund! Sie verscherzen hohe Freundschaft — Sie suchen keine Protektion —

Philipp. Ei — loben Sie mich nicht ins Gesicht!

Hofrath. Wenigstens — da Sie doch ein beträchtliches Vermögen haben — warum kaufen Sie Sich nicht einen Titel oder Rang? denn —

Philipp. Weil — doch meine Antwort liegt ja in Ihrer Frage.

Hofrath. Wie so?

Philipp. Weil diese Dinge zu kaufen sind!

Hofrath. Etwas verlegen. Hahaha! das ist recht schöne Moral — je nun, Msr. Brook schlecht weg! klingt auch so übel nicht. Hahaha! — Wie gefällt Ihnen das, meine Damen? Hahaha! Schlechtweg! — Msr. Brook schlechtweg! Hahaha!

Philipp. Sehn Sie — in gewisser Rücksicht — finde ich Titel und Rang, wenn auch erkauft, dennoch so übel nicht —

Hofrath. Aha, Er fängt an nachzugeben! einzuräumen! Bravo! bravo!

Philipp. Gekaufter Titel — giebt die besten Verhältnisse für einen Dummkopf.

Hofrath. Wie so?

Philipp. Weil schon kein ehrbarer Mensch ihn mit der Frage drücken wird: — Freund, warum stehst du da?

Hofrath. *Sehr verlegen.* Das ist nicht übel —

Philipp. Und Rang? — O, der ist oft — das wissen Sie. — ein probates Mittel, den Schurken zu schützen. — Verzeihen Sie mir die trockene Unterhaltung! *Will fort.*

Hofrath. Bravo! Hahaha! — *Ihn haltend.* Bravo, Herr Sirach Brook! Bravo! Hahaha!

Philipp. — Kennen Sie Sirach?

Hofrath. Ja.

Philipp. Haben ihn vielleicht gelesen?

Hofrath. Oft, sehr oft! — Hahaha! Und höre ihn eben jetzt wieder. Hahaha!

Philipp. Und haben doch einen seiner Kernsprüche vergessen —

Hofrath. Hahaha! Welchen?

Philipp. Ein Weiser lächelt — ein Narr? ein Narr, Herr Hofrath — lacht überlaut! *Geht ab.*

Vierter Auftritt.

Madam Drave. Auguste. Hofrath.

Hofrath. O es ist Jammer und Schade, daß er fortging! — er verdirbt uns einen Hauptspaß!

Mad. Drave. Das Lachen ist doch eben nicht auf Ihrer Seite.

Hofrath. Weil er mir die besten Repliken durch seine Flucht genommen hat! Aber — „Sirach Brook!" wie gefällt Ihnen das, meine Damen? — „Sirach Brook!" so soll er heißen! — Hahaha! — wenn ich das seinem Bruder erzählen werde, der stirbt vor Lachen. — Aber hätte ich doch über dem Herrn vom Katheder beinahe vergessen, Ihnen den neuen Almanach zu zeigen, den ich erst ganz kürzlich von —

Fünfter Auftritt.

Vorige. Kaufmann Drave.

Drave. Guten Morgen, Herr Hofrath.

Hofrath. Ergebenster Diener, mein Bester! ergebenster! — Sie haben Sich doch von Ihrer neulichen Unpäßlichkeit völlig wieder erholt?

Drave. O ja!

Hofrath. Nehme von Herzen Antheil daran.

Drave. Danke Ihnen.

Hofrath. Wünsche, daß fernere Kontinuazion Sie bald —

Drave. Sehr verbunden! *leise zu seiner Frau.* Geh mit Augusten hinunter.

Mad. Drave. *Winkt Augusten. Im Gehen zu Drave.* Nur mit guter Art! *Geht mit Augusten ab.*

Sechster Auftritt.

Hofrath. Kaufmann Drave.

Hofrath. Will den Damen nach. Ich werde mit Ihrer Erlaubniß —

Drave. Bleiben Sie, mein Herr! Ich habe Ihnen etwas zu sagen —

Hofrath. Mit unendlichem Vergnügen.

Drave. Mein Herr, Sie thun seit geraumer Zeit meinem Hause die Ehre an, es oft zu besuchen —

Hofrath. Bitte gar sehr; die Ehre und das Vergnügen sind auf meiner Seite.

Drave. Ohne Schmeicheley! — was das Vergnügen anbetrift, so — es ist mir leid, es sagen zu müssen — ist das nicht auf meiner Seite.

Hofrath. Ei — mein Herr Drave! — ich will nimmer hoffen —

Drave. Damit wir einander gleich verstehn, Ohne Umschweife — Die Ursache Ihrer Besuche

Die Mündel.

ist eine gute Meinung, welche Sie für meine Tochter hegen.

Hofrath. Allerdings!

Drave. — Haben Sie die Absicht, meine Tochter zu heirathen?

Hofrath. Ja — wenn nur — sehen Sie — O ich? — was mich beträfe —

Drave. Stark. Und eine Andre haben Sie gewiß nicht! — So muß ich Ihnen sagen — meine Tochter kann diesem Ihrem Wunsche nicht willfahren. Von einer Verbindung ist also auf beiden Seiten gar nicht die Rede. Daher bitte ich Sie, um den guten Ruf meiner Tochter zu erhalten — Aeußerst schonend. mein Haus ferner nicht zu besuchen.

Hofrath. Wie? Sie setzen mich in Erstaunen — wie? ich —

Drave. Verzeihen Sie — Vatersorge dringt mir diese unangenehme Unterredung ab!

Hofrath. Aber sagen Sie mir, was haben Sie für Einwendungen gegen mich? — wenn auch leider — keine Verbindung Statt fände — warum sollte ich ferner Ihr Haus nicht besuchen?

Drave. Weil das Mädchen — verwöhnt an die Tändeleien der Liebhaber — einst die Pflicht der Gattin darüber vernachlässigen könnte.

Hofrath. Das sind eitle Ausflüchte, mein Herr Drave! Ausflüchte — irgend einen geheimen Groll damit zu bemänteln —

Drave. Mein Schatz, ich habe keinen geheimen Groll gegen Sie.

Hofrath. Ja, ich merk' es, den haben Sie! Sehr heftig. Aber das rathe ich Ihnen —

Drave. Sie gefallen mir nicht. Sie sehen auch, daß ich das gar nicht bemäntele.

Hofrath. Ich spreche nun gar nicht mehr von meiner Neigung. Aber ich sage Ihnen, daß nun schlechterdings meiner Ehre daran liegt, Ihr Haus ferner zu besuchen.

Drave. Geben Sie vor: Sie wären unsrer Gesellschaft überdrüßig worden. — Sie haben mein Wort, daß ich dem nie widersprechen will.

Hofrath. Sich brüstend. Da würden Sie Ihrem Hause und Ihrer Tochter eine feine Renomee zuziehen!

Drave. Ruhig lächelnd. Ich weiß ja, wie viel ich haßardieren darf.

Hofrath. Herr, Sie sind unausstehlich! — Aber — ich rathe Ihnen wohlmeinend, — denken Sie nach, mit wem Sie zu thun haben!

Drave. Ihn messend. Ich habe von Wort zu Wort daran gedacht.

Die Mündel.

Hofrath. Es könnte Sie reuen — Sie wissen nicht! — es könnte Sie gewaltig reuen!

Drave. Bewahre! bewahre!

Hofrath. Noch eine Stunde gebe ich Ihnen Bedenkzeit, ob Sie Ihre Grobheit wieder gut machen wollen — wo nicht? — so will ich Ihnen zeigen —

Drave. Zornig. Herr! und ich gebe Ihnen nach diesem Betragen, zwey Sekunden Bedenkzeit, ob Sie mein Haus verlassen wollen — Sich fassend. wo nicht — Er nimmt aus mehrern Schlüsseln einen, und legt ihn auf einen Stuhl. so ist hier der Schlüssel; schließen Sie doch das Zimmer ab, wenn Sie gehen. Im Begriff abzugehen.

Hofrath. Bleiben Sie. Ich gehe. Herr! ich gehe — aber das schwöre ich Ihnen heilig — Sie sollen den Augenblick bereuen, oder ich will das Leben nicht haben! Geht ab.

Siebenter Auftritt.

Drave. Ihm einen Schritt nach. Der Bursche mir drohen? — Ich möchte wahrhaftig — hm! laß ihn laufen! — Mag er's meinetwegen zu Hause wieder erzählen! —

Achter Auftritt.

Voriger. Madam Drave.

Mad. Drave. *Schnell.* Mein Gott, Du wirst doch nicht —

Drave. Was?

Mad. Drave. Der Hofrath schoß wüthend an mir vorbey, die Treppe hinunter, und ohne ein Wort zu sagen, zum Hause hinaus!

Drave. Der Pinsel! Ich nahm eine bessere Wendung, hielt länger an mich, als es nöthig gewesen wäre.

Mad. Drave. *Empfindlich vorwerfend.* Das ist nun wieder einer von Deinen heftigen Streichen!

Drave. *Aeußerst hiervon befremdet.* Es thut mir leid, daß ich immer gedrungen werde, mit Heftigkeit die Fehler wieder gut zu machen, die Du mit allem Bedacht begehst.

Mad. Drave. Nun! — was habe denn ich hiebey gefehlt!

Drave. *Mit steigendem Affekt.* Unter uns, meine liebe Frau, schmeichelte es nicht Deiner mütterlichen Eitelkeit, einen Schwarm von Liebhabern um Deine Tochter herumflattern zu sehen? — Nähmst Du nicht auf irgend eine eigenliebische Art Antheil an den Aufmerksamkeiten, Schmeicheleien und Komplimenten, die Deiner Tochter gesagt werden — so wäre alles das jetzt nicht so. —

Mad. Drave. Dieser Vorwurf —

Drave. So hättest Du die Gesellschaft solcher Dummköpfe nicht ertragen können.

Mad. Drave. Aber das Mädchen —

Drave. Liebt einen! — was sollen die Uebrigen? — durch übertriebene Liebeserklärungen ihren Stolz reitzen? — durch fade Empfindeley ihr Herz verderben? — Was ist aus dem Mädchen geworden? — sprich selbst. Ist das meine Erziehung, was mir jetzt Sorge macht? — Oder wessen ist sie? — Deine!

Mad. Drave. *Mit niedergeschlagenem Blick.* Aber —

Drave. Aber immer durchkreuzt Euer Eigensinn unsre besten Plane! und wenn Ihr mit Euern Schwächen und Eitelkeiten alles verdorben habt — wer muß helfen? — der Mann! der Vater! — O! glücklich genug, wenn man ihm das noch verstattet!

Mad. Drave. Du thust auch, als wenn Alles verloren wäre! als wenn —

Drave. Genug verloren! Genug! — wie oft habe ich vor den empfindsamen Romanen gewarnt! wie viele Mühe gab ich mir, daß diese Krankheit nie in mein Haus kommen möchte! Ich schaffte Euch gute Bücher und sorgte für jede angenehme Unterhaltung — Alles umsonst! — Du freutest Dich, die elenden Phrasen von ihr hersagen zu hören; Dir schwindelte vor Stolz, wenn ein romantischer Aufsatz von dem Mädchen zusammengeschwärmt und herdeklamiert ward! — Ich sprach, ich warnte, ich bat, und ward nicht gehört, nicht geachtet, und — ausgelacht.

Mad. Drave. Sie hat feines Gefühl von der Natur empfangen. Wenn Du nun jeden Ausbruch desselben für Empfindeley erklären willst; so —

Drave. Ich unterscheide das! Gott gab dem Mädchen ein Herz, das wahrlich Edles fühlt, gegen keine Noth des Menschen gehärtet ist! — dabey hättest Du es lassen sollen. Aber das war nicht genug! — und so wurden große Gefühle durch Empfindeley weg gekränkelt.

Mad. Drave. Unwillig. O das ist nicht der Fall —

Drave. Wirst es schon noch sehen! Gott hüte sie vor unglücklicher Liebe! aber Du würdest es dann sehen. — Das Herumschleichen im Mondenschein — das Besuchen der Kirchhöfe — das

Die Mündel.

sind alles Folgen dieser Krankheit. — *Welch.* Von mir wendet sich ihr Herz ganz ab.

Mad. Drave. Du zerreißest mir das Herz mit dieser Beschuldigung. *Sie setzt sich.*

Drave. *Aeußerst gerührt.* Ich sehe es leider nur zu deutlich — Ich weiß auch gar nicht mehr, wie ich mit ihr sprechen soll. Ihr Herz leidet! — Jeder Rath ist Bedrückung und Härte! Alles ist Elend; und wo kein Elend ist, schmachtet sie darnach, elend zu seyn. Ich gab mir so viel Mühe, ihr die Welt bekannt zu machen, wie sie ist; ihrer Seele eine Fassung zu geben, worin sie Schicksale männlich aufnehmen könnte — — statt dessen, träumt sie sich eine Welt, wie es keine giebt! einen Mann, wie er nicht seyn kann, nicht seyn darf. — Sag mir, was für ein Weib wird das ihrem Mann? ihren Kindern, welch eine Mutter? die für erträumtes Elend immer Thränen, für die Freuden nie ein Lächeln bereit hat?

Mad. Drave. Was soll ich darauf sagen? Ich sehe ja, daß ich Dich nicht beruhigen kann.

Drave. Das kannst Du auch nicht. Ich sehe es, wie ihre blühende Jugend welkt und schwindet; ich sehe es, wie ihre gute Seele nach Glückseligkeit ringt — und weiß, daß sie sie auf dem Wege nimmer findet. — *Mit höchstem Schmerz.* Was kannst Du dagegen sagen? Worte? — *Fast außer sich.* Ich sehe, daß sie ihren Vater —

sonst ihren ersten Freund — meidet, flieht! — Wenn sie sich unter die Erde gehärmt und geweint hat, wenn ich kinderlos auf ihrem Grabe weine — was kannst Du mir dann geben, zu meiner Verzweiflung?

Neunter Auftritt.

Vorige. Auguste.

Drave. Komm her, Mädchen! ich sehne mich nach Dir. Einen Schritt zurück. Es ist eine große Abrechnung unter uns Beiden — Herzlich. umarme mich.

Auguste umarmt ihn etwas kalt.

Drave. Mit Schmerz und Muth. So wie sonst!

Auguste fällt in seine Arme.

Drave. Mit überfließendem Herzen. So — recht von Herzen! — Küßt sie. So! Schiebt sie sanft von sich. und zerrissen ist Deine Schuld!

Auguste. O mein Vater!

Drave. Du bist seit ein paar Wochen sehr fremd gegen mich gewesen! Es ist gewiß nicht meine Schuld. Gott weiß, ich wache und träume ja nur Gutes für Dich.

Auguste. O lieber Vater! *Von Ihm etwas entfernt.* Ihre Auguste ist ein ungehorsames Mädchen.

Drave. Warum? — weil Du liebst? — Nein Mädchen, darum nicht ungehorsam. Gott lasse Deine Liebe nur glücklich seyn!

Auguste. Aber daß ich mich Ihnen nicht anvertraute —

Drave. *Heftig.* Das war Unrecht! — großes Unrecht an mir.

Auguste. Ach! und ich liebe doch keinen Menschen so herzlich, als Sie und meine Mutter — Sagen Sie es, liebe Mutter, wie oft in Ihrer Gegenwart das Geständniß meiner Liebe mir auf den Lippen schwebte.

Drave. Nun? und warum sprachst Du nicht?

Auguste. Ich fand niemals den Augenblick so, wie ich ihn wünschte — —

Drave. *Heftig.* Daran sind Deine verdammten Bücher Schuld.

Mad. Drave. O lieber Mann, sey doch —

Drave. *Gemäßigt.* Sonst war es nicht so! — sonst kamst Du mit offnem Herzen zu mir.

Auguste. Ich will nun immer wieder so handeln, mein gütiger Vater!

Drave. Such ich denn Augenblicke, Dich zu lieben? Ich sorge immer für Dich. Das Unschädlichste thue ich nicht, ohne mich zu fragen:

„Ist das auch gut für meine Auguste?" Ich schließe meine Augen nicht, ich bete erst für mein Kind — ich freue mich meines Aufstehens nicht, als nur für Dich zu sorgen, an meinem Kinde Freude erleben zu können: und die, für die ich alles das thue — sucht Augenblicke, gut und aufrichtig gegen mich seyn zu können!

{ Auguste. O meine Mutter! Lehnt sich an sie.
{ Mad. Drave. Hör auf, ich bitte Dich!

Drave. Warum wendest Du Dich zu Deiner Mutter? Mich hast Du gekränkt. Komm zu mir! Ich habe Dir ja vergeben. Auguste fällt ihm um den Hals. Sey nur gut und aufrichtig und gradezu! — Mädchen, das darfst Du glauben: in all' Deinen Büchern giebts keinen Vater, der seine Tochter so herzlich liebt, als ich Dich. Nun — ich bin mit meinem Kinde wieder einverstanden! wo lebt ein Mensch, der glücklicher wäre, als ich! Die ganze Hoffnung meines Lebens halt' ich jetzt in diesen Armen! Er umarmt sie, und Beide bleiben einen Augenblick in dieser Stellung.

Mad. Drave. Nach einer Pause. Gehöre ich nicht zu Euch?

Drave. Rasch. Vergieb mir — vergieb! was wäre mein Leben ohne Dich? Wer könnte sich so herzlich mit mir über meine Auguste freuen, als die, welche sie mir gab! Jetzt will ich Deinen Flüchtling aufsuchen. Gott lasse mich ihn finden,

Die Mündel:

wie ihn dieß Mädchen verdient! *Er geht, wendet sich aber wieder rasch zu seiner Frau.* Ich bin nicht empfindsam, aber daß ich Dich übersah — thut mir wehe! *Er geht.*

Mad. Drave. *Ihm hastig nach.* Laß mich die Thräne wegküssen, die da glänzt. *Er geht ab.*

Zehnter Auftritt.

Madam Drave. Auguste.

Pause.

Mad. Drave. Liebe Tochter, größern Segen kann ich Dir nicht wünschen, als Deinem künftigen Mann das Herz Deines Vaters.

Auguste. *Mit Innigkeit.* Das fühl' ich!

Mad. Drave. Er ist heftig — in einer Familie die Gelegenheit zu kleinen Uneinigkeiten mancherley — Ach! und jeder Zwist endigte sich damit, daß unsre Herzen noch enger vereinigt wurden.

Eilfter Auftritt.

Vorige. Philipp Brook.

Auguste. Die ihn eintreten hört, etwas überrascht. Gerade jetzt!

Philipp. Madam —

Mad. Drave. Herr Brook — wir — verzeihen Sie — wir — warum will ich es läugnen? — hatten eine Unterredung, die —

Philipp. Ich, gestört habe? Ich sehe es, und will —

Mad. Drave. Bleiben Sie; ich könnte sie doch nicht fortsetzen. Mein Herz ist zu voll — ich — ich —

Philipp. Haben Sie Mißvergnügen gehabt?

Mad. Drave. Nein, mein Herr.

Philipp. Oder sonst einen Kummer — an dem ich durchaus nicht Theil nehmen kann?

Mad. Drave. Auch das nicht.

Philipp. — Doch haben Sie geweint? — Lassen Sie mich hier bleiben. Jeder Trauernde hat ein Recht auf mich; — und wenn Sie trauern? Zärtlich. wenn ich Ihre Thränen sehe, meine gute Auguste —

Auguste. Es sind dankbare Thränen, Herr Brook! — Thränen der Tochter über die Liebe ihres guten, guten Vaters.

Philipp. Aufgeheitert. Freudenthränen? — Ja, liebe Madam? — hm! so wohl ward mir's lange nicht, die zu sehen! wohl dem, über den man sie weint!

Mad. Drave. Wohl ihm!

Philipp. Gerührt. Er wird einst der Grabschrift entbehren können.

Mad. Drave. O nicht so, Herr Brook!

Philipp. Wie?

Mad. Drave. Sie erhalten uns in dieser schwermüthigen Stimmung.

Philipp. Schwermüthig? Ich bin herzlich froh — so ganz gut gesinnt für Jedermann, als man es nur seyn kann — wie man denn das fast immer wird, wenn man hieher kommt. — Es müßte denn seyn, daß Auguste ihren finstern Tag hätte.

Auguste. Das werfen Sie mir vor?

Philipp. Mit Grund. Wirklich, ich mache Ihnen darüber Vorwürfe. Wer Sie kennt, schätzt

Sie, liebt Sie; Sie sind schön und jung — warum trauern Sie?

Mad. Drave. Verzeihen Sie mir, daß ich meiner Tochter Wort wiederhohle. — Das sollten Sie doch nicht tadeln.

Philipp. Warum nicht?

Mad. Drave. Fragen Sie mich das noch?

Philipp. Gewiß. Denn daß die allgemeine Meinung von mir auch die Ihrige wäre — glaube ich nicht.

Mad. Drave. *Verlegen.* Herr Brook —

Philipp. Sie weichen mir aus? — Entweder Sie glauben zu viel Gutes, oder zu viel Schlimmes von mir.

Mad. Drave. Seyn Sie versichert, daß wir in Ihnen einen Mann schätzen —

Philipp. Ich wollte keine Wendung der Höflichkeit — Ich bitte um die Meinung Ihres Herzens.

Mad. Drave. *Sehr verlegen.* Wenn wir auch in Ansehung einiger Dinge verschieden denken —

Philipp. Nun?

Mad. Drave. Aber Herr Brook, Sie sehen, wir kommen von einer Unterredung, welche dieser zu sehr entgegen gesetzt war. Nun, diesen Augenblick —

Philipp. Bitte ich, schenken Sie mir. Nicht in jedem Augenblick, nicht jedem Menschen mag' ich Rechenschaft von mir ablegen! Jetzt — und gegen Sie fühle ich mich gedrungen, es zu thun.

Mad. Drave. Aber wie soll ich jetzt zu einer kalten Untersuchung —

Philipp. Nicht eine kalte Untersuchung ist es, warum ich bitte. <small>Warm.</small> Laßen Sie das Wohlwollen Ihres menschenfreundlichen Herzens — <small>Zu Augusten mit Ausdruck.</small> laßen Sie Ihre gutmüthige Seele den Freund richten. — Sie hätten längst von mir etwas hören sollen. — Dieß ist der Augenblick, wo meine ganze Empfindung mir gebeut, nicht mehr zu schweigen.

Auguste. Lieber Herr Brook —

Philipp. Was Gewohnheiten, was die Fehler gegen das Herkommen betrifft — darüber laßen Sie uns hinausgehen. Habe ich hierin Dinge angenommen, welche Ihnen nicht gefallen — so geschah es — aus Zufall. — Ich hatte ja Niemanden, dem es lieb gewesen wäre, wenn ich es nicht gethan hätte.

Mad. Drave. Darüber gehe ich hinaus — obgleich manche Ihrer Gewohnheiten gegen die Geselligkeit sind.

Philipp. <small>Warm.</small> Geselligkeit? ich habe hohe Begriffe von Geselligkeit.

Mad. Drave. Und doch üben Sie diese Tugend nicht!

Philipp. <small>Heftig.</small> O da treffen Sie einen Punkt —

Mad. Drave. Verschließen sich menschenfeindlich —

Philipp. O möchten Sie meine Wärme, meinen guten Willen für die Menschen kennen, wie ihn Gott kennt! Ich — traurig genug, daß Niemand für mich spricht, daß ich in die Nothwendigkeit gesetzt bin, so von mir selbst zu sprechen — Aber mit Wahrheit, mit Seelenruhe sage ich Ihnen — Ich liebe die Menschen. Wenn ich aber dafür, daß ich das Schicksal des Elenden im Herzen trug, wie mein eignes — verspottet wurde, wenn Mißbrauch meiner edelsten Gefühle mich dann und wann scheu machte — bin ich darum Menschenfeind?

Mad. Drave. <small>Etwas einträumend.</small> Herr Brook —

Philipp. Wenn meine Begriffe von Geselligkeit geläutert, wahr sind — zu erhaben, als daß ich sie in dem lästernden Zirkel verbuhlter Weiber, rangsüchtiger Dummköpfe ausüben zu können glaubte — bin ich darum ungesellig?

Auguste. <small>Schnell.</small> O nein, lieber Brook! —

Philipp. Wenn ich in dem Amte, wozu ich taugen könnte, meine bessere Ueberzeugung auf Konvenienz hinausgewiesen, meine Wärme für die leidende Menschheit von kaltem Eigennutz zurückgescheucht sehen muß — bin ich zu tadeln, wenn ich darnach nicht strebe?

Mad. Drave. Das nicht —

Philipp. Als ich denn nun so manche Kraft, wirksam zu seyn, in mich zurückdrängen mußte: als glühender Eifer verkannt, gemißdeutet wurde; als ich die Handlungen meines Herzens von Dünkel und Vorurtheil mußte tadeln, vernichten lassen: als ich sah, daß Alles, dem man mit rascher Jugendkraft entgegen eilt, es zu bewundern — oft — fast immer Larve ist — daß unter den edelsten Außenseiten der Menschenliebe — das unedelste Selbst wuchert: da zog ich mich zurück, und gab den schönen Traum der möglichen großen Wirksamkeit für das Ganze auf. Bald — in einer glücklichen Stunde, hoffe ich, meinem gedrückten Vaterlande die Pflichten des Bürgers abzutragen. In einer Stunde, sag ich — Nur in einer Stunde! Aber ich denke, eine That werde sie bezeichnen. Bis dahin will ich im Stillen handeln, wo ich kann — mich bemühen, gut und froh zu seyn — und die herrlichen Augenblicke genießen, die Bewußtseyn und Freundschaft gewähren, ohne mir weder vom Urtheil der Menge, noch von dem Spötteln der Mittelgattung einen Augenblick trüben zu lassen.

Mad. Drave. Ich habe Sie verkannt, verzeihen Sie mir.

Auguste. Ich fühle, daß Sie Recht haben. Möge doch häusliche Glückseligkeit Ihnen den Ersatz für das gewähren, was Sie in der Welt nicht finden!

Philipp. Wünschen Sie mir das, Auguste?

Auguste. Edler Mann, ich wünsche es, und habe, außer der Achtung für Sie, noch manchen Grund, es herzlich zu wünschen.

Philipp. Freudig. Gewiß? Kleine Pause. Meine Glückseligkeit ist auf wenige Punkte ganz hin gegeben. Meine Umstände verstatten mir, für Andre manches zu thun. — Ich habe einen Freund, wir genießen die Freuden des Lebens, wir theilen unsre schmerzlichen Gefühle — Alles dieses aber gewinnt jetzt einen erhöheten Reiz durch die Freuden der Liebe.

Mad. Drave. Sie lieben?

Philipp. Ja.

Auguste. Lieben Sie glücklich, guter Mann?

Philipp. Ich weiß es nicht — Vergrößern kann sich meine Liebe zu dem edlen Geschöpfe, aber nie vermindern — Einen Schritt näher, mit niedergeschlagenem Blick und sanfter zitternder Stimme. Auguste, ich liebe Sie.

Auguste. Wie? —

Mad. Drave. Meine Tochter?

Philipp. *In unveränderter Stellung, in eben dem Ton, aber dringender.* Machen Sie mich glücklich! Sie können es!

Auguste. O das ist zu viel! — Guter Gott! das ist zu viel!

Philipp. *Ihre Hand hastig ergreifend, mit zärtlicher Stimme.* Reden Sie — ich schwärme nicht — *Mit hoher Rührung.* Aber ich bin jetzt in gewaltiger Bewegung — enden Sie sanft, Auguste!

Auguste. Gott! *Heftig an ihre Mutter gelehnt, Brook hat noch immer ihre Hand.* O meine Mutter! —

Mad. Drave. Wie soll ich —

Auguste. *Gewaltsam.* Ich liebe Ihren Bruder!

Philipp. *Erschüttert.* Auch nicht! *Mit einem Blick hinauf.* Auch das nicht? — *Läßt ihre Hand fahren und geht.* Seyn Sie glücklich!

Mad. Drave. Brook! um Gottes willen —

Auguste. Gehen Sie nicht von mir, ohne mir den Trost zu lassen, daß —

Philipp. Ich kann nicht mehr!

Auguste. Daß Sie wissen, wie ich Ihren Werth fühle —

Philipp. Auf Sie hatte ich gehofft, in Ihnen wäre das Leben mir wieder werth geworden — das soll auch nicht seyn? — Nun so will ich so fort wandern, schweigen, leiden — und mich freuen, wenn es aus ist! Er geht hastig.

{**Auguste.** Nur ein einziges Wort!
{**Philipp.** Im Gehen. Seyn Sie glücklich! Ab.
        Beide ihm nach.

Dritter Aufzug.

Zimmer aus dem ersten Akt in des Kanzlers Hause.

Erster Auftritt.

Jakob. Ihm folgt eine **Frau**, in dürftigem, doch nicht armseligen, tiefen Traueranzuge; mit ihm in Unterredung begriffen.

Die Frau. Aber, mein Gott —

Jakob. Aber und aber! — und aber hin und her — es geht nicht!

Die Frau. Ich bitt' Ihn —

Jakob. Sie kann alleweile nicht vorkommen.

Die Frau. Nur auf fünf Minuten.

Jakob. Es geht nicht. Der Herr hat Arbeit. — Nun? — geht Sie bald? — unser einer hat auch zu thun, und kann da nicht — *Nimmt Tabak.*

Die Frau. Habe Er Mitleiden mit meinem Zustande — Wittwe — arm — drey unerzogne Kinder —

Jakob. Ach, mach Sie mir nicht viel Lamentation, — sonst lasse ich Sie gar nicht wieder herein. Man hat seine Geschäfte — und daß Alle —

Die Frau. Mach Er nur, daß ich ihn spreche — ich will ja gern erkenntlich seyn.

Jakob. Im Auf- und Niedergehen vor ihr vorben. Ja, wie ich Ihr gesagt habe — es hält schwer!

Die Frau. Nimmt Geld aus einem kleinen Beutelchen. Nehme Er das als einen Beweis meiner Erkenntlichkeit.

Jakob. Sie ansehend. Drey Kinder hat Sie? — Ja du mein Himmel! — ich wollt', ich könnt aller Welt helfen. — Die Hände auf dem Rücken, sich auf den Zehenspitzen hebend. Wenns auf mich ankäme — Bläst mit Affektion den Tabak vom Kleide. Ich bin Niemand hinderlich — aber Nimmt Tabak. Nicht auch gefällig?

Die Frau. Ach Gott, nehm Er doch!

Jakob. Nimmts, ohne darauf zu sehen, und ohne die mindeste Bewegung, damit in die Tasche. Stell Sie Sich nur hier an die Thür; er wird bald ausfahren —

Die Frau. Glaubt Er denn, daß ich etwas ausrichten werde?

Jakob. Hm! — darnach der Herr gestimmt ist.

Die Mündel.

Die Frau. Ich müßte verzweifeln, wenn ich dießmal ohne Trost nach Hause käme!

Jakob. Und — was ich sagen wollte! — hübsch nach der Weste gegriffen — und „gnädiger Herr!" das versteht sich! —

Die Frau. Aber er wird ja immer so böse darüber?

Jakob. — Mache Sie ihn böse!

Die Frau. Er hat mich neulich deßhalb angefahren, daß ich —

Jakob. Nach der Weste gegriffen, und „gnädiger Herr!" *Führt sie vertraulich vor, und sagt ganz behaglich:* Du frommer Gott! wenn unser eins so einen Herrn nicht kennen lernte, wer sollt' es denn? — beim Ankleiden, beim Auskleiden, bey Tafel hinter dem Stuhle — beim Desert — wenn da nur das Gesicht erst violet wird — da kann mans ihm abmerken — da ist so ein Herr wie unser einer — wie unser einer!

Zweiter Auftritt.

Kanzler. Vorige.

Kanzler. Vorfahren, Jakob!

Jakob *geht ab.*

Die Frau. Gnädiger Herr, erbarmen Sie Sich meines Unglücks! — *Vor ihm knieend.*

Kanzler. *Mit angenommener Heftigkeit.* Nichts, gnädiger Herr! — Nichts knieen! — Gott ist gnädig — vor Gott muß Sie knieen; nicht vor einem geringen Menschen! — Was ist Ihr Begehren?

Die Frau. Daß Sie die Gnade haben, und mein Elend lindern. Dieses Elend und das Verdienst meines seligen Mannes, der im Kriege für das Vaterland das Seinige zusetzte — sind Ihnen nur zu wohl bekannt. — Diese Schrift enthält die Bitte, eines meiner drey unerzogenen Kinder in die Freischule aufzunehmen.

Kanzler. *xxx.* Geb Sie her.

Die Frau. Ich flehe Ihre Huld nochmals an.

Kanzler. Aber — hör Sie doch — warum hat Sie denn die Fürsprache des Herrn Geheimenraths von Strahlheim noch mit aufgeboten? Glaubt Sie etwa, daß ich zu so etwas nicht genug bin? he?

Die Frau. Der gute Herr hat so viel Mitleiden mit meiner Lage — ich glaubte, der Herr Kanzler würden die Fürsprache eines der redlichsten Männer unsrer Stadt als ein Zeugniß unsers Wohlverhaltens betrachten —

Kanzler. *Boshaft.* Es ist recht gut. Geb Sie nur.

Die Frau. Sollte ich so unglücklich gewesen seyn —

Die Mündel.

Kanzler. Eine Pantomime mit der Hand nach der Thür, und in boshaft freundlicher Bedeutung. Ich will antworten.

Die Frau. Ich flehe nochmals —

Kanzler. Das Vorige verstärkt. Ich will antworten!

Die Frau. Ich würde Euer Gnaden nicht so beunruhigen, wenn ich ein kleines Kapital von 500 Rthlr., das bey Herrn Drave steht, ausbezahlt bekommen könnte —

Kanzler. Kann Sie das nicht bekommen?

Die Frau. Nein. — es ist Meßzeit; und ich möchte den guten Mann —

Kanzler. Was Meßzeit! Wittwen und Waisen gehen vor. — Bring Sie mir eine schriftliche Aufkündigung, nebst Anzeige, daß Sie nichts erhalten kann.

Die Frau. Aber der gute Mann hat mir das Kapital immer richtig zu 5 pro Zent verinteressiert, bloß meine Umstände zu erleichtern. Ich verdanke ihm so manche Wohlthat —

Kanzler. Bring Sie das! Man sieht dann, wo man sonst etwa noch hilft!

Die Frau. Nein, gnädiger Herr! lieber arm, als undankbar! Geht ab.

Dritter Auftritt.

Kanzler. Sekretär.

Sekretär. Es geht alles vortrefflich.

Kanzler. Nur langsam, nur sachdienlich und bestimmt gesprochen. Alles geht vortrefflich? Was ist doch das gesagt, da der Dinge so viel sind, von denen ich wünsche, daß sie gut gehen mögen. Daß verwickelte Dinge *gut* gehen, ist ein seltner Fall; daß sie *vortrefflich* gehen, noch seltner; daß *Alles vortrefflich* ginge, ist eine Unmöglichkeit. Sie haben also unbestimmt gesprochen, weil Sie entweder nicht richtig gedacht haben, oder weil der Enthusiasmus für ein Projekt Sie hingerissen hat. Unrichtig gedacht? das vergebe ich und ermahne zur Attention. Aber Enthusiasten liebe ich nur, wenn Sie gegen mich sind, weil man jederzeit gewiß ist, sie zu Falle zu bringen. Enthusiasten in meinem Dienste brauche ich nicht, weil durch ihre Fehler jedermann mein Herr werden kann. Notieren Sie Sich das. So! Nun sagen Sie mir ganz kalt, was ist das, wovon Sie sagen können, es gehe gut?

Sekretär. Der ganze Handel mit Drave.

Kanzler. So? In wie seen? In wie fern der ganze Handel?

Sekretär. Ich habe Draves Buchhalter gesprochen, von dem habe ich erfahren, daß sich Drave für Rosen bey Brooks Kapital verbürgt hat.

Kanzler. Das habe ich voraus gesetzt; denn solche Leute handeln konsequent.

Sekretär. Wenn nun Drave die Summe auf den Stutz schaffen muß.

Kanzler. Das muß er, denn Brooks Gläubiger werden ungestüm. Dazu hat der Jude Nathan die gehörigen Ordres. Auch sind es Ehrenschulden, die er und Drave unter dem Vorwande der Minorennität nicht streichen werden. Es fragt sich nur, ob Drave das Geld wird auftreiben können?

Sekretär. Nein. Denn er hat seit einiger Zeit verloren, und man traut ihm nicht mehr.

Kanzler. Gut. Da ließe sich dann des Menschen Fallissement erzielen. Daran liegt mir aber nichts. Ich will, daß man ihn für ein bedenkliches, gefährliches Subjekt halte.

Sekretär. Bey dem Inventarium von dem Brookschen Nachlasse, welches nicht gerichtlich gemacht ist —

Kanzler. Das weis ich.

Sekretär. Ist alles sehr unordentlich zugegangen, weil Drave damals die große Lieferung hatte und oft abwesend war.

Kanzler. Wird man beweisen können, daß etwas verschleppt ist?

Sekretär. O ja. Ein alter Bedienter von dem verstorbenen Brook ist bettelarm, der meint —

Kanzler. Der muß instruirt werden. Laß sehen — leichtsinnig die Kapitale ausgeliehen — Bankerott — unrichtiges Inventarium — zweideutige gefährliche Reden — ein heftiger Mensch, der bey dem Procedere einer schnellen Justiz sich sicherlich vergessen wird —

Sekretär. Auf das alles habe ich gerechnet.

Kanzler. Ja. Denkt nach. Es kann angehen. Wir werden ihn los. Er muß fort, aus der Stadt, vielleicht aus dem Lande.

Sekretär. Wenn das nur nicht zu viel Aufsehen macht!

Kanzler. Was die Leute in den Stuben reden, effektuirt nichts.

Sekretär. Aber die Journale —

Kanzler. Schimpfen allmählig so entsetzlich auf alles, daß es keine Impression mehr macht.

Sekretär. Der Geheimerath Strahlheim — seine Patriotismusphantasien —

Kanzler. Er ist zu jung, hat kein Gewicht. Macht Gedichte und Schauspiele, hat daher keinen Fidem.

Sekretär. Er scheint dem Fürsten immer mehr zu behagen.

Kanzler. Hm! bey der Tafel.

Sekretär. Er hat sich letzt eine Stunde allein mit ihm unterhalten.

Kanzler. Unser gnädigster Herr sind in Jahren. Sie gehen nicht aus der Observanz und nehmen nichts aus dem Kollegiengange. Durch den und gehörige Kälte sind alle Neuerungen leicht zu ertödten. Was in der Konversation vorfällt — ist ein todter Buchstabe.

Sekretär. Ich fürchte doch —

Kanzler. Nun wenn denn die Sachen so stehen, daß Sie doch noch etwas fürchten, wie kann denn nach Ihrer Meinung alles, alles vortrefflich gehen?

Sekretär. Ich wollte Drave nicht aus dem Lande treiben. Nach meiner Meinung sollte er bloß geschreckt werden, vieles verlieren, entkräftet, gedemüthigt, unschädlich werden; durch Ihren Schutz einen Vergleich machen, etwas retten, und Ihnen zur Dankbarkeit den Garnhandel abtreten, davon Sie sicher jährlich 4000 Rthlr. reinen Gewinn machen würden!

Kanzler. Pah! das wäre ins Kleine gehandelt. Mit Gott — alles oder nichts! Zu Boden geschlagen, oder gar nicht ausgeschlagen — so denke ich.

Sekretär. Wenn es so gehen soll, dann freilich wage ich es nicht mehr zu sagen: alles geht vortrefflich.

Kanzler. Kann er nicht zahlen — via facti fortgeschritten — versiegelt — fort von Haus und Hof! Zertreten muß mir der Kerl werden, zermalmt! Hat er mich doch manchmal mit seinen Reden, Urtheilen und Sappermentsmienen geärgert, daß mir die Lippen blau geworden sind. Diese Menschen haben nichts auf sich; aber der schwarze Belletrist, der Philipp Brook — das ist ein Bursche, der mich schon ein paar Mal hat frieren machen.

Sekretär. Ein unbedeutender Versler.

Kanzler. Wie Sie es verstehen! Der Bursche ist gefährlich. An den ist nicht anzukommen. Ich gebe mich ja lediglich mit seinem albernen Bruder Ludwig ab, um durch ihn den andern zu gewinnen, oder zu fangen.

Sekretär. Aber er hat keinen Anhang —

Kanzler. Der den Tempel zu Ephesus ansteckte, hatte auch keinen Anhang! So ein Bursche will allein stehen, grübelt, forscht, wühlt, späht und rumort so lange, bis er in der Desperation irgend wo durchbrechen kann. — Ist er hindurch — so ist sein Name gemacht, der Troß treibt sich nach, brüllt sein Lied mit — der Jubel folgt nach, und wenn es erst so weit ist, dann salvieren wir uns nicht mehr mit Formen!

Sekretär. Aber wo will er durchbrechen?

Kanzler. Eben weil man das nicht weiß, ist man überall auf der Hut, und wird zu schwach seyn, wo er einst auf einmal alle seine rage hinwenden wird. Für den politischen Kordon bin ich gar nicht.

Sekretär. Was will er denn aber?

Kanzler. Weiß er es selbst? Er hat Donquischotts Helm aufgesetzt und zieht aus gegen die Windmühlen. Heut zu Tage machen ja Kämpfer und Zuschauer ernste Gesichter bey dem Wesen. In zehn Jahren wird man darüber lachen, in zwanzig Jahren nicht mehr davon reden. Aber die alleweile en vue genommen sind, denen kostet es den Hals! — Nun hat ja der Mensch an dem alten eingesperrten Onkel heimlich und öffentlich einen so bizarren Antheil genommen —

Sekretär. Erschrocken. Wie?

Kanzler. Was ist?

Sekretär. Ein sonderbarer Gedanke.

Kanzler. Heraus damit —

Sekretär. Der Onkel ist nicht zu finden?

Kanzler. Leider!

Sekretär. Der Polizeidiener will eine sonderbare alte Figur in der Vorstadt gesehen haben.

Kanzler. Barmherziger —

Sekretär. Ich spüre gleich nach.

Kanzler. An die Thore — Wirthshäuser — Hospitäler — Wachtstuben — Kaffeehäuser — Promenaden — setzen Sie alles in Bewegung was Odem und Vortheile von mir hat. Behende und still — schlau und allmählig — fein und gewiß! Fort an die Sache!

Sekretär. Sogleich.

Kanzler. Bis ich darüber nicht beruhigende Gewißheit habe, kommt keine Speise mehr über meine Zunge, kein Schlaf auf meine Augen — ich stehe still — still in allem, bis ich weiß, woran ich damit bin.

Vierter Auftritt.

Vorige. Jakob.

Jakob. Der Bediente aus der Lämmleins Gesellschaft — Man fragt an, ob Sie Sich zu unterschreiben belieben?

Sekretär. Unterschreiben? Wozu?

Kanzler. Was ist's denn? — hm — br — hm — br — zu dem prächtigen Thurmbau an der St. Georgenkirche — werden ersucht — hm — hm! Steht einen Augenblick im Nachdenken.

Sekretär. Wollen Sie Sich unterzeichnen?

Kanzler. Mit den Händen gegen die Brust. Allerdings! Mit Salbung. Zur Verherrlichung Gottes und seines göttlichen Namens. — Ich gebe fünf Pistolen.

Sekretär. Ich zwey.

Kanzler. Zählt auf den Tisch. Da!

Jakob nimmt's, will ab.

Kanzler. He, Jakob, he!

Jakob. Was befehlen Sie?

Kanzler. Schreibt doch meinen und des Herrn Sekretärs Namen hinzu.

Jakob. Sehr wohl. Gebt. Kommt wieder.

Kanzler. Nachrufend. Jeden a part! Zum Sekretär. Wenn das Volk ausgerottet, und der Alte wieder aufgegriffen ist, so paßt uns niemand mehr so auf. Dem jüngsten Brook haben Sie's doch auf die Seele gebunden, gegen Drave von allem was vorgeht, sich nichts merken zu lassen?

Sekretär. Alles richtig und wohl besorgt!

Kanzler. Macht es viel Lärm, — oder kommen hohe Interzessionen — je nu — so wirft man ihnen einmal ein paar Thaler Pension aus. Dabey erhält man noch die Renommee der Clemenz.

Sekretär. Auch wahr!

Kanzler. Aber über den Hals wird es dem Lumpengesindel kommen, wie ein Donnerwetter in der Nacht. Ha ha ha!

Jakob. *kommt.* Der Wagen wartet.

Kanzler. Zur alten Frau von Tiefenthal.

Jakob. Sehr wohl! *Geht ab.*

Sekretär. Zur alten Frau von Tiefenthal? — sind Briefe von ihrem Sohn, dem Gesandten, da?

Kanzler. Nein — Ha! Ist heute Betstunde bey ihr. *Geht ab.*

Sekretär. Aha! so! so!

Fünfter Auftritt.

Zimmer aus dem ersten Auftritt bey Drave.

Drave und Philipp Brook *kommen im Gespräch herein.*

Drave. Nein, lieber Brook, Vorzug findet nicht Statt. Ich bin bey aller Liebe nicht blind für Sie. Ihr Bruder weiß recht wohl, daß ich Ihr Einschließen, Ihre Unthätigkeit hasse. — Und ich sage Ihnen, lieber wollte ich einen andern Fehler an Ihnen sehen, als Unthätigkeit.

Philipp. Halten Sie mich für so unthätig?

Drave. Sie haben Eindruck auf die Menschen gemacht, unter jenen Sie leben. Man hat Erwartungen von Ihnen; das gemeine Beste hat Rechte auf Sie. Diese Dinge bestimmen Ihren Beruf; den ehrenvollsten, den ich kenne. — Sich wochenlang in des Großvaters Bibliothek begraben, und über Varianten ängsten — heißt nicht, ihn erfüllen.

Philipp. Wie gern wollte ich Ihren Wünschen entsprechen, wenn nur —

Drave. Glauben Sie mir, es ist leichter, über die Verderbtheit der Menschen zu klagen, als zu ihrer Besserung thätig seyn. Man macht gute Menschen, wenn man ihr Gutes sucht, und sie aufmerksam darauf macht. — Der finstere Späher nach Argem zeugt Bösewichter. Wer immer prüft, genießt nie!

Philipp. Soll ich zu dem Gemählde gesessen haben, so mahlen Sie mit harten Farben!

Drave. Keineswegs! Nur ein Jahr älter etwa!

Philipp. Auch wenn —

Drave. Worin unterscheiden sich meine Gefühle über Sie Beide? Ihr Bruder kränkt mich — Sie bekümmern mich. Ihr Bruder lacht aller ernstlichen Pflichten, spottet aller Wärme des Staatsbürgers für das anverwandte Ganze; und eine edle Blume verblühet ungenutzt. — Ihre

Kräfte schlummern für ein Ideal, für die Geburt Ihres Eigensinns. Sie thun nichts, weil Sie nichts Ausgezeichnetes thun können; oder was Sie thun, hat einen Zuschnitt auf Verhältnisse, die hier entweder gar nicht, oder nur im Kleinen da sind. Unselige Ausschweifung an den beiden äußersten Enden! sie ist dem Vaterlande und der Menschheit so schädlich, als Bosheit und Vorurtheil. — Thörichte Mode unsrer Zeiten, veredelt durch das erlogene Motto — philosophischer Sinn — du machst uns arm an nützlichen Bürgern, um uns an ungeselligen Menschen zu bereichern. So manches Vaters blühende Hoffnung hast du vernichtet; du nimmst auch mir die Freude meines Alters!

Philipp. Mit einer hastigen Wendung. So gewiß ich meinen Onkel herzlich liebe, so gewiß er uns schuldig und unaussprechlich leidet, so wahr mich Menschheit und die Bande des Bluts auffordern, etwas zu thun, was meine Mitbürger aus dem Gewohnheitsschlaf wecken, sie eifriger auf ihre Rechte machen soll — so wahr soll das, was Sie jetzt Unthätigkeit nennen — meinem Vaterlande bald heilsam seyn!

Drave. Mit Wärme. Ja, wenn Sie darum —

Philipp. Darum, und nur in dieser einzigen Rücksicht konnte ich den Anschein der Unthätigkeit ertragen! Ich habe Hülfsmittel zu meinem Vorhaben — das nichts geringers ist, als meinen

Onkel wieder in seine ~~Rechte~~ zu setzen, und das Ungeheuer in seinem eignen Gifte zu ersticken. Ich sammle schon lange an Beweisen gegen ihn, ich habe den Minister schon vorläufig benachrichtigt, ich habe Schutz und Gerechtigkeit zu hoffen, wenn meine Beweise unwiderlegbar sind — den sprechendsten erwart' ich noch.

Drave. Der ist?

Philipp. Mein Onkel selbst. Ich habe seine Flucht zu erkaufen gewußt. Ich schickte Leute in die Gegend; sie haben ihn aber verfehlt. Er ist fort — ich weiß nicht, wohin? Der Kanzler läßt ihn suchen — ich auch — Ist er da, dann spreng' ich die Mine. Daher die Verzögerung!

Drave. Unbegreiflich ist die Schwäche, womit der Fürst — der sonst ein guter Mann ist — diesem schändlichen Geschöpf seine Unterthanen Preis giebt.

Philipp. Uebelverstandne Dankbarkeit — wegen des großen Prozeßes, den er dem Hofe gewann — nun Gewohnheit.

Sechster Auftritt.

Vorige. Ludwig Brook.

Drave. Ach sieh da! Hier kommt jemand, mit dem Sie zu sprechen haben. Er geht an die Thüre, kehrt um, und tritt zwischen Beide, mit Rührung. Der Segen Eures Vaters war: — Seid einig!

Geht ab.

Ludwig, Etwas verlegen. Ich bin erfreut — recht angenehm überrascht! —

Philipp. Bist Du? — Sanft. Angenehm? — Bist Du wirklich?

Ludwig. Ohne Frage! Es ist lange her, daß wir uns nicht sahen.

Philipp. Mit einem Seufzer. Fürwahr!

Ludwig. Leicht. Die mancherley Hindernisse — man ist doch ganz aus seinem Gleise, wenn man von der Universität kommt! — Hernach hat man so viele Bekanntschaften zu machen —

Philipp. Daß man die älteste darüber vergessen muß?

Ludwig. O, ich habe niemals —

Philipp. Denn, leider darf ich nicht sagen: die herzlichste!

Ludwig. Warum nicht?

Philipp. Nach einer bedeutenden Pause. Leben wir als Brüder?

Ludwig. Wenn nicht Alles unter Uns ist, wie es seyn sollte — so bist Du wahrlich Schuld daran! — Deine Forderungen sind zu groß.

Philipp. Meine Forderungen? Brüderliche Liebe? Dein Glück? — Ist das zu viel gefordert?

Ludwig. Du willst mein Glück zu ernstlich. Es fällt ins Tragische.

Philipp. Wird es Dir so schwer, den Drang meines Herzens auf diese Forderung zu ertragen? — Man veranstaltet Zusammenkünfte unter uns? — Es ist weit gekommen! — Und diese? — Aeußerst zärtlich. wird sie meinem Herzen einen guten Tag gewähren?

Ludwig. O ich — bin nicht falsch. Ich nicht.

Philipp. — Ludwig, ich habe Dich herzlich gefragt, und auf Deinem Gesicht ist nicht ein Zug von Herzlichkeit — nicht ein gutes Gefühl hast Du für mich, das mir eine willige Versicherung gewährte.

Ludwig. Das ist übertrieben! Ich bin im Gegentheile herzlich geneigt zur Versöhnung. Du bist es nicht!

Philipp. So? — Ich dachte nicht, daß wir so ständen!

Ludwig. Wie nimmst Du nun das wieder auf? Es ist mit Dir nicht zu leben.

Philipp. Auf Heftigkeit war ich gefaßt. Vorwürfe erwartete ich wohl, aber Kälte? — Kälte thut mir weh! — wohl, argwöhne von mir — verkenne mich — kränke mich — mein Herz ändert sich nicht! Wir sind Brüder — Du hast das vergessen — Aussöhnung kann unter uns nicht Statt finden!

Ludwig. Recht fein, recht listig abgesprungen.

Philipp. Es war der Segen unsers Vaters über uns: **Seyd einig!**

Ludwig. Ungeduldig. Mein Gott, das sind wir ja auch!

Philipp tritt einige Schritte zurück, geht die Länge des Zimmers herab.

Ludwig. Moralische Vorlesungen kann ich nicht halten, aber ich bin darum doch ein guter Kerl.

Philipp. Wendet sich mit Wärme zu Ludwig. Entfernung kann Deinen Freund kälten, Eigennutz ihn verscheuchen; Weiberliebe weicht Schicksalen — Deinen Bruder raubt Dir kein Unglück! — Kommt einst der Augenblick, wo Du den Glauben an Menschen verlierst — fast jeder Mensch hat in seinem Leben einen solchen Augenblick! — nur dann vergiß mich nicht! wirf Deine Bürde getrost auf mich hin! Das Herz, das Du jetzt von Dir stößest, ist offen und brüderlich für Dich, bis es nicht mehr schlägt. Geht ab.

Siebenter Auftritt.

Ludwig Brook allein.

Fort geht er — und läßt mich dastehen — als wäre ich der größeste Sünder an ihm! — Sah man aber je an einem zweideutigen Menschen dergleichen dreiste Stirn? Sanftmuth im Gesicht, Moral auf den Lippen, und schwarzen Groll im Herzen! Hat seine Beredtsamkeit mich über den Haufen geworfen — was sollen erst Andere denken? Brüderliche Liebe und Empfindung! und Empfindung und brüderliche Liebe! und komplottiert mit der frommen Rotte frisch zu auf mein Verderben! Aber ich lasse mich nicht mehr zum Narren haben. Mußt ich dulden bis hieher? Nun ist's aus! Habt Ihr vorhin Aergerniß an mir genommen? nun sollt Ihr es finden! Euch soll vergolten werden; ich bürge Euch dafür!

Die Mündel.

Achter Auftritt.

Voriger. Lisette.

Lisette. Ach je — lieber Herr Brook, sind Sie's? wußt ich doch nicht — konnte ich doch gar nicht glauben — meinen Augen gar nicht trauen —

Ludwig. Was nicht? — was wußte Lisette nicht? — was konnte Sie Ihren schönen Augen nicht trauen?

Lisette. Sie hier? wirklich selbst hier?

Ludwig. Nun! da ich es nun bin?

Lisette. Ist mirs von Herzen lieb, daß wir nicht von Ihnen vergessen sind! *Will gehen.*

Ludwig. Wohin so eilig?

Lisette. Ich wollte sehen, ob Herr Drave hier wäre. Aus dem Rosenschen Komptoir ist schon dreymal nach ihm geschickt. Herr Rose war sogar selbst schon da. Ist Herr Drave noch nicht hier gewesen?

Ludwig. Vorhin. Ja.

Lisette. Nun, so will ich geschwind —

Ludwig. Was?

Die Mündel.

Lisette. Sehen, wo er ist.

Ludwig. Mögen die Alten einander selbst suchen! genug, daß wir einander gefunden haben.

Lisette. Sie wissen doch immer was Verbindliches zu sagen, und ist Ihnen doch niemals Ernst.

Neunter Auftritt.

Vorige. Auguste tritt ein.

Ludwig. Nicht Ernst, Kleine? *Er küßt sie.*

Lisette. Herr Brook! ey, Herr Brook! *Sie dreht ihn nach Augusten hin, und geht mit einer drolligen Verbeugung ab.*

Ludwig. Ah — sieh da, meine schöne Auguste! *Er küßt ihr die Hand.*

Auguste. *Leicht hin.* Dießmal bin ich Ihnen eine unwillkommene Erscheinung!

Ludwig. Unwillkommen? — Die Erscheinung, nach der ich seufze?

Auguste. Indeß —

Ludwig. Hm! — die Opfer im Vorhof des Tempels der Liebe.

Auguste. *Schnell einfallend.* Sie waren lange nicht hier.

Ludwig. Seit — fünf Tagen nicht. Glücklich für mich, wenn Ihnen das lange dünkt!

Auguste. *Verlegen.* Ich habe indeß meine Arbeit auch wieder vorgesucht, *Sie nimmt die Papiere von der Stickerey.* und bin wirklich weit gekommen.

Ludwig. Ah! herrlich! vortrefflich! — Meine Zeichnung darf ich gar nicht gegen Ihre Stickerey sehen lassen. — Schön! göttlich! — wie Alles, was Sie machen.

Auguste. Zu viel Lob ist scharfer Tadel, Herr Brook! *Sie legt die Papiere wieder auf die Arbeit.*

Ludwig. Zu viel Lob? *Er nimmt die Papiere wieder weg.* Da — sehen Sie diese Schattierungen — wie allerliebst! — hier die grünen Knospen — sie leben! — und die Leichtigkeit, womit Alles gemacht ist — O, es ist die vollkommenste Täuschung! Natur selbst!

Auguste. Da schiene ich Ihnen also die Wiederholung Ihres Kompliments abgenöthigt zu haben.

Ludwig. Kompliment nennen Sie's, wenn ich nur die gerade Wahrheit sage?

Auguste. Wahrheit? — Ihre Wahrheitsliebe bey dem Frauenzimmer — ist nicht Ihre glänzendste Eigenschaft.

Ludwig. Wie?

Auguste. Ueberhaupt nicht die glänzendste Eigenschaft der Männer!

Ludwig. Leidiges Vorurtheil gegen unser Geschlecht. — Ironisch. wovon Sie mich, hoffe ich, ausnehmen werden?

Auguste. Fixiert. Sollte ich dürfen?

Ludwig. Gewiß! — O ich bin —

Auguste. Ja, nun ja, die Aufrichtigkeit, die Beständigkeit selbst —

Ludwig. Hm! Ja, das bin ich.

Auguste. Und vorhin — Auf die Thür zeigend, wo Lisette abging. das war so eine von den Proben Ihrer gewissenhaften Treu.

Ludwig. Lachend. Aber Sie sind auch —

Auguste. Zum guten Glück war ich nur gegenwärtig. Aber wie meinen Sie, wenn das Mädchen Ihres Herzens das gesehen hätte?

Ludwig. Schmeichelnd. Sie würde mich entschuldigen.

Auguste. Aber wenn sie nun ernstlich liebt? —

Ludwig. Um so mehr wird sie eine unbedeutende Nuance übersehen.

Auguste. Mit Antheil. Ihr Leichtsinn müßte ihr doch Kummer machen — denke ich —

Ludwig. Ha ha ha! — so wär es eine wahre Liebe von ehedem.

Auguste. Betroffen. Von ehedem?

Ludwig. Ja wohl!

Auguste. Wie meinen Sie das?

Ludwig. Ich meine — Einen ernsthaften Ton affektirend. eine Liebe, wie es jetzt gar keine mehr giebt; eine aufrichtige, herzliche Liebe.

Auguste. Haben Sie Grund zu glauben, daß es keine solche Liebe mehr giebt?

Ludwig. Nur zu viel!

Auguste. Sie glauben vielleicht, daß man Sie hintergangen hat?

Ludwig. Unzählig that man das, und wird nicht unterlassen, es wieder zu thun.

Auguste. Ahndend. Das ist schlimm!

Ludwig. Bey meiner ersten Liebe — O, ich war damals rasend verliebt! — verliebt, wie ich es nachher nie wieder geworden bin. — Bey dieser ersten Liebe diente ich, zum Lohn der schmerzlichsten Aufopferungen, meiner Göttin zum Prunk. Ich seufzte, schmachtete, verzweifelte; sah, woran ich war, und ward geheilt für immer — dachte ich! — und glühte doch noch einmal einer Andern. — Nun, und? siehe da — ich diente der scheuern Dame zu weiter nichts, als das Phlegma des Begünstigten zu reitzen.

Auguste. Wer weiß, ob —

Ludwig. Schnell und steigend. Ein andermal fand ein holder Engel für gut, zu jeder Parthie auf meinen Arm zu rechnen; da war ich wieder — doch ich

Die Mündel.

werde Ihnen langweilig, wenn ich alle die Fälle erzähle, wo meine ernsthafte Liebe dem schönen Geschlecht zur Puppe diente.

Auguste seufzt.

Ludwig. Ja wahrlich, zur Puppe diente sie ihnen: sie haben sie angekleidet, geputzt, weggeschlossen, geändert, weggeworfen, vertauscht — alles, wie es ihnen gefiel.

Auguste. Ich bedaure Sie, wenn es so ist!

Ludwig. O fürwahr! Ich bin sogar des artigen Spiels halber einmal am hitzigen Fieber tödtlich krank geworden. Ernsthaft. Aber da war es auch aus! — Fröhlich. Seitdem —

Auguste. Uebten Sie das Vergeltungsrecht? —

Ludwig lachend. Je, nun —

Auguste. Sie denken wohl nie daran, wie manches guten Mädchens Ruhe Sie auf immer gestört haben?

Ludwig. Hm — das ist nicht der Fall — denn —

Auguste. Wie manche Unglückliche Sie gemacht haben?

Ludwig. Gewiß nicht Eine! — Mit Gutmüthigkeit. Einmal halte ich mich — so wie ich da bin — nicht für den Burschen, der einem Mädchen gefallen kann, das in süßer Schwärmerey fortzuleben denkt. Ich tauge dazu nicht! Die Sprache der

Betheurungen kennen ja die Mädchen von der Puppe an, und Schönheitsversicherungen sind nicht Liebeserklärungen.

Auguste. Ach Gott!

Ludwig. Ein edles Mädchen kennt diese Dinge nach ihrem Werth, und wird sicher nie ein Opfer davon. Und die Andern haben keine Herzen! — der Fleck ist verdorrt, und widerwärtige Früchte blühen unter dieser heißen Zone. — Die Reue über verschwendetes Vertrauen; die Versuche, den Verräther mit Kälte zu strafen; Versuche, die von den glühenden Wangen, den feurigen Augen vernichtet werden, in der rasendsten Wuth, das Gefühl ihrer Schwäche — und dann bey dem mindesten Entgegenkommen volle Verzeihung für den geliebten Bösewicht — O das sind herrliche Gefühle, die der arme Mißhandelte zur Vergeltung haben darf, wo er kann!

Auguste. Wie mag es dem armen Mädchen gehen, die nun grade ernstlich liebt?

Ludwig. Ernstlich? — hm!

Auguste. Nur Einen liebt. — Keinen Andern lieben kann, wenn sie betrogen wird.

Ludwig. Die Liebe stirbt nur mit den Liebenden, nicht mit geänderten Verhältnissen. Man kann genöthigt seyn, sich zur Verbesserung seiner Umstände, nicht nach Neigung zu verbinden — das Alles ist möglich! Aber was liegt daran? — Ehe?

Heirath? — Mein Gott, was geht ein solcher ökonomischer Kontrakt die Liebe, die echte Liebe an? Diese bleibt in allen Verhältnissen sich gleich, schwindet nicht, mindert sich nicht — bleibt treu bis in den Tod! — Aber was ist Ihnen?

Auguste. Sich gewaltsam aufrecht haltend. O nichts von Bedeutung.

Ludwig. Aber —

Auguste. Sie erneuerten in mir eine Erinnerung an — eine meiner Freundinnen, die auch so hintergangen ward, und nun —

Ludwig. Nun? —

Auguste. — Grenzenlos unglücklich ist! Geht ab.

Ludwig. Hol mich der Teufel, so herzlich hat mich noch keine geliebt! liebt mich keine wieder! — wenn ich an meine liebe Zukünftige denke, so möchte ich ihr nachlaufen. — Aber — ich brauche Geld, und mehr als sie hat! Uebrigens habe ich mich so leicht und flach gezeigt, daß sie mich, hoffe ich, vergessen wird. Daß sie meinetwegen litte, verdiene ich nicht und will ich nicht.

Zehnter Auftritt.

Ludwig Brook. Kaufmann Drave.

Drave. Guten Tag, Herr Brook.

Ludwig. Ah!

Drave. Ich habe Sie heute zweimal vergebens gesucht.

Ludwig. So bedaure ich, daß —

Drave. Wie haben Sie Sich den einmal wieder hieher verlaufen?

Ludwig. Als ob ich so selten käme!

Drave. Zu mir wenigstens sehr selten!

Ludwig. Ihre ernstlichen Geschäfte — da Sie doch einmal so gütig sind, mich vermissen zu wollen — Ihre ernstlichen Geschäfte fürchte ich zu unterbrechen.

Drave. Geschäfte? die müßten von seltner Wichtigkeit seyn, wenn sie mir keine Zeit für meinen Mündel übrig ließen!

Ludwig. Gar zu gütig! aber dann doch —

Drave. Indeß Sie gebrauchten das Wort „ernstlich" — Freilich wohl — ich bin Ihnen

zu ernſtlich. Es thut mir leid genug, daß ich's
Ihrenthalben oft ſeyn muß. Denn, Gott ſey
Dank! — ich könnte meiner Schickſale halber
froh und heiter ſeyn. Aber Sie machen mir
Sorgen. Ich war von jeher für anvertrautes
Gut beſorgter, als für eignes.

Ludwig. Mit Zwang. Sie ſind immer ſehr gütig
mit mir umgegangen — davon bin ich überzeugt —

Drave. Freundlich. Ach — das iſt nicht der Fall!

Ludwig. Wie?

Drave. Davon ſind Sie nicht überzeugt.

Ludwig. Seyn Sie verſichert, daß —

Drave. Sie können das, was ich für Sie
thue, nicht überſehen; nicht wiſſen, warum ich
es thue, alſo auch nicht ſchätzen, wie ich es thue.
Es thut mir leid, oft weh! Aber ich bin Ihnen
deßhalb nicht feind. Sie kennen die Welt nicht —
gute Anlage, aber gemißbraucht von böſen Geſell=
ſchaften; übelgeordnete Lektüre, und Forderung auf
Grundſätze, die niemanden wohl thun, ſelten an=
paſſen — das iſt Ihr Unglück! — Sie ſehen, ich
halte Sie nicht für böſe; aber darauf muß ich doch
dringen, daß Sie dieſe Dinge ablegen, und ein
feſter, geordneter Mann werden.

Ludwig. Freilich wohl.

Drave. Was bewegt Sie nur dazu, ſich
vor mir zu verbergen? Ueber Jugendfehler, wenn

sie nicht ausarten, schmähe ich nicht, Schwachheiten kann ich übersehen — aber Verstellung — das ist wahr, die kann ich nicht leiden, die —

Ludwig. Ich hoffe nicht, daß Sie glauben, Sie wären mit mir in diesem Falle?

Drave. Hm!

Ludwig. Wie?

Drave. Ueberzeugen Sie mich, daß es nicht so ist; Sie leisten mir einen Dienst.

Ludwig. Wie kann ich das, da ich das Unglück habe, allezeit von Ihnen gemißdeutet zu werden?

Drave. *Warm.* Ueberzeugen Sie mich, daß Sie es mit mir und meinem Hause redlich meinen.

Ludwig. Bey Gott —

Drave. Keine Betheurung — Ueberzeugung! — Ich sollte heute schärfer prüfen, als je — und es ist möglich, daß ich Ihnen doch leichter glaube — weil ich Ihnen so gern glauben möchte.

Ludwig. Mich dünkt, schon dadurch, daß ich Ihnen nun alle meine Verlegenheit entdeckt habe, hätte ich nicht gemeines Zutrauen bewiesen.

{ Drave. Das ist etwas, das würde ich gelten lassen, aber —
  Ludwig. Aber?

Drave. Sie wollten Geld von mir haben, das entkräftet Alles. — Junger Mann — weinen möchte ich über Sie! Solche Anlagen — und Sie benutzen sie nicht. —

Ludwig. Manches Gute entwickelt sich nur mit der Zeit, und wird durch Erfahrung bestätigt.

Drave. Das ist noch meine einzige Hoffnung: theure Erfahrung werde es Ihnen bald deutlich zeigen; Ihr Weg sey der rechte nicht! Aber es ist Zeit! Sie sind in den Jahren, worin Sie auf eine Laufbahn denken müssen.

Ludwig. Da kommen Sie auf den Punkt, um dessentwillen ich hier bin. Ich fühle mich mehr als je gedrungen, aus dieser Unbestimmtheit heraus zu gehen —

Drave. Wohl Ihnen!

Ludwig. Mich um ein Amt zu bewerben!

Drave. Endlich einmal! Ich bin deßhalb mit Ihrem Bruder so wenig zufrieden, als bisher mit Ihnen. — Nun das freut mich! Es kann Ihnen nicht fehlen — denn wahrlich, Ihrem Kopfe mangelt das nicht, wovon ich manchmal glauben muß, daß es so hier und da — Ihrem Herzen abzugehen scheint.

Ludwig. Ich denke das um so mehr zu betreiben, da ich —

Drave. Nun?

Ludwig. Seit geraumer Zeit —

Drave. Was?

Ludwig. Ich will mich Ihnen anvertrauen, aber wenn Sie jetzt hart seyn wollen, so treiben Sie mich aufs äußerste!

Drave. Gutmüthig. Nun so reden Sie denn nur erst.

Ludwig. Schmeichelnd. Mehr als Vormund — Sie müssen itzt ganz Vater seyn wollen, um mich glücklich zu machen. Ich — ich liebe — und nur die Verbindung mit diesem reitzenden Mädchen kann mir Glück gewähren.

Drave. Brook! — Nach einem Innehalten. Brook! Gerührt. Lieben Sie denn das Mädchen wahrhaft?

Ludwig. Mit Deklamation. Ohne Schwärmerey, aber um so redlicher!

Drave. Feierlich. Wahrhaftig?

Ludwig. Wie vorher. Wahrhaftig!

Drave. — Wenn es so wäre!

Ludwig. Warum zweifeln Sie?

Drave. Brook! — ich war nur selten auf einer Hochzeit, wo mir nicht der Gedanke einfiel: „du hilfst einen Tag des Unglücks feierlich begehen!" — Brook! Brook! es ist etwas schreckliches, unglücklich verheirathet zu seyn!

Ludwig. Das habe ich reiflich überlegt.

Drave. Die Hülfsmittel gegen dieses Uebel sind in ihren Folgen oft noch schrecklicher, als das Uebel selbst!

Ludwig. Das ist nur zu wahr! Warum aber halten Sie diese Schrecken dem vor, der wohl gewählt hat?

Drave. Warum? — möchte ich doch den ganzen Jammer mißrathener Ehen, die Verzweiflung der alten getäuschten Aeltern, — schändliche Ausschweifung beider Theile, das Unglück der Kinder, die unter Haß und Thränen aufwachsen, sich nach schändlichem Beispiele bilden, für die edelsten Gefühle das Herz verschlossen haben — O! könnt' ich das Alles lebendig mahlen, Ihnen so vorhalten, daß Ihr leisester Zweifel zum unüberwindlichsten Hinderniß würde — ehe Sie Sich unglücklich machen; und das arme Geschöpf —

Ludwig. Sie machen Sich unnöthige Sorgen. Die Liebe — sie, die schon so unendlich größere Dinge bewirkte — hat auch mir Gesinnungen gegeben, die mein Glück machen müssen.

Drave. Hat sie? — O sagen Sie mir, hat das Mädchen Ihre Aenderung bewirkt?

Ludwig. Völlig!

Drave. Umarmt ihn. Gott sey Dank! — so seyd Ihr Beide glücklich!

Ludwig. Daher bin ich nun gekommen, Sie feierlich um Ihre Einwilligung zu bitten.

Drave. Ja? wirklich? — Aber warum sprachen Sie denn nicht früher?

Ludwig. In der Ungewißheit — der Verwirrung meiner Angelegenheiten —

Drave. *Im Tone des sanftern Vorwurfs.* Und wie konnten Sie die Fürsprache des Kanzlers bey mir gebrauchen wollen?

Ludwig. Ich wollte sie nicht. — Er hat mir sie beinahe aufgedrungen.

Drave. Aha! — Nun ja — ich weiß schon! das hat nun jetzt nichts mehr auf sich.

Ludwig. Ich habe also ihre Einwilligung?

Drave. *Mit einigem Kampfe.* — Ja! — aber mit Thränen bitte ich Sie — geben Sie nicht den Eingebungen Ihres Leichtsinns, geben Sie der bessern Ueberzeugung Gehör!

Ludwig. Gewiß! Sie werden Ihre Freude an mir haben. — Jede Ausschweifung wird sich in Ordnung verkehren.

Drave. Hab ich's doch immer gesagt, Ihre Anlagen sind gut, wenn nur erst der Augenblick käme, wo sie erwachten. Gott sey Dank, er ist gekommen! Ich habe Ihrem Vater in seine kalte todte Hand gelobt, ich wollte für Ihr Glück wachen — und kann nun selbst dazu beitragen!

Ludwig. Auch bahne ich mir durch diese Heirath den sichern Weg zu dem ansehnlichsten Amte —

Drave. Durch diese Heirath nun wohl eben nicht; aber es kann —

Ludwig. Gewiß durch diese Heirath! Wissen Sie Jemand, der mehrern Einfluß hätte, als der Kanzler?

Drave. Ja — der wird sich nun Ihrer Lage wohl nicht mehr annehmen.

Ludwig. Ey — jetzt mehr, als jemals.

Drave. Wie so — jetzt?

Ludwig. Da ich nun seine Tochter heirathe.

Drave. Was sagen Sie?

Ludwig. Ich meine — da ich nun seine Tochter heirathe.

Drave. Wen heirathen Sie?

Ludwig. Des Kanzlers Tochter.

Drave. Nein! — die heirathen Sie nicht!

Ludwig. Wie? warum nicht?

Drave. Nein — die heirathen Sie nicht!

Ludwig. Unbegreiflich! — Sie gaben ja Ihre Einwilligung.

Drave. Ich nehme sie zurück.

Ludwig. *Kalt.* Höchst sonderbar! Warum gaben Sie mir sie denn?

Drave. *Kurz.* Weil ich Sie mißverstand.

Ludwig. So? — Ey, wie fein! — Sie machten mich also erst recht sicher —

Drave. *An sich haltend.* Seyn Sie so gut, und lassen Sie mich allein.

Ludwig. Steigend. So recht treuherzig —

Drave. Laſſen Sie mich allein. Ich bitte Sie!

Ludwig. Um mich dann deſto bequemer auszulocken!

Drave. Gehen Sie — ich bitte Sie um Gottes willen.

Ludwig. Wie ſoll ich das von dem Mann begreifen, der mir immer ſeine Offenheit vorſpiegelt.

Drave. Herr! ich rathe Ihnen —

Ludwig. Seine Redlichkeit zum Muſter aushängt, und dann doch, ſeiner Frömmigkeit zum Poſſen, Dinge thut —

Drave. Menſch! Menſch!

Ludwig. Dinge, deren ſich keiner von uns Sündern ſchämen dürfte! daß Sie's wiſſen, Herr! ſchon lange traute ich dieſer religiöſen Larve nicht mehr; ſchon lange war ich dieſes Knabenzwanges, der mich ſaft = und kraftlos preßte, überdrüßig. Noch drittehalb Jahre haben wir mit einander zu ſchaffen — es ſteht bey Ihnen, Sich gleich jetzt der Laſt zu erleichtern. Wollen Sie? — Gut, ſo danke ich Ihnen hiermit für gehabte Mühe!

Drave. Undankbarer, abſcheulicher Menſch! — O mein Kind! — ich armer Vater!

Ludwig. Nun? was wüthen Sie denn?

Drave. Daß Du lebſt, Natter! daß das Mädchen Dich ſah — daß Du da vor mir ſtehſt! — Geh! ich beſchwöre Dich, geh fort!

Ludwig. *Beſcheiden.* Sollten Sie vielleicht andere Abſichten gehabt haben —

Drave. Ja — ich hatte ſie! — Mein Kind wollte ich an Sie verſchwenden — an Sie! Sie liebt Sie — gehen Sie, prahlen Sie damit in der Stadt, hängen Sie Ihren Namen zur Schande aus — und meinen dazu!

Ludwig. Es thut mir von Herzen leid, daß —

Drave. Sagen Sie, daß ich Sie Ihnen angetragen habe — daß ich ſie Ihnen angebettelt habe! — O ich kurzſichtiger Thor! meine unglückliche Auguſte! fort aus meinem Hauſe! aus meinem Geſichte fort! Ihre verfluchten Liebeleien könnten Ihnen ſonſt theuer zu ſtehen kommen!

Ludwig. *Schnell.* Uebrigens verſichere ich Sie, ich denke mit der größten Achtung von Mamſell Auguſten, aber daß ſie —

Drave. *In einem Uebergange.* Das Mädchen iſt tugendhaft, und bedarf das Zeugniß eines — Ihres Zeugniſſes nicht.

Ludwig. Ich verſichere Ihnen —

Drave. Ich will keine Verſicherung — aber ich will, Sie ſollen gar nicht von ihr ſprechen. Gar nicht, auch nichts Gutes. — Hören Sie, verſprechen Sie mir das feierlich — heilig.

Ludwig. Ich —

Drave. Still! Es ist gleichviel. — Wenn Sie meiner Tochter Ruf zu nahe treten — ein Haar breit zu nahe treten! — ich kenne Sie — aber wo Sie das thun — zittern Sie vor mir! — *Kleine Pause.* — *Er trocknet sich die Stirne. Einen Schritt zurück.* Die Sache ist abgethan — Gott befohlen, Herr Brook!

Ludwig. *Kalt.* Was also meine Verheirathung anbetrifft —

Drave. Nachmittags werde ich Sie deßhalb rufen lassen.

Ludwig. Wozu das? Ich habe ja Ihre Einwilligung.

Drave. Nachmittags werde ich Sie deßhalb rufen lassen.

Ludwig. Ganz wohl. *Im Abgehen.*

Eilfter Auftritt.

Kaufmann Drave allein.

So! — nun kann ich gemächlich mein Elend übersehen. *Wirft sich in einen Stuhl.* Wie nun, — sind das meine Hoffnungen? — wie soll ich Fassung finden, das zu ordnen?

Zwölfter Auftritt.

Kaufmann Rose. Voriger.

Rose. Verzeihen Sie, lieber Drave —

Drave. Lieber Freund — ich bin gewiß, es kränkte Sie, wenn Sie Zwang an mir bemerkten — daher gradezu: — Sie kommen mir jetzt nicht gelegen.

Rose. Leider! Ich komme Ihnen nicht gelegen — und gäbe Alles darum, ich müßte nicht kommen. — Hören Sie mich —

Drave. Ich kann nicht — mein Herz ist zerrissen. — Ich kann nicht! —

Rose. *In großer Bewegung.* Freund in der Noth, — hören Sie mich Unglücklichen.

Drave. Wenn Ihr Unglück größer ist, als das meinige — so will ich Sie hören.

Rose. Sie kennen mich als einen wohlhabenden reichen Mann?

Drave. Ja.

Rose. Ich bin es nicht mehr.

Drave. Was sagen Sie?

Rose. Ich bin zu Grunde gerichtet.

Drave. Nicht möglich!

Rose. Durch einen Amsterdamer Bankerot — ganz zu Grunde gerichtet.

Drave. Kann ich abwenden — unterstützen — aufhelfen, lieber Rose? — Sie sind Herr meines Wenigen.

Rose. Heftig. Ach Gott — Sie vergessen —

Drave. Was?

Rose. Das große Kapital Ihres Mündels steht ja bey mir.

Drave. O mein Gott! —

Rose. Sie Unglücklicher haben Sich für mich verbürgt!

Drave. Meine Familie — mein Kind!

Rose. Ich habe Sie zu Grunde gerichtet.

Drave. Verzweifelnd. Beschimpft und zum Bettler!

Rose. Ich habe Sie gesucht und nicht getroffen — Ich habe Brooken gesucht und nicht getroffen — Jetzt ist alles bey mir versiegelt. — Laut weinend. Und ich habe Sie ruiniert!

Drave. Zerknirscht. Gott, du beugst mich tief!

Rose. Das halte ich nicht aus. Setzt sich bey Seite, sich das Gesicht bedeckend.

Drave. Als ein bemittelter Mann stand ich auf — als Bettler lege ich mich wieder nieder.

Rose schluchzt laut.

Drave. Mit Größe. Wie Gott will.

Rose. Kommt rasch auf ihn zu. Ihr Schicksal ist hart, und doch — Gott weiß es — meines ist härter. — Was ich habe — so wie ich hier vor Ihnen stehe — das ist mein Alles.

Drave. Sanft. Auch mir wird nicht mehr übrig bleiben.

Rose. Meine unerzogenen Kinder sind ohne Brot.

Drave. Meine Tochter auch.

Rose. So weit sind wir gleich. — Aber Sie haben doch keine Familie ins Elend gebracht. — Sie sind ein Unglücklicher — ich heiße ein Betrüger. — Den Gedanken kann ich und kann ich nicht ertragen. — Hören Sie — große Noth — und die Rettung eines ehrlichen Mannes entschuldigen Alles, — Brook ist reich — verliere er die eine Hälfte — zahlen Sie denn in Gottes Namen die andere. — Wir wollen die Bürgschaft läugnen.

Drave. Nein!

Rose. Ich will ja nichts! — Einen Stab in die Hand — und meines Gottes weite Welt ist mein Haus — nur verfolge mich Ihr Elend nicht bey jedem Wassertrunk. O thun Sie das!

Drave. Nimmermehr!

Rose. Ach Gott! Thun Sie's. Der Kanzler ist gegen Sie — sonst wäre auch bey mir nicht so hastig versiegelt. — Ich weiß es aus sicherer Hand — eilen Sie —

Drave. Ich will nicht. Auch kann ich ja nicht. Ich bin straffällig, daß ich meines Mündels Geld, ohne Wißen der Obervormundschaft ausgeliehen habe.

Rose. Aber lieber Gott, mein Haus schien ja so sicher, als die Landeskasse! Nein, unmöglich, man kann Sie nicht verdammen.

Drave. Man kann mir Alles nehmen; und ich bin gewiß, man wird mir auch Alles nehmen, — wenn es nur zureicht.

Rose. Ihre Verwünschungen müssen mich treffen!

Drave. Seyn Sie meinethalben ruhig. Ich kann arbeiten. — Kann ich nicht mehr — Gott befehle ich Weib und Kind, mein letztes Haus muß mir doch werden.

Rose. Sie sollten mich verfluchen — und Sie lindern meinen Jammer — Ach ich kann nicht von der Stelle — bey Ihnen ist mir am besten. Ich habe Hülfe gesucht bey meinen Freunden — und nicht einmal Trost gefunden — und meine Tochter — ach! meine Tochter —

Drave. Gehen Sie zu ihr — beschließen Sie Ihre letzten Tage bey Ihrem Kinde.

Rose. O nein! o nein!

Drave. Warum nicht?

Rose. Ich ging zu ihr — meine Charlotte war immer mein liebstes Kind — ich gab ihr eine

fürstliche Aussteuer — Ach Sie wissen es. — Ein freundlicher Blick von ihr kann mir das Leben geben. Ich kam vom Kanzler — ich hatte viel gesprochen — der Schreck — die Angst — ich war heiß und es dürstete mich — ich warf mich in ihre Arme — Ach, Lottchen, sagte ich — Lottchen, einen Trunk — gieb mir einen Trunk! — Ich suchte Trost in ihren Armen — und sie warf mir meine liederliche Haus:
haltung vor —

Drave. Scheusal — Scheusal!

Rose. Sie ging. — Meine Enkel spielten an meiner Tasche, und forderten Geschenke von mir, wie sonst — und ich konnte ihnen nichts geben. Ein Bedienter brachte mir einen Trunk — und nahm die Kinder von mir weg —

Drave. Komm in meine Arme — gekränkter Mann — meine Auguste verwirft Dich nicht. O, ich bin nicht arm, — ich bin reich — ich bin ein Prasser gegen Dich. — Meine Auguste soll Dich pflegen — Was über uns verhängt ist, tra: gen wir gemeinschaftlich, theilen unsre Leiden — unsern Trost und die letzte Brotrinde.

Rose. — Alles hat mich verlassen — und der rettet mich, den ich verderbe! — Sie retten mich vom Selbstmorde —

Drave. Wie?

Rose. Ja, vom Selbstmord. — Mein unmensch: liches Kind hätte ihn zu verantworten gehabt —
Er will Draven die Hand küssen.

Drave. Mein Vater!

Rose. — Mann, wenn einst Deine Augen brechen, so stärke Dich diese That. — Du hast viel Kranke erquickt — viel Thränen getrocknet — am großen Tage der Vergeltung hat auch diese That Dir eine Stäte bereitet. Geht ab.

Drave. Fallen muß ich — das ist sicher, — nur will ich ordnen, wo ich kann — und vor Allem meine unglückliche Familie vorbereiten.

Dreizehnter Auftritt.

Drave. Friedrich.

Friedrich. Ein Gerichtsdiener brachte das, mein Herr —

Drave. Nehmend. Ich würde meine Erklärung gleich einreichen.

Friedrich geht ab.

Vierzehnter Auftritt.

Voriger. Hernach Friedrich.

Drave. — Hm! schnelle Justiz! das ist wahr! Ruft. Friedrich!

Friedrich kommt.

Drave. Ruf Er meine Frau.

Friedrich geht ab.

Drave. Ich habe heute viel verloren. — Vielleicht Alles. — Ich bin tief gebeugt — aber noch ist mein Muth nicht ganz gesunken. — Was mich am härtesten träfe — das steht mir noch bevor. Wenn ich mich geirrt hätte — Aufs Herz. wenn du verwundet würdest — wenn ich Weib und Kind nicht fände, wie ich sollte — O Gott, dann ende mit mir!

Funfzehnter Auftritt.

Madam Drave. Voriger.

Mad. Drave. Du hast mich rufen lassen?

Drave. Ja. Und Auguste? Wo bleibt Auguste?

Mad. Drave. Sie wird denken, ich komme — ich war auch unten. Friedrich ruft sie. — Der alte Rose war ja heute schon etliche Mal da — hast Du ihn gesprochen?

Drave. Ja. — Gut, daß Du darauf kommst. Höre — ich habe eine Unternehmung vor — eine wichtige Unternehmung — mein Vermögen reicht kaum dazu hin. Soll sie glücken — so muß ich beträchtliche Zusätze machen können. Meine Handlung verstattet mir kaum so schnellen Gewinn. —

Ich muß mir daher durch große Einschränkungen ein ansehnliches Kapital sichern —

Mad. Drave. Von Herzen gern.

Drave. — Ja? — Ich habe mich bereits eingelassen — auf Dich und Augusten kommt es an, ob ich mich nicht verrechnet haben soll.

Mad. Drave. Von unsrer Seite kannst Du auf Alles rechnen. Bestimme selbst, wie es Dir am besten scheint.

Drave. Ihr würdet Euch viel versagen müssen.

Mad. Drave. Wenn es Dir wichtig scheint, und Freude macht — immerhin!

Drave. Versprichst Du nicht zu viel?

Sechzehnter Auftritt.

Auguste auf Lisetten gestützt. Vorige.

Lisette. Einen Stuhl, Madam!

Drave. Mein Gott!
Sie bringen Augusten auf einen Stuhl.
Mad. Drave. Was ist das?

Lisette. Die Mamsell kam aus ihrer Stube und weinte. — Sie ging die Treppe hinauf — auf der Mitte wollte sie mich rufen, und ward beinahe ohnmächtig —

Die Mündel.

Auguste. Die mehr von heftiger Bewegung, als von Schwäche, zu reden verhindert war. Ist das wahr, mein Vater? sagen Sie — ist das wahr?

Drave. Was? mein Kind!

Auguste. O, Sie wissen es, liebe Mutter! sagen Sie es mir.

Mad. Drave. Was hast Du denn?

Auguste. Treulos! — beschimpft! — und ich liebte ihn so herzlich.

Drave. *Zu Lisetten.* Ist sie ausgewesen?

Lisette. Nein.

Auguste. O, es ist wahr!

Mad. Drave. Was denn?

Drave. *Zu Lisetten heftig.* War jemand bey ihr?

Lisette. Der Hofrath war da.

Auguste. Er verheirathet sich, liebe Mutter!

Drave. Weißt Du Dein Unglück schon?

Auguste. Und auch das Ende — den Tod.

Drave. Weißt Du es? — Ja, es ist wahr — Brook heirathet des Kanzlers Tochter — das Kaufmannsmädchen wird ausgelacht — nun wisse auch meines. — Der ehrliche Rose ist gestürzt — ich war für ihn Bürge — ich bin bankerott.

Mad. Drave. Ach Gott!

Auguste. Ach — und sie liebt ihn nicht! — sie liebt ihn nicht, wie ich —

Drave. Zahlen muß ich — und Alles, was ich habe, reicht kaum hin.

Auguste. Warum lehrte er mich Gefühle kennen, die mir fremd waren? warum schwur er mir unter frommen Betheurungen eine Liebe, die er nicht fühlte?

Drave. Hat er Dir Liebe geschworen?

Auguste. Ach — unzählige Mal!

Drave. So will ich den Meineid strafen, oder —

{ **Auguste.** Was wollen Sie thun?
{ **Mad. Drave.** Du wirst doch nicht —

Drave. Ich werde, Weiber! Ich werde!

Auguste. O mein Vater, auf mich lassen Sie alles Elend fallen! — lassen Sie mich im Jammer umkommen. — Zürnen Sie auf mich — nur nicht auf Ihn, nicht auf Ihn!

Drave. Wie?

Auguste. Ach — ist er nicht unglücklich genug? — Lassen Sie ihn!

Drave. Gut, er lebe! werde auf Rosen getragen — spotte Deiner Einfalt — lache Deiner Bürgerliebe. — Die Stadt nenne Dich eine Verführte. — Geh hin in ihre Dienste — reiche ihnen die Teller — sey Zeuge ihrer Liebkosungen. — Der Vater — der Gebeugte — der Elende — Ich! mag mich im Jammer krümmen und Almosen suchen vor ihrer Thüre. — Genug, Dein liebendes Herz ist befriedigt; — Deinen Romanenempfindungen ist Genüge geleistet. —

Mad. Drave. Höre auf! schone ihres Zustandes!

Drave. Wer schonet meiner? wer giebt mir Trost?

{ Auguste. Kann ich Arme —
{ Drave. Die Stütze seiner Aeltern seyn — Das ist ein großer Gedanke — der redlichen Liebe stets gegenwärtig und heilig. — Vergißt Du über dem Bösewicht Deinen ältesten Freund — schwärmst Du höher für einen Schurken, als Du Deinen Vater liebst — so geh hin! — tändle im Mondenscheine — phantasiere in Deiner süßen Romanenwelt — indeß Dein Vater trostlos bettelt.

Er geht ab.

Vierter Aufzug.

Wohnzimmer beim Kaufmann Drave.

Erster Auftritt.

Kaufmann Drave. Sekretär.

Sekretär. Der Herr Kanzler schicken mich zu Ihnen — Sie lassen sich empfehlen und fragen —

Drave. Mein Herr Sekretär, die Begleitung, welche Sie mitgebracht haben —

Sekretär. Wartet unten auf den Erfolg meiner Unterredung mit Ihnen, und wird nicht eher etwas vornehmen, bis ich erklärt habe, daß es nothwendig ist.

Drave. Die Begleitung verkündigt Ihren Willen zu versiegeln; das ganze Spiel ist ja schon angeordnet. Lassen wir es dabey, und verlieren wir keine Zeit mehr durch Vorrede.

Sekretär. Der Herr Kanzler sind sehr in Verlegenheit, Ihrentwegen.

Drave. Wirklich!

Sekretär. Sie möchten so gern, daß Sie einen Ausweg finden könnten —

Drave. Man lasse mir Zeit: so kann ich mich erholen und dann in Terminen mit den Zinsen zahlen.

Sekretär. Die Obervormundschaft kann und darf sich nur auf Gewißheiten einlassen. Das Schicksal eines Kaufmanns ist ungewiß.

Drave. Also wollen Sie versiegeln lassen?

Sekretär. Wenn Sie keine Zahlung, oder der ähnliche Sicherheit leisten können —

Drave. Das kann ich nicht.

Sekretär. So muß ich, obwohl mit zerrissenem Herzen —

Drave. Ach mein Herr, Ihr Herz halte ich für unverletzbar.

Sekretär. Das will ich nicht verstanden haben. Den Unglücklichen muß man jeden Ausfall nachsehen, in welchen sie Erleichterung zu finden meinen.

Drave. Sie sind ja unerhört menschlich!

Sekretär. Wir achten es für unsre Pflicht, die Härte eines Schicksals, das wir nicht hemmen dürfen, durch die Art der Behandlung zu mildern.

Drave. Glauben Sie mir, daß diese Unterredung, dieser Hohn, in Gestalt des Mitleidens das Sie zu Ihrer Sicherheit, wegen der Meinung der Menschen, für nöthig finden, mich mehr schmerzt, als mein Fall, der Ihres Gebieters Werk und Plan ist.

Sekretär. Auch diese Lästerung will ich ignorieren. Nunmehr aber muß zur Sicherheit versiegelt werden. Haben Sie noch etwas zu sagen?

Drave. Ja!

Sekretär. Nun?

Drave. Die Geschichte meiner Vormundschaft ist ein merkwürdiger Beitrag, wie weit der Undank der Menschen gehen kann! Ich werde sie bekannt machen und die Schnelligkeit Ihrer Justiz wird dann die Leser wieder erheben, wenn das Komplott des Undanks und der Gewaltthätigkeit sie geschreckt und gebeugt hat.

Sekretär. Das kann Ihnen niemand verwehren. Ohne Zweifel werden Sie so vorsichtig schreiben, daß man von Obrigkeitswegen es billigen muß. Auf alle Fälle haften Sie mit Ihrer Person für die Unschädlichkeit der Broschüre; und so ist Ihnen der Zeitvertreib, bey dem Sie von dem leselustigen Publikum noch Gewinn machen können, als eine gute Spekulation nicht eben zu verargen, sondern ganz wohl zu gönnen.

Drave. Also — Sie versiegeln jetzt, und in jener Broschüre sprechen wir uns wieder.

Sekretär. So sagen Sie. — Pause. Worauf sehen Sie mich so bedeutend an?

Drave. Ich prophezeihe — daß dieser Handel
meine Verfolger entlarven wird. Er ist zu schwarz —
er wird Aufsehen machen — die Leidenschaft läßt
meine Feinde zu rasch und zu weit gehen, sie werden fürchterliche Blößen geben. Das ist ein Gewinn für die Menschheit. — Der Gedanke macht,
daß ich meinem Unglück mit Muth entgegen gehe.
Kommen Sie, wir wollen meinen Sturz, und die
Erleichterung des Volks durch meinen Sturz, mit
Freuden besiegeln. Will gehen.

Sekretär. Herr Drave!

Drave. Was noch?

Sekretär. Sie sind ein vernünftiger Mann?

Drave. In diesem Augenblick gewiß!

Sekretär. Schwimmen Sie nicht gegen den
Strom!

Drave. Lieber gegen den Strom an unter-
gehen, als mit dem Strome, wenn ich doch unter-
gehen muß.

Sekretär. Seyn Sie klug!

Drave. Was soll das heißen?

Sekretär. Es ist nicht an mir, Ihnen das
zu erklären. Sie können es wissen.

Drave. Was nennen Sie klug?

Sekretär. Wenn Sie durch Nachgeben und Offenheit beträchtliche Trümmer aus dem Schiffbruch retten!

Drave. Nachgeben? Sie wollen versiegeln, und ich sage, thuu Sie es. Offenheit? Was verschweige ich?

Sekretär. Das kann ich nicht wissen.

Drave. Wie?

Sekretär. Falls Sie aber etwas sagen wollen, was Sie bis jetzt verschwiegen haben — etwas — das den Herrn Kanzler interessieren könnte — oder die allgemeine Ruhe und Sicherheit: so meine ich, daß das in Ihrer Lage alle Vortheile bewirken müßte, welche die Erkenntlichkeit nur gewähren kann.

Drave. Was wollen Sie damit sagen?

Sekretär. Verstehen Sie mich nicht, oder wollen Sie mich nicht verstehen?

Drave. Ganz ehrlich gesagt, ich verstehe Sie nicht.

Sekretär. Ihr älterer Mündel, Herr Philipp Brook, erlaubt sich, aus überspannter Phantasie, allerhand sonderbare Dinge, abentheuerliche Plane und seltsame, wahrhaft bedenkliche Reden. Daß die Obrigkeit den Wahnsinn eines alten, fast kindischen Mannes ihm selbst und Andern unschädlich macht, ist ihre Pflicht.

Drave. Ja. Nun fange ich an zu begreifen.

Sekretär. Er leihet dieser einfachen Sache die sonderbarste Gestalt, und beunruhigt die Gemüther mit den Geburten seiner Einbildungskraft. Das Publikum nimmt auf seltsame Weise Parthie in der Sache.

Drave. Parthie nimmt es! O ja.

Sekretär. Wenn Sie, als ein wackerer Bürger, der es mit dem Ansehen der Obrigkeit gut meint, darüber Aufschlüsse geben wollten, vermöge deren der alte kranke Mann wieder in Pflege, Wartung und Verwahrung, und das Publikum aus seinem Irrthume kommen könnte — das, meine ich, würde Ihnen die besondere Erkenntlichkeit des Herrn Kanzlers zu erwerben geeignet seyn.

Drave. Schüttelt den Kopf. Versiegeln Sie.

Sekretär. Wie Sie wollen. Uebrigens habe ich ohne Auftrag gesprochen, es war alles nur meine Idee!

Drave. Herr Sekretär! Jene Sache mit dem alten Manne ist Gottes Sache. Er hat das Siegel abgenommen — lassen wir ihn wallten mit dem Endurtheile. Wer dafür nicht zittern muß — der freut sich darüber. Kommen Sie. Sie gehen.

———

Zweiter Auftritt.

Madam Drave. Auguste. Vorige.

Mad. Drave. Lieber Mann —
Auguste. Ist das wahr?
Mad. Drave. Man werde versiegeln?
Auguste. Sie verloren Alles!
Drave. *Zwischen beiden.* Kinder, beugt mich nicht durch Kleinmuth. Wir haben den Kummer Anderer getragen, wir werden nun auch Menschen finden, die unsere Last erleichtern. Muth und Standhaftigkeit! Ich verlasse mich darauf, daß Ihr mich aufrecht haltet. Zur Sache, mein Herr!
Sie gehen ab.

Dritter Auftritt.

Madam Drave. Auguste.

Mad. Drave. Ich weiß nicht, was ich thun soll. — Bald bin ich entschlossen, dem Fürsten unser Elend zu klagen — dann reuet es mich — in einem Augenblick hoffe ich — dann verzweifle ich an Allem.

Unterdessen geht mein armer Mann zu Grunde, und ich thue nichts — weiß ihn nicht einmal zu trösten. — Daß Brook so niederträchtig seyn konnte!

Auguste. Bedeckt das Gesicht. Still davon, liebe Mutter!

Mad. Drave. Deinen Vater auf ein untreues Inventarium anzuklagen! — Das ist nie erhörte Schändlichkeit!

Auguste. Auch ohne das wären wir doch geplündert. — Man will uns vernichten, — wir sollen unglücklich seyn: wozu wäre es außerdem nöthig, so schnell zu verfahren? — Ich halte es nicht aus. —

Mad. Drave. Nicht so, mein Kind — unser Schmerz soll Deines Vaters würdig seyn!

Auguste. Wenn nur Brook nicht ins Haus kommt!

Mad. Drave. Er komme, er komme nicht! gleich viel. Er handelt verächtlich, und es ist nicht möglich, daß Du das nicht empfinden solltest.

Auguste. Wir sollten ihn doch hören. Wie leicht ist ein junger Mensch überlistet, wie möglich ist es, daß die Bösewichter sich seiner bedienen und auf seinen Namen handeln, wovon er wohl nicht einmal etwas weiß.

Mad. Drave. Das mag die Zukunft entwickeln. Wir müssen jetzt nur für Deinen Vater leben und seinen Kummer lindern.

Vierter Auftritt.

Friedrich mit einem Kästchen. **Vorige.**

Friedrich. Nehmen Sie das — ich bringe noch mehr. Die Spitzbuben sollen nicht Alles haben.
Geht ab.

Mad. Drave. Das verbiete ich Ihm.

Auguste. Liebe Mutter, wer kann bey diesen Umständen in Fassung bleiben!

Fünfter Auftritt.

**Ein Kommissär. Zwey Gerichts-
diener. Vorige.**

Kommissär. Der Herr Aktuarius notieren unten; so wollen wir derweile hier anfangen. Ihr Diener! Was ist dieß für ein Zimmer?

Mad. Drave. Mein Wohnzimmer!

Kommissär. Nun, was meinen Sie? — Wer den Bankerott recht versteht, kann ein gesegneter Mann werden. Ich halte Herrn Drave für einen pfiffigen Handelsherrn.

Mad. Drave. Keine Beleidigung, mein Herr!

Kommissär. Bewahre Gott! Sie können in einem halben Jahre besser stehen, als vorher. Man läßt sich ein paar Siegel an die Thüre werfen, zahlt liederliche Prozente, und so schafft man sich unbequeme Posten vom Halse.

Mad. Drave. Zu diesen Niederträchtigen gehören wir nicht.

Kommissär. Vorerst geht man stille einher. Nach einem Jährchen kann die Küche wieder dampfen und die Pferde in den Boden stampfen, daß so ein armer Hund von Kreditor bey seinen schmalen Prozenten noch über und über mit Gassenkoth bespritzt wird, wenn er nicht bescheiden aus dem Wege geht.

Mad. Drave. Wir sind Unglückliche und wollen es lieber seyn, als Niederträchtige.

Kommissär. Wollen es seyn? *Schüttelt den Kopf.* O je — wie dumm! — Wollen dumm seyn? Nun — item jeder ist seines Glückes Schmidt. So will ich denn auch der Schnur nachgehen. *Er schreibt.* Das Wohnzimmer, also — Num. 14. *Zu den Gerichtsdienern.* Num. 14. Allons! angeschrieben.

Die Gerichtsdiener schreiben's mit Kreide über die Thür.

Kommissär. Keine Tapetenthür?

Mad. Drave. Nein!

Kommissär. Fall= oder sonstige Thür?

Mad. Drave. Nein!

Kommissär. Nichts von Effekten hier?

Mad. Drave. Wie Sie sehen.

Kommissär. Von Briefschaften?

Mad. Drave. Nein!

Kommissär. Aufgeschlossen!

Mad. Drave. *Oeffnet.* Hier.

Kommissär *wühlt umher.*

Mad. Drave. Sachte, mein Herr! es sind Quittungen nach Jahrgängen.

Kommissär. Können's ja wieder zusammen suchen! — He? was ist das? — *Zornig.* Rechnungsbücher? Wie?

Mad. Drave. Nur meine Haushaltungsausgabebücher.

Kommissär. *Drohend.* Gewiß?

Mad. Drave. Sie haben sie ja in Händen.

Kommissär. *Zu den Gerichtsdienern.* Legt's zu den Uebrigen, und kommt wieder.

Gerichtsdiener gehen ab, kommen hernach wieder zurück.

Kommissär. *Setzt sich, fächelt sich mit den Papieren, wischt sich die Stirn.* Wird ein recht heißer Tag heute, — gewaltig warm? — Was ist denn das für ein Kästchen?

Auguste. Unbedeutende Kleinigkeiten, mein Herr!

Kommiſſär. Aufgemacht!

Mad. Drave. Nur Frauenzimmeranzug und die nöthige Wäſche.

Kommiſſär. Umgeſtürzt — daß man ſieht, was dahinter ſteckt.

Mad. Drave tritt dazwiſchen.

Kommiſſär. Steht auf. Was beliebt?

Mad. Drave. Gemäßigt. Muß das ſeyn?

Kommiſſär. Ohne ſie anzuſehen, ſtürzt das Käſtchen um. Was ſoll der Flortand? — Hemden? — Je nun. — Aber aus dem übrigen Geſchleppe kann noch was für die Maſſe gelöſt werden. Er giebt dieſe Sachen an die Gerichtsdiener. Den Schreibtiſch fort! auf den Saal zu den Uebrigen — Allons!

Mad. Drave. Einen Augenblick! — Vergönnen Sie mir, ihn zu meiner Schreiberey und dem Verſchluſſe einiger —

Kommiſſär. Was Verſchluß! — Mit dem Verſchlieſſen haben Sie Sich wohl in Zukunft nicht mehr viel abzugeben. — Es ſteht eine tannene Servante oben, die bringt herunter. Die Gerichtsdiener tragen den Schreibtiſch hinaus. So! — Auf Ihr Gewiſſen! — iſt hier ſonſt nichts mehr verborgen oder verſteckt?

Mad. Drave. Mit Mühe an ſich haltend. Nein!

Kommiſſär. Daß ich, bey Leib und Leben, keine heimlichen Tuſchereien wahrnehme! — Kein

Abſeitsbringen! — Sonſt kommt Ihnen ſchweres Malheur über den Hals. Nun an die übrigen Sachen. Leinenzeug, Tiſchzeug —

Mad. Drave. Ich werde Ihnen alles zeigen.

Kommiſſär. Aufgemacht! ich will ſie in Empfang nehmen. *Er geht mit Madam Drave ab.*

Sechſter Auftritt.

Auguſte. Philipp Brook.

Philipp. Meine gute Auguſte! Wir leben eine Zeit, wo Sie von Jedem, der zu Ihnen kommt, erwarten müſſen, daß er Ihnen Unangenehmes zu ſagen hat.

Auguſte. Freilich!

Phipipp. Ihr Vater hat einen heftigen Augenblick gehabt —

Auguſte. Mein Gott —

Philipp. Der Aktuarius hat ihn ſchändlich beleidigt; Ihr Vater hat ſich vergeſſen —

Auguſte. Ich bin des Todes!

Philipp. Er hat dem Böſewicht die Mißhandlung thätig zurück gegeben. Für den Augenblick kann ihm das Unruhe zuziehen, in der Hauptſache kann er ſich rechtfertigen, und dieſer unangenehme Vorgang kann in der Folge nichts verschlimmern. Ich mußte Sie aber doch davon benachrichtigen, denn es läßt sich nicht voraussehen, wie der Haß des Kanzlers diesen Umstand benutzen wird, um wenigstens vorerst seinen Muth zu kühlen, wenn er auch am Ende nichts daraus machen kann.

Siebenter Auftritt.

Auguste. Madam Drave. Kaufmann Drave. Philipp Brook.

Mad. Drave. *Stürzt herein.* Nun ist's aus! — wir sind verloren.

Drave. *Tritt herein.* Nein, und wenn es mir auf der Stelle das Leben gekostet hätte.

{ Auguste. Armer Vater!
{ Mad. Drave. Ach Gott!

Philipp. Nur ruhig, Madam, nur ruhig. Das verschlimmert Ihre Lage sehr wenig.

Drave. Elender, nichtswürdiger Kerl! der nicht werth ist, daß ein ehrlicher Mann ihn trifft.

Mad. Drave. Sich an der Obrigkeit zu vergreifen, das muß ein schreckliches Ende nehmen.

Philipp. Seyn Sie ruhig. Ich war Zeuge, daß er Ihren Mann mißhandelte.

Drave. Als er von Unterschleif der Pupillen: gelder sprach — von Zuchthäusern für pflichtvergessene Vormünder — Ja da! — O, warum hielten Sie mich zurück?

Philipp. Wir müssen jetzt keine Zeit verlieren. — Also — vor Allem, um die Hauptsache zu heben — Bedienen Sie Sich meines Vermögens wie des Ihrigen —

Auguste.
Mad. Drave. } Großmüthiger Mann!

Drave. — Nein!

Philipp. Dabey verlieren kann ich ja nicht.

Drave. Das kann man nicht wissen.

Philipp. Sie sind ein redlicher Mann.

Drave. Ein Kaufmann — also dem Zufall mehr, als Andere, unterworfen.

Philipp. Aber, mein Gott! —

Drave. Dem Zufall, der mich auch jetzt zum Bettler macht.

Philipp. Mit einer Thräne. Ist das der Lohn Ihrer Vatertreue an uns?

Drave. Mein Lohn — wahrlich, der bleibt mir, der bleibt mir.

Philipp. Oder glauben Sie, daß ich mein Anerbieten nicht von ganzem Herzen thue?

Drave. Warm. Ich bin Ihrer gewiß. So wie bey mir das Gefühl von den Pflichten eines gewissenhaften Vormundes nicht Heucheley — meine jetzige Verläugnung nicht Hochmuth ist. — Das Selbstgefühl allein erhebt über das Unglück.

Mad. Drave. O lieber Mann!

Auguste. Mein Vater, Sie denken nicht, daß Ihr herannahendes Alter —

Drave. Dürftigkeit ertragen kann, aber nicht Unredlichkeit — die Zeit vergeht — Broof, helfen Sie mir meine Papiere ordnen — Auguste, — liebes Weib! — wollt Ihr etwas für mich thun, so denkt darauf, wie wir unter wechselseitigen Arbeiten das Leben durchbringen wollen. Seid stark! in Eurem Muth besteht mein Trost. — Sehen Sie, Broof — betäubt mich das Unglück, oder hält mich eine höhere Hand aufrecht? — Ich weiß es nicht — aber ich achte den Wechsel nicht sehr. Kommen Sie! — Warum so finster? so in Gedanken?

Philipp. Ernst. Sie wollen meine Hülfe nicht?

Drave. Ich darf Sie nicht wollen!

Philipp. Durchaus nicht?

Drave. *Ihm sanft die Hand drückend.* Nein!

Philipp. Sie sind Mann und Vater.

Drave. Wenn mein Weib und meine Tochter nicht fühlten, was ich jetzt fühle, — so wären sie arm — auch wenn ich ihnen alles nachließe, was ich jetzt verliere.

Achter Auftritt.

Vorige. Friedrich.

Friedrich. Ums Himmels willen, mein Herr! draussen ist Wache, Sie in Arrest zu holen.

Drave. Wen?

Friedrich. Sie, mein Herr!

Drave. Auf wessen Befehl?

Friedrich. Auf Befehl des Kanzlers. Geht ab.

{ Drave. Das ist zu viel!
{ Philipp. Des Kanzlers?

Drave. Das ist zu viel!

Philipp. Zu viel? Zu viel? — Genug! gerade genug! — O Gott sey Dank! Kalt. Gehn Sie in Gottes Namen.

Drave. So öffentlich? das ist zu viel — Vermögen — Ehre — Leben — Alles in einem Tage! — Nun, so nimms, und möge Dirs Gott vergeben! — Broot! bleiben Sie bey Frau und Kind. —

{ Auguste. O mein Vater!
{ Mad. Drave. Mein armer unglücklicher Mann!

Drave. Umarmt sie, und indem er beide fest an sich drückt, mit erhobnem Blick. Gott, du kennst mein Herz! — du siehst diese Thränen — du siehst, daß uns die Menschen verderben — Verzweiflend heben wir unsre Hände zu dir auf — du bist gerecht! wir sehen uns bald wieder. — Er reißt sich los und geht. Unter der Thür. Brook! schützen Sie die Weiber. Geht ab.

Neunter Auftritt.

Madam Drave. Philipp Brook. Auguste.

Auguste. O Gott, mein Vater!
Mad. Drave. Mein Mann! Ihm nach.

Philipp. Hält sie zurück. Sie müssen Ihre Ausrufungen, Ihre Thränen mäßigen.

Auguste.
Mad. Drave. } Kann ich?

Philipp. Sie müssen! Gehen Sie auf Ihr Zimmer — versprechen Sie mir, es nicht zu verlassen.

Mad. Drave. Was fordern Sie?

Philipp. Ich muß fort. Gehen Sie dahin. Adieu! — Ich komme wieder.

Mad. Drave. Wo wollen Sie hin?
Auguste. Um Gottes willen, wo wollen Sie hin?

Philipp. Kalt. Einen Gang ausgehen. Die Uhr nehmend. In dreiviertel Stunden bin ich wieder da — denke ich — Ahndend. Sollte ich nicht da seyn so — aber ich bin gewiß da.

Auguste.
Mad. Drave. } Verlassen Sie uns nicht!

Philipp. Ich komme wieder — Er nimmt Beide und führt sie ab. Ich komme gewiß wieder.

Sie gehen ab.

Zehnter Auftritt.

Zimmer aus dem Ersten Auftritt, beim Kanzler.

Hofrath Flessel. Hernach Jakob.

Hofrath. kommt aus dem Kabinet und ruft. Jakob!
Jakob. Herr Hofrath!
Hofrath. Ein Kanzleibote soll herein kommen!
Jakob geht ab.
Hofrath. Sieht Papiere durch. So! — dagegen kann er nicht aufkommen — und daß Brook die Klage führen muß — das schützt uns vor allen üblen Meinungen. — Wir lassen dem Kläger nur sein Recht wiederfahren.

Eilfter Auftritt.

Voriger. Ein Kanzleibote.

Hofrath. Ah mein scharmanter Freund, trage Er doch das gleich in das Stadtgericht. Ich würde vor Abend selbst noch die Ehre haben, aufzuwarten.

{ Kanzleibote will fort.

Hofrath. Er möchte ja nicht vergessen — es wäre die schleunigste Expedition nöthig.

Kanzleibote will fort.

Hofrath. Hört Er? — die schleunigste Expedition.

Kanzleibote geht ab.

Hofrath. Mein guter Herr Drave, so umsonst und um nichts verbietet man den Leuten sein Haus nicht. — Sind Sie das nun gewahr worden?

Zwölfter Auftritt.

Voriger. Ludwig Brost.

Hofrath. Wo, zum Guckuck, steckst Du denn? Die Affaire gegen Herrn Drave ist ja in vollem Gange. —

Ludwig. So? schon? Nun — präcise seyd Ihr!

Hofrath. Ey freilich! das ist aber doch lustig, Du wohnst im Hause und weißt das nicht?

Ludwig. Wohne im Hause, wie aber? So, daß ich oft in drey Tagen kaum da schlafe. Ich war bey Paulino in guter Gesellschaft. Es ist herrlicher Zyperwein dort angekommen.

Hofrath. Mein Schatz, ich wollte, Du liessest jetzt Deine gute Gesellschaft und Deinen Zyperwein weg. Du mußt Dich nicht viel im Publikum sehen lassen, damit man Dich nicht quästionirt, interzedirt u. s. w. Also höre denn —

Ludwig. Muß ich denn hören?

Hofrath. Freilich, freilich!

Ludwig. Aber denk ums Himmels willen, aus solcher Gesellschaft zu Euern frostigen Verhandlungen; von Zyperwein zu Euern Kautelen —

Hofrath. Drave hatte seine Erklärung gleich eingegeben.

Ludwig sich im Stuhle dehnend und gähnend. Nun? und die lautete? —

Hofrath. Daß ihm die Zahlung unmöglich wäre — daß er ein ehrlicher Mann sey — daß er hoffe, man werde darauf Rücksicht nehmen — man werde ihm Frist gestatten —

Ludwig. Wie vorher. Nun, und? —

Hofrath. Versteht sich, daß Deine Forderung gleich gesichert werden mußte! — man hat also eben jetzt noch zur Versieglung schreiten müssen —

Ludwig. Erschrocken. So? Ernsthaft. Plagt Euch der Teufel! versiegelt!

Hofrath. Durchaus nöthig! — durchaus!

Ludwig. Mit Wärme. Aber er wird ja dadurch ganz ruiniert. Schämt Ihr Euch nicht!

Hofrath. Bewahre! Ihm vertrauend. Sey Du sicher und gewiß, daß mit Deinem Gelde bey Rosens genug erwuchert, genug bey Seite gebracht worden ist. Die ganze Welt weiß es — und wir wissen es gewiß. Er hat heimlich viel Geld.

Ludwig. Wieder leichter. Hm! — wenn das ist! — Züchtigung kann dem geschwätzigen Moralisten nicht schaden. Aber —

Hofrath. Weißt Du denn auch, daß sich auf diesem Wege in meiner Liebe dem Ziel vielleicht näher komme?

Ludwig. Wie so?

Hofrath. Ey, was denkt denn Mamsell Auguste anzufangen? — den Fall gesetzt sie hätten kein Vermögen. Wenn sie recht im Elend sind, muß sie sich ja meine Verwendung noch für ein Glück anrechnen. Ich will sie bey meiner Cousine zu Ehrenburg in Kondizion bringen —

Ludwig. Pah! — schäm' Dich.

Hofrath. Warum? — Sie kann allerhand schöne Frauenzimmerarbeit — Musik, Französisch — Es ist eine herrliche Kondizion! — Sie speist mit der Herrschaft — wenn keine Fremden da sind!

Ludwig. Ein Mädchen, wie Auguste — in Kondizion! — Schäme Dich!

Hofrath. Doch besser, als durch Elend in ein liederliches Leben gerathen;

Ludwig. Wie? Auguste — elend — liederliches Leben! Alberner Mensch!

Hofrath. Es geht Dir, wie den Kindern. Man muß ihnen Spielwerk vorwerfen — damit sie nicht schreien.

Ludwig. Hol mich der Teufel! das ist aber geradezu unehrlich.

Hofrath. Ha ha ha! die Ehre eines Mannes von Gewicht ist von dem sehr unterschieden, was man sonst so nennt. Und was im gemeinen Leben Redlichkeit heißt, dabey würde man zum Stümper im Kabinet.

Ludwig. Ihr seid schändliches Volk.

Hofrath. Apropos! die Vormundschaftsrechnungen, sind zu meinem Vater gebracht. — Er ist eben im Begriff, sie durchzusehen. Da werden wir dem Fuchs auf die Schliche kommen.

Ludwig. Ganz gut! — Aber Auguste? — höre, daß der Vater angetastet wird, das kühlt

Die Mündel.

allenfalls mein Müthchen gegen ihn — das ist herrlich! — aber Mutter und Tochter — zu quälen? das ist niederträchtig!

Dreizehnter Auftritt.

Vorige. Sekretär. Hernach Jakob.

Sekretär. Meine Herren — eben läßt sich jemand bey dem Herrn Kanzler zum Besuch melden — Rathen Sie, wer?

Ludwig. Rathen? — Ja, auf wen?

Sekretär. Auf Jemand Seltenen. Auf jemand — Doch, man soll eben so wenig auf ausgemachte Gewißheiten Wette schließen, als auf halbe Unmöglichkeiten rathen lassen.

Hofrath. Nun?

Sekretär. Ihr Herr Bruder läßt sich melden.

Ludwig. Mein Bruder?

Hofrath. Ey der Tausend!

Sekretär. Meldet sich, wollt' ich sagen; denn er ist selbst unten im Zimmer Zum Hofrath. Wollen Sie anfragen, ob es gelegen ist?

Hofrath. Ja, ja! — Ey der Tausend! Schnell ab.

"Ludwig!" Mein Bruder? hier? — hier im Hause? — das kann ich nicht begreifen.

Sekretär. Ich gestehe, daß es mich befremdet; neugierig bin ich indeß auf ihn — Ich habe ihn noch niemals gesprochen.

Hofrath. Zurückkommend. Wird angenommen.

Ludwig. So?

Sekretär *lächelt.*

Jakob kommt.

Sekretär. Zu Jakob. Viel Ehre!

Jakob ab.

Ludwig. Ha. — Da möcht ich mich doch wohl hier nicht treffen lassen — denn — dem Himmel sey Dank! wir haben uns heute erst gezankt.

Sekretär. So?

Ludwig. Wir denken über gewisse Dinge so verschieden, als Tag und Nacht. Da kommen wir gewöhnlich, um diese nicht zu berühren, mit Formalität zusammen, und gehen mit Kälte wieder auseinander.

Hofrath. So geh indeß zu meinem Vater. Sie, Herr Sekretär, werden so gut seyn, ihn etwas zu unterhalten. Mein Vater hält seinen Besuch für eine Intercessionsvisite; wenn wir nun Zeit gewinnen, so ist in der Sache bereits das Gehörige gethan.

Sekretär. Ein gelegener Auftrag! Ich bin neugierig auf den Sonderling.

Hofrath. St! — Er kommt! — ja wahrhaftig. — Allons fort! Er und Ludwig gehen ins Kabinet.

Sekretär geht etwas nach der Mitte zu.

Vierzehnter Auftritt.

Sekretär. Philipp Brook von Jakob hereingeführt, welcher ihm voraus gegen die Mitte zu, wo der Sekretär hingegangen, sich verbeugt, daß also Brook ziemlich natürlich, ohne diesen zu sehen, vorn in das Zimmer eilt.

Jakob. Haben Sie nur die Gewogenheit hier herein zu treten. Geht ab.

Philipp. Ohne auf Jemand zu sehen oder zu hören, geht hastig auf und nieder; oft bleibt er stehen. Man sieht, daß er in großem Kampf ist. Die folgenden Worte sind jedesmal Ausbruch eines Feuers, das sich nicht mehr unterdrücken läßt. Da wäre ich! . . . . . . ja wenn du . . . . . . Nun ist alles gleich — so, oder so! . . . . Nur Mäßigung! . . . . abscheulich! abscheulich! . . . .

Sekretär. Herr Brook!

Philipp. Ach! — Ich bitte um Verzeihung. Ich wußte nicht, daß Jemand im Zimmer war —

Sekretär. Dringende Geschäfte verhindern den Herrn Kanzler, die Ehre Ihres Besuchs gleich anzunehmen. Er wird indeß eilen, Sie zu sprechen.

Philipp. Sehr wohl! Auf und nieder, die Hände und den Huth auf dem Rücken, nach einiger Zeit mit kalter Höflichkeit. Mein Herr —

Sekretär. Ich bin dem Zufall Verbindlichkeit schuldig, daß er mir das Vergnügen Ihrer Bekanntschaft macht —

Philipp. Wie lange glauben Sie, daß diese Geschäfte dauern werden? Es wird spät, und ich eile —

Sekretär. Nicht lange, denke ich — Nehmen Sie Platz, Herr Brook! Sie setzen sich. — Die Verbindung — worein dieses Haus mit dem Ihrigen kommen wird —

Philipp. Wie so?

Sekretär. Durch die Heirath der Mademoisell mit Ihrem Herrn Bruder —

Philipp. Erstaunt. So? Höflich. Ich habe davon nichts gewußt. —

Sekretär. Ist durch die Verwandtschaft mit Ihnen um so —

Philipp. Der indeß die Uhr zog. Es wird spät! — es wird spät. — Glauben Sie, daß er lange bleiben wird?

Sekretär. Nein — aber haben Sie die Gewogenheit —

Philipp. Springt auf. Verzeihen Sie — ich kann nicht sitzen — Von ihm ab. Mein Blut! mein Blut!

Sekretär. Ist Ihnen etwas?

Philipp. Ja — o ja!

Sekretär. Sind Sie —

Philipp. Nein. — Glauben Sie, daß er bald kommen wird?

Sekretär. Höchst beleidigt. Meine Gesellschaft ist Herrn Brook zuwider?

Philipp. Die Gesellschaft überhaupt! — Ist das das Zimmer, so —

Sekretär. Verzeihen Sie, ich will den Herrn Kanzler von Ihrer Eilfertigkeit benachrichtigen. Er geht mit einer hämischen Verbeugung ab.

Philipp. Hat im Umhergehen diese Verbeugung gar nicht gesehen. Gott! Gott! gieb mir Mäßigung! kaltes Blut! — In diesem Zimmer — in diesem nehmlichen — Hier! da, da! — O, ich halte mich nicht mehr! — Da habe ich für meinen guten Onkel, für seine Freiheit gebeten — gebeten — die Hände gerungen! — und ward hinausgeschleppt! — Ich war Kind! — Nun bin ich Mann! — Ich habe wieder hier für die mißhandelte Menschheit zu flehn — Mein Onkel leidet noch — ist vielleicht jetzt in diesem Augenblicke trostlos — elend — verzweifelnd! — Mäßigung!

Gott! Mäßigung! — Ich kenne mich nicht mehr — Mäßigung!

Sekretär. *Zurückkommend.* Der Herr Kanzler wird in wenigen Minuten hier seyn. Indeß — *Er deutet aufs Sitzen.*

Philipp. Erlauben Sie, ich tauge zu keiner Unterhaltung — Draussen gehe ich die Gallerie auf und ab — man wird mich rufen, wenn — *Er geht und macht einen Versuch zur Verbeugung.*

Sekretär. *Der ihm lange nachsieht.* — Sehr sonderbar! Der Kanzler hat Recht, der Mensch ist gefährlich! den muß ich näher beobachten.

Funfzehnter Auftritt.

Sekretär. Hofrath.

Hofrath. *Im Herausgehen.* Es ist ja so still! — Ist er fort?

Sekretär. Er geht draussen in der Kupfer-Gallerie — und wartet, daß man ihn ruft.

Hofrath. Gehn Sie ins Kabinet. Ich will ihn holen. *Geht ab.*

Sekretär. Dieser Mensch ist fürchterlich! Ich muß wohl Acht geben woher das Gewitter kommt.
Geht ins Kabinet.

Sechzehnter Auftritt.

Hofrath. Philipp Brook.

Hofrath. Tausendmal Verzeihung, Herr Brook! — aber Sie wissen —

Philipp. Werde ich jetzt vorgelassen?

Hofrath. Sogleich, sogleich! — Sie wissen, daß man manchmal Geschäfte hat, die —

Philipp. Nun? Sie haben mich gerufen.

Hofrath. Geschäfte, die so pressant sind —

Philipp. Er wird ja wohl da drin seyn. *Er geht auf das Zimmer zu. Der Kanzler kommt ihm an der Thür entgegen.*

Siebenzehnter Auftritt.

Kanzler. Vorige.

Kanzler. Ihr ergebner Diener, mein Herr Brook! — Stühle, Samuel!

Hofrath. *Im Stühlesetzen.* Eine recht seltne Ehre, Herrn Brook bey uns zu sehn!

Philipp. Herr Kanzler, ich wünschte Sie allein zu sprechen.

Kanzler. Nach Belieben! — Mit einem bedeutenden Augenwink. Führe die Gesellschaft ins Chinesische Kabinet — laß uns allein, Samuel.

Hofrath geht ab.

Achtzehnter Auftritt.

Kanzler. Philipp Brook.

Kanzler. Nun, was ist in Ihrem Belieben?

Philipp. Ich bitte, daß Sie einen ehrlichen Mann vom Verderben retten.

Kanzler. Wie so? wo kann ich helfen? Reden Sie nur, mein Werther!

Philipp. Vom Kaufmann Drave ist die Rede.

Kanzler. Aha! Bedenklich. So? von dem?

Philipp. Für ihn bitte ich — und werde, was Sie thun — als Gnade verehren.

Kanzler. So, so? von dem Kaufmann Drave! — Ja, Sie sagen: „Vom Verderben retten?" wie so denn?

Philipp. Von schrecklichem Verderben; von Verzweiflung, worein buchstäbliche Anwendung der Gesetze ihn unvermeidlich stürzen muß; woraus Rücksicht auf den ehrlichen Mann, auf seinen

Lebenswandel, auf die Möglichkeit, der Gerechtigkeit dennoch Genüge zu leisten — ihn retten kann?

Kanzler. Mein Kind — die Gerechtigkeit muß ihren Weg gehen.

Philipp. Das soll sie. Darum bitte ich — um Gerechtigkeit bitte ich. Als den Richter, als den Günstling des Fürsten, bitte ich Sie — verhindern Sie's, daß der ehrliche Mann nicht gedrückt wird.

Kanzler. Sie sind ein braver junger Mann, wie ich sehe — von den edelsten Gesinnungen — von recht christlicher, patriotischer Denkungsart! Drückt ihm die Hand. Freut mich, daß ich bey der Occasion das Vergnügen habe, Ihre Bekanntschaft zu machen.

Philipp. Habe ich Hoffnung für Draven?

Kanzler. Ich will die Ehre haben, Ihnen zu sagen — im gegenwärtigen Fall ist das ohne obrigkeitliche Bewilligung verliehene große Kapital Ihres Herrn Bruders dem Herrn Drave nicht nur als ein peccatum omissionis, sondern auch als ein peccatum commissionis zu imputieren.

Philipp. Das Rosensche Haus war das wohlhabendste in der Stadt.

Kanzler. Boshaft lächelnd. Hat doch falliert!

Philipp. Drave hat durch Bürgschaft den Schaden gesichert.

Kanzler. Ist klar. An diese hält man sich nunmehr; Ihr Herr Bruder kann nicht verlieren.

Philipp. Gut! So stellen Sie das weitere Verfahren ein — geben Sie Draven die Freyheit.

Kanzler. Hm! er ist nicht allein deßwegen gefänglich verwahrt — obwohl man der vormundschaftlichen Verwaltung auch nachsehen muß. — Es ist kein gerichtliches Inventarium gemacht worden.

Philipp. Mein Vater hat ihn dazu bevollmächtigt.

Kanzler. Diese Vollmacht ist ex Testamento nicht zu ersehen — eine sonstige Schrift aber nicht vorhanden.

Philipp. Es klagt ja niemand von den Erben gegen Draven.

Kanzler. O ja! — allerdings!

Philipp. Wer?

Kanzler. Ihr Herr Bruder.

Philipp. Nein! — nein, nicht möglich!

Kanzler. Laut eigener Unterschrift.

Philipp. Gut! — Sie können doch alles einstellen — Versieglung und Arrest — alles! — Drave ist frey! Steht auf und trägt den Stuhl weg.

Kanzler. Nachdem er dasselbe gethan. Frey? — warum? wie?

Philipp. Ich verbürge mich für ihn.

Kanzler. Sehr löblich! — sehr rechtschaffen! — wahrhaft christlich! — aber es geht nicht.

Philipp. Warum nicht?

Kanzler. Sie sind selbst noch nicht mündig; können selbst bey obiger Verwaltung gelitten haben. Die Obrigkeit, als von Gott den Waisen gegebener Vater, muß auch Ihre Sache unter Aufsicht nehmen.

Philipp. Der wie eingewurzelt da stand. So heben Sie indeß nur die Versieglung auf!

{ **Kanzler.** Ich kann nicht. —
{ **Philipp** wirft sich in einen Stuhl.

Kanzler. Es ist völliges Zahlungsunvermögen durch mehrere Rückstände vergrößert.

Philipp springt auf. Sie nehmen dem Manne Kredit, Brot, Ehre!

Kanzler. Hm! — Kann sich noch immer wieder erholen!

Philipp. Machen Weib, Kind und Vater zu Bettelleuten!

Kanzler. Ja, du lieber Gott — das geht mir herzlich nahe! — aber was kann man machen?

Philipp. Dem ehrlichen Bürger aus Gerechtigkeit die Frist verstatten, die man denen, welche den Staat und den Fürsten betrogen — für Geld übermäßig und schändlich gewährt!

Kanzler. Hat man andre günstig behandelt, so ist das höchst ungerecht, und wird auf geschehene

Denunciation gebührend bestraft werden. — Aber hier läßt sich nichts thun. Ein Glück wird es seyn, wenn man, wegen unnützer Geld verspillender Dinge, leichtsinniger Zinsennachlasse, Herrn Drave nicht zur Verantwortung zu ziehen hat!

Philipp. *Bitter.* So?

Kanzler. Ja — ich will Ihnen sagen — das Vermögen ist sehr groß — hätte weit besser angewandt werden können! Wir haben der Exempel schon gehabt, daß, wegen solches dem Mündel zugefügten Schadens, mancher Vormund auf Lebenslang persönlich ist verhaftet worden.

Philipp. Herr Kanzler — Sie sind also entschlossen, auf diesem Wege gegen Herrn Drave fortzugehen?

Kanzler. Auf dem Wege der Gerechtigkeit —

Philipp. Draven zu ruinieren? —

Kanzler. — Ey, ey, Herr Brook!

Philipp. *Heftig.* Sie begehen eine Ungerechtigkeit!

Kanzler. *Ergrimmt.* Ungerechtigkeit! — *Gleichsam scheinend.* Ha ha ha! junger Mensch! junger Mensch!

Philipp. Ich warne Sie davor!

Kanzler. *Hämisch.* Danke Ihnen!

Philipp. *Steigend.* Noch ist es Zeit!

Kanzler. So? hm! *Tabak schnupfend.* Und wann ist es nicht mehr Zeit?

Philipp. *Indem er auf die Uhr sieht, dann von da ab, mit einem großen Blick.* In einer halben Stunde nicht mehr!

Kanzler. Ha ha ha!

Philipp. Reizen Sie mich nicht! Um Ihres Glückes willen — reizen Sie mich nicht.

Neunzehnter Auftritt.

Vorige. Auguste. Hernach Jakob.

Auguste *stürzt dem Kanzler zu Füßen.* Gnade! Barmherzigkeit, Barmherzigkeit!

{ Philipp. Auguste, was machen Sie?
{ Kanzler. Was will Sie?

Auguste. Mein Vater! mein armer Vater! geben Sie mir ihn wieder! *Auffahrend.* Da liegt er auf der Wache und ist ohnmächtig — dem Hohngelächter Preis gegeben! — Geben Sie ihn uns wieder!

Philipp. Ruhig, Auguste! ruhig!

Auguste. Wir wollen ja gleich fort aus der Stadt. — Ich weiß, daß Sie uns nicht leiden können — aber wir wollen gewiß gleich fort.

Kanzler. Warum hat er eine obrigkeitliche Person gemißhandelt!

Philipp. Ich war Zeuge von dem Vorfall — Zeuge, daß man ihn widerrechtlich beschimpfte, daß die Menschheit in ihm zur Vertheidigung aufgefordert ward. Ich schwöre Ihnen bey Gott, Drave ward übermenschlich gereizt!

Kanzler. Hinter die Menschheit verkriecht sich jetzt alles. Er konnte sich ja beklagen!

Philipp. Wohl. Er hat gefehlt — untersuchen Sie, strafen Sie, schonen Sie nicht. Nur seyn Sie menschlich! nur richten Sie nicht Alles mit Eins zu Grunde.

Auguste. Mein ganzes Glück wird von Ihrem Hause vernichtet! Sey's! Nur retten Sie meinen Vater — Ich umfasse Ihre Kniee — seyn Sie wohlthätig — menschlich! Erbarmen Sie Sich!

Kanzler. Es ist nichts zu thun.

Philipp. Sehen Sie hin! — sehen Sie, mit Todesangst umfaßt sie Ihre Kniee!

Kanzler. Herr Brook, mischen Sie Sich nicht in fremde Dinge!

Philipp. Fremd? Ich liebe das Mädchen. Ihr Vater ist mein Vormund — ein ehrlicher Mann! als Sohn rede ich für ihn — warne Sie, von Unmenschlichkeit abzustehn, von Schikane!

Kanzler. Und ich, Herr! will Sie hiermit gewarnt haben, von der Sprache abzustehn.

Philipp. Die Sprache der unterdrückten Menschheit! — endlich müssen Sie sie hören!

Kanzler. Ha ha ha!

Philipp. Lange genug seufzen die Redlichen unter dem Druck. Hier diese jammernde Unschuld soll sie erlösen! Sie hat ihren Sprecher. Es gebricht ihm nicht an Muth, nicht an Kraft! —

Kanzler. Der wäre?

Philipp. Ich!

Kanzler. So so — Ey! ey!

Philipp. Ihre Antwort! — wollen Sie mildern oder nicht?

{ **Auguste.** Ach Gott! Herr Brook —
{ **Kanzler.** Muß ich antworten?

Philipp. Wahrhaftig, Sie müssen!

Kanzler. So gehen Sie in Gottes Namen nach Hause, und erwarten den Ausgang. Adieu! Halten Sie Sich hübsch stille!

Philipp. Im fürchterlichen Ton. Nach Belieben.
Geht.

Auguste. Hält ihn zurück. Um Gottes willen, was machen Sie?

Philipp. Herr Kanzler, noch einmal — im Namen der guten Sache, im Namen Ihres Gewissens, Ihrer schweren Richterverantwortung vor Gott — wollen Sie mildern? Ich verspreche Ihnen eidlich Verschwiegenheit. — Wollen Sie mildern?

Kanzler. Ergrimmt. Nein!

Philipp. Ich kann gegen Sie handeln. — Ich habe Sie in Händen. Ich werde ein fürchterlicher Gegner. Wollen Sie mildern? Pause. Wollen Sie nicht? — — Sie wollen nicht? —

Kanzler. Wüthend. Nein! Nein!

Philipp. Jetzt schlägt die Stunde meiner Bestimmung! — Ich fühl's — ich fühl's in allen Adern. — Es gelte!

Kanzler. Gut!

Philipp. Breche, was brechen kann! Sie gestürzt, oder ich ins Gefängniß! Sie entlarvt — zur schmählichsten Schmach entlarvt! — oder ich an den Pranger als bübischer Pasquillant.

Kanzler. Der kann Dir werden, Bursche!

Philipp. Sey's! die Würfel liegen, — aus mir spricht die gute Sache. Das Andenken an das Elend meines Onkels nährt mein Feuer!

Kanzler. Bube! Klingelt.

Jakob kommt.

Kanzler spricht leise mit ihm. Hernach Jakob ab.

Auguste. Vergeben Sie ihm! — O Brook! was machen Sie? Sie führt ihn bey Seite, wodurch er verhindert wird, den Kanzler zu beobachten.

Philipp. Lassen Sie mich! — Ich habe volle Beweise seiner Schändlichkeit; zugleich mit dem Elend der Patrioten, dem Geschrey unterdrückter Waisen, will ich sie dem Fürsten vor Augen legen.

Kanzler. Geh hin, dummer Schwärmer! — versuch es!

Philipp. Das will ich! das will ich!

Kanzler. Versuche, was Deine pöbelhafte Modefrechheit ausrichten wird.

Philipp. Der Fürst kommt heute noch zurück! — Er ist der Vater seines Landes — Er ist Mensch! — Er soll mich hören! — Was schützt Euch bey Eurem Raube, als die schwache Kette des Zeremoniels! — ich breche sie!

Kanzler. Ha ha ha!

Philipp. So wahr Gott über mir lebt, ich breche sie! — als freyer Bürger trage ich in der Sprache der Verzweiflung ihm die Sache des ausgesogenen Landes vor — und eh die Sonne untergeht, rufst Du Weh über Dich und Dein Haus. *Er reißt Augusten mit sich fort.*

Kanzler *geht einmal auf und nieder — dann hastig an die Thür, wo Brook abging — bleibt stehen. — geht bis an die Mitte des Zimmers wieder vor — von da geht er entschlossen hin, und klingelt.*

———

Zwanzigster Auftritt.

Vorige. Philipp Broof von vier Kanzleydienern umgeben, ohne Hut und Degen. In der Folge **Ludwig Broof. Der Hofrath und Sekretär.**

Kanzler. Näher, Herr Broof! — Hinaus Ihr — bis ich klingle. Die Kanzleydiener gehen ab. Wie nun?

Philipp. Gesetzt. Was wollen Sie von mir?

Kanzler. Erschrocken? — bleich? — große Augen? so bald verdutzt, Weltenbezwinger? Sie haben die Maske abgelegt — ich will es jetzt auch! Nach einer Pause. Junger Mensch, Seine Kräfte reichen nicht zu, einen Gran von dieser Macht zu nehmen — ein Gran ist zu viel, um Ihn zu verderben. Will Er reuig bitten und Verschwiegenheit schwören — so eile Er — reise Er aus dem Lande, und es sey vergessen.

Philipp. — Nein!

Kanzler. Du, der Du mir eine halbe Stunde Bedenkzeit gabst, willst Du das? oder willst Du zum letzten Mal das Tageslicht gesehen haben?

Philipp. Verbannen und Fesseln hilft Dir nichts! — Dein geschworner Widersacher lebt überall. Morden mußt Du mich, und dazu bist Du zu feig. — Gott wägt Dich und mich, bricht Kerker und Ketten; Dein Ziel ist gesteckt; darüber hinaus kannst Du nicht!

Kanzler. Mit Ingrimm. Wurm! ich habe Dich in meiner Hand — ob ich Dich zerdrücken oder kriechen lassen will — wen kümmert's? wer verantwortet es? — Ich! die Seele der Macht, die Hand des Fürsten! was bleibt Dir übrig? — Staub!

Philipp. Mit Größe. Mein Herz!

Kanzler. Nun so geh, — kriech in die Bande, harre dort eines Rächers — indeß Dein weiserer Bruder hier über Dich lacht.

Philipp. Mein Bruder? — Ha, vielleicht jetzt! — Ludwig! Ludwig! Will auf die Thür zu. Ludwig, hörst Du mich nicht?

Kanzler. Schließt die Thüre ab. Rasender Mensch!

Philipp. Ludwig! Ludwig! ich schreye die Stimme des Bluts in Dir auf! zu Hülfe! zu Hülfe!

Kanzler. Klingelt. Haltet ihn zurück!

Ludwig. Von innen. Laßt mich heraus!

Philipp. Ludwig! zum letzten Mal!

Ludwig. Ich komme! Sprengt die Thür auf. Was hast Du?

Der Hofrath und Sekretär kommen mit heraus und nehmen durch den Ausdruck in ihren Bewegungen Theil an der Handlung. Gegen das Ende kann der Sekretär das Näherkommen der Brüder hindern.

Die Kanzleydiener kommen herein.

Kanzler. *Zu Philipp.* Bösewicht! Du klagst gegen Deinen Bruder? — Führt ihn fort!

Philipp. Hier nimm die Brieftasche! *Wirft sie hin.*

Sekretär *nimmt sie zu sich.*

Kanzler. Ihr Unglück will er! — Sie enterbt sehen!

Philipp. *Im Abführen.* Ludwig! der Onkel! denk an den Onkel! *Geht ab.*

Sekretär *folgt ihm.*

Ludwig *will ihm nach, und zieht halb den Degen.*

Kanzler. *Hält ihn ab.* Brudermord! Zwey Brüder! Setzt ihn fest — Mord — Gewalt — Brudermord!

Ein und zwanzigster Auftritt.

Kanzler. Hofrath. Ludwig.

Kanzler. Barmherziger! Wohin geräth doch der ausgeartete Mensch, wenn er einmal erst den Pfad der Tugend verlassen hat!

Ludwig. Wohin lassen Sie meinen Bruder führen?

Kanzler. Nur daß er zu Sinnen komme — daß er in sich gehe. Ach, das ist ein schädlicher Mensch.

Ludwig. Er wollte mich enterbt sehen? Ist das gewiß —

Kanzler. Ich mag ja gar die Worte nicht repetieren, die er hier auf der Stelle gegen Sie ausgestoßen hat!

Ludwig. Jetzt lassen Sie mich ihn sprechen, ich will dem Heuchler die Meinung sagen.

Kanzler. Behüte uns Gott!

Hofrath. Das geht nicht!

Kanzler. In der Heftigkeit —

Ludwig. Wenn er arretiert ist, erlaube ich mir nichts Heftiges. Aber —

Kanzler. So muß ich es Ihnen denn nur gerade heraus sagen — nicht wahr, Samuelchen — ich muß?

Hofrath. Allerdings!

Kanzler. Er ist ein dem Staate gefährlicher Mensch.

Ludwig. Mein Bruder?

Kanzler. Man hat schon lange ein Auge auf ihn; Ihnen zu Gefallen aber wollen wir die

Sache ersticken und machen daß alles so im Stillen
ausgehe. Wenn man ihn unbemerkt wegschaffen
kann: so sollen Sie ihm zu der Zeit ankünden,
daß man ihn um Ihrentwillen schone.

Ludwig. Wenn er schuldig ist, ist das sehr
gütig.

Kanzler. Ewiges Gefängniß — sage ich
Ihnen — ewiges Gefängniß, wäre das mindeste.

Ludwig. Mein Gott!

Hofrath. Ja, es ist ein sauberer Vogel!

Kanzler. Ich bin aber nicht für die Härte.
Gelindigkeit imitiert unsern Schöpfer. Durch den
leiblichen, lieben Bruder beschämt — beschämt!
Mehr nicht; so strafe ich. Er kann sich noch
bessern. Ich will der Langmuth Gottes nicht
vorgreifen. Bin nur ein schwacher Mensch —
aber ein ehrlicher Deutscher. Jetzt gehen Sie mit
meinem Samuel dahinein und erholen Sich. Sind
ganz blaß worden — Kein Wunder — Bruder
ist Bruder! So etwas alteriert jederzeit das
menschliche Gemüth!

Ludwig. Ich gestehe, daß ich sehr alteriert bin.

Kanzler. Das macht Ihnen Ehre! Gott
segne Ihr Bruderherz und bessere den verstockten
Kain! Aber da sehen Sie es, wie die Moralisten
sind! Aeußerlich ziehen Sie mit glatten Worten
den Pöbel an sich, innerlich — sind es die Lachen

und Pfützen des bösen Feindes. Geh, Samuel, nimm unsern wackern Mann mit Dir.

Hofrath und Ludwig gehen in das Kabinet zurück.

Kanzler. Daß Dich alle Donnerwetter, wie habe ich mich geärgert! Der Kerl muß mir fort. Ein allerhöchster Kabinets-Befehl muß ihn auf die Festung schaffen, oder ich bin verloren.

Zwey und zwanzigster Auftritt.

Kanzler. Sekretär.

Kanzler. Was sagen Sie? Was meinen Sie! he?

Sekretär. Ich bin noch nicht entschieden.

Kanzler. Solche Leute kann ich nicht brauchen.

Sekretär. Die Sache scheint bedenklich.

Kanzler. Der Kerl muß auf die Festung.

Sekretär. Wenn damit nur geholfen ist.

Kanzler. Dort mag er den Gefangenwärter aufklären.

Sekretär. Das wäre vielleicht am allerschlimmsten.

Kanzler. Was ist das? Will man witzig werden? Das lasse man bleiben.

Sekretär. Unsre Lage ist durchaus schlimm, Herr Kanzler. Dravens Schicksal rührt; an dem Brook nimmt alles Antheil, die Weiber, die jungen Leute, wir haben also alle Klassen und Alter gegen uns.

Kanzler. Drave ist ein Bettler. Für so einen Menschen wird Anfangs geweint und bezahlt. Allmählich ennuyiert ein Bettler, bald ist er zuwider. Wenn Brook geheimnißvoll verschwindet — so schweigen die Furchtsamen und die Beller reden im Stillen.

Sekretär. Aber der alte Onkel?

Kanzler. Was?

Sekretär. Die Figur, die hier herum wandelt, soll dem Signalement, das Sie mir gegeben haben, durchaus ähnlich seyn.

Kanzler. So suchen Sie doch den Popanz.

Sekretär. Man findet ihn nirgends.

Kanzler. Ach Sie sind ein erbärmliches Subjekt, mit Ihnen ist nichts anzufangen. Schicken Sie mir gleich den Polizeydiener. Ich werde ihn bald haben.

Sekretär. Aber Herr Kanzler —

Kanzler. Stillgeschwiegen! Man ist ein einfältiges Subjekt, das jederzeit omina und periculosa erblicket; niemals einen Ausweg. Man ist nicht für das Große gemacht, sondern nur als

Thürsteher zu gebrauchen. Einen kleinen Landdienst will ich Ihnen geben, damit Holla! Ich brauche Leute, die auf allen Seiten recht sind.

Kanzler geht.

Sekretär steht erstaunt da.

Kanzler. *Kehrt um.* Soll ich noch etwas besonders für Ihre Versorgung thun, so schaffen Sie die alte Maske, von der Sie sagen daß sie in der Stadt herumkrieche, binnen zwey Stunden in meine Hand. *Geht zornig ab.*

Fünfter Aufzug.
Bey Drave.

Erster Auftritt.

Auguste. Bald darauf **Lisette** und **Madam Drave.** Zuletzt **Friedrich.**

Auguste mit einem Billet in der Hand, gehet auf das Kabinet zu.

Lisette kommt eben heraus.

Auguste. Wo ist meine Mutter?

Lisette. Hier im Zimmer.

Auguste. Draußen wird Sie Jemand finden — Er brachte dieß — sage Sie ihm, er möchte warten.

Lisette geht ab.

Mad. Drave kommt heraus.

Auguste. Der Hauswirth des ältesten Herrn Brook schickt dieß her.

Mad. Drave. Erbricht hastig. Nachdem sie es gelesen. Bösewicht!

Auguste. Was ist's, liebe Mutter?

Mad. Drave. liest. „Eben kommt der Hofrath und fordert den Schlüssel zu Herrn Brooks Zimmer. Ich verweigere ihn — er läßt aufbrechen. Eben so den Schreibtisch. — Nimmt alle Papiere heraus, wobey er noch begriffen ist. Ich vermuthe nicht ohne Grund, daß diese Papiere von außerordentlicher Wichtigkeit sind. Er tobt entsetzlich — spricht von unruhigen Köpfen, von Pasquillanten — von Unglück, das Brooks Anhang treffen solle. — Ich weiß mich vor Angst nicht zu lassen."

Lisette. Kommt zurück. Es ist niemand mehr da, Mamsell.

Mad. Drave. Was könnte ich auch antworten? Geht ab.

Auguste. Daß wir den redlichen Brook mit in unser Unglück ziehen, ihn der Rache mächtiger Feinde überlassen müssen — das ist schrecklich!

Friedrich. kommt. Der jüngste Herr Brook.

Auguste. Gott!

Mad. Drave. Was?

Friedrich. Mit edlem Unwillen. Ich hab' ihn schon zweymal abgewiesen.

Mad. Drave. Sag ihm — Der Niederträchtige wagt es noch sich hier sehen zu lassen. — Sag ihm — wir hätten einander nichts — gar nichts mehr zu sagen.

Friedrich geht ab.

Auguste. Sein Name hat mich erschreckt, daß ich nicht reden kann. *Brook tritt ein, sie thut einen Schren, und geht ab.*

Zweyter Auftritt.

Ludwig Brook. Madam Drave.
Hernach **Friedrich.**

Ludwig. *Im Hereintreten.* Ich muß sie sprechen, sag' ich Ihm. *Er geht hastig bis in die Mitte des Zimmers. Der Blick von Madam Drave trifft ihn. Er geht nun langsam vor, ohne nahe an ihr zu stehen.*

Mad. Drave. *Die ihren Zorn mit sichtbarer Mühe unterdrückt, ruft.* Friedrich!

Friedrich kommt.

Mad. Drave. Habt Ihr dem Herrn meine Antwort nicht gebracht?

Ludwig. Er hat — aber — geh Er, Friedrich. Geh Er. — Madam —

Friedrich geht ab.

Mad. Drave. Was wollen Sie? Haben Sie etwa noch zu fordern? an mir besonders zu fordern? — *Zuckt die Achseln.* Ich werde Sie nicht bezahlen können: denn — sehn Sie — man hat schon alles genommen.

Ludwig. Ich scheine als Bösewicht hier vor Ihnen zu stehen. Das bin ich doch nicht. Drum lassen Sie mich nur die Erklärung —

Mad. Drave. Brauchts Erklärung? Diese leeren Zimmer — unser Elend — sehen Sie da, das ist die Erklärung Ihres Wissens.

Ludwig. Ich werde Ihnen meinen Anblick gleich entziehen, da er Ihnen so verhaßt ist. Nur die Versicherung sey mir noch erlaubt: daß der erste Tag meiner Majorennität Sie wieder in den Besitz des Ihrigen setzen wird. Hier ist das Versprechen darüber fest und bündig. *Er legt eine Schrift auf den Tisch.* Somit darf ich hoffen, Ihr Glück wieder gegründet, und meinen Leichtsinn verbessert zu haben. Den Verdruß lasse Herr Drave mit seiner Sorglosigkeit aufgehen — dann hebt sich die Rechnung. *Geht.*

Mad. Drave. Herr Brook, noch einen Augenblick. *Er kommt zurück. Sie geht an den Tisch und holt die Schrift. Nachdem sie sie ganz durchgelesen.* Sie geben uns hier Alles zurück?

Ludwig. Ja.

Mad. Drave. Alles?

Ludwig. *Zuversichtlich.* Alles.

Mad. Drave. Was Sie uns genommen haben?

Ludwig. Ja.

Mad. Drave. Auch Vertrauen auf Menschen? Ehre? — der Frau den todtgegrämten Mann? dem Vater die begrabene Tochter? *Pause.* Das alles geben Sie uns wieder? hier auf diesem Papiere wieder?

Ludwig. Madam, daß Sie alles auf meine Rechnung setzen, ist Ungerechtigkeit, und zwingt mich zu reden.

Mad. Drave. Reden Sie.

Ludwig. Ich gestehe Ihnen denn freymüthig, daß ich, was ich thue, Ihrentwegen, Augustens wegen thue; daß ich für Herrn Drave das nicht thun würde: denn wahrlich, ein halbes Vermögen in eigenen Spekulationen zu vernachläſſigen — *Steigend.* Pläne, durch den Bruder den Bruder zu verderben — das wurmt! Was geschehen ist — Gott sey mein Zeuge, ich ahnete nichts davon; doch ich bin Mensch — habe gefehlt — mich dünkt aber, ich mache wieder gut, was ich etwa versah.

Mad. Drave. Das fordert Antwort. — Der Mann, der, von diesem Darlehn an das größte sicherste Haus, seinem schwelgerischen Mündel reichliche Unterſtützung — ſchaffte, zu ſeiner Sicherheit freywillig mit Hab' und Gut ſich verbürgte, dieſe Bürgſchaft ſelbſt anzeigt, und mit Verluſt alles des Seinigen ſie heute erfüllt — iſt ein redlicher Mann.

Ludwig. *Außer ſich.* Verbürgt?

Mad. Drave. *Ohne auf ihn zu hören.* Vaterſorge, Vaterangſt um ein anvertrautes Kind — hat ihren Lohn in ſich. Ein Mann, der, wie Drave, die Hand auf das Herz legen, und auf ſeinen letzten Richter hinſehen darf — kann, wenn er alles verlor — *Sie tritt einen Schritt zurück, thut einen Riß durch die Schenkung und läßt ſie fallen.* auch ein ſolches Pasquill auf ſeinen Verluſt nicht achten.

Ludwig. Ich kann nicht zu mir ſelbſt kommen. — Herr Drave hatte ſich für Roſen verbürgt?

Mad. Drave. Verbürgt.

Ludwig. *Tief beſchämt und bitter.* Das hat man mir nicht geſagt.

Mad. Drave. Wir hätten nichts mehr zu reden. Aber die Gewißheit, daß wir uns nie wieder ſehen, fordert mich auf, Sie an etwas zu erinnern. Sie haben Sich um meine Tochter förmlich bey mir beworben —

Ludwig. Madam —

Mad. Drave. Die Sache iſt vorbey. — Eine belogene Mutter, eine angeführte Närrin mehr oder weniger, das macht im Rufe des Mannes von gutem Tone keine Flecken; die Mädchen weinen, die Mütter grollen, die Männer lachen über die Galanterie. — Nicht wahr, mein Herr, so ist es? Nun, dann gilt auch bey uns keine Ausnahme.

Ludwig. Sie kommen da auf — *Heftig.* Das ist — *Bittend.* Madam —

Mad. Drave. Sie, der Sie uns noch nie mit einer frohen Stunde lohnten, haben uns in einer Stunde auf immer elend gemacht. Doch Ihr Gefühl ist erstorben, und mit ihm jede feine Empfindung. Denn wie könnten Sie es sonst ertragen, Ihre Pflegemutter als Bettlerin, Bettlerin durch den Sohn ihrer Busenfreundin, durch ihren Zögling, da vor Sich stehen zu sehen?

Ludwig. *Tief gebeugt.* Ach — da ich —

Mad. Drave. Sie haben dem Mädchen Liebe vorgeheuchelt, Sie haben ihr Treue gelogen. Sie liebt Sie, sie wird Sie ewig lieben. Sie verlassen sie als eine Buhlerin. Langsam ausgezehrt wird sie ins Grab kommen, ins Grab, das wir für sie betteln müssen.

Ludwig. O Gott, hören Sie auf!

Mad. Drave. — Sie werden Gatte — Sie werden Vater. Wenn Sie einst hoffnungsvoll auf Ihr Kind hinsehen, wenn Sie Stunden

Die Mündel.

erleben, wie ich heute — *Feierlich erhaben.* dann dränge sich kein Gedanke an diesen Augenblick in Ihre Seele! *Gesetzt und ruhig.* Ich gebe Ihnen alle Versprechen zurück! ich verzeihe Ihnen alles, und — *Warm.* mit diesem Wunsche wollen wir auf ewig scheiden — *Mit einem Blick an den Himmel und inniger Rührung.* Ich bitte Gott, daß er es auch vergebe. *Will schnell ab.*

Ludwig. *Der sie an der Kammerthür einholt.* Wäre Ihr Mann nicht so hart gewesen, ich lebte jetzt glücklich mit Augusten. Ach ich liebe sie, und schwöre Ihnen —

Mad. Drave. Erniedrigen Sie mich nicht! Großmuth oder Mitleid wollt' ich nicht erregen; das weiß Gott, der in mein Herz sieht. Wollen Sie Gutes thun, so geben Sie mir meinen Mann wieder.

{ Ludwig. Ich eile —
  Mad. Drave. So —
  Ludwig. Alle meine Kräfte —

Mad. Drave. So retten Sie Ihren Bruder von der schändlichsten Behandlung für die edelste That.

Ludwig. *Stutzend.* Edelste That? Welches selber Bubenstücke können Sie dafür ausgeben wollen?

Mad. Drave. *Höchst erstaunt.* So wie überhaupt die folgende Hälfte der Scene durch das Benehmen der Madam

Drave bey dem Licht, das sie in der Sache bekommt, bey der Möglichkeit der Hülfe, ihre Wärme zunehmend erhalten muß. Was ist das?

Ludwig. Dem soll ich die Freyheit verschaffen? dem, der sie mir nehmen wollte?

Mad. Drave. Er? Ihnen die Freyheit nehmen?

Ludwig. Mich als Verschwender erklären zu lassen — das war sein saubres Projekt. Auf dessen Erfüllung trug er heute beym Kanzler an; und als es nicht glücken wollte, vergaß er die fromme Maske, spielte den schäumenden Teufel; rief sogar; da man ihn wegen seiner Verwegenheit züchtigen wollte, mich zu Hülfe.

Mad. Drave. Darum — darum? Wer bürdete Ihnen diese Lüge auf? — Weil er sich unser annahm, der Bosheit des Kanzlers trotzte, Geheimnisse zu verrathen drohte, weil — darum sitzt er gefangen! Gott, meine Tochter war dabey!

Ludwig. In seiner Brieftasche liegt ja das ganze Projekt, mit gesammelten Beweisen und Zeugnissen von Schändlichkeiten, die Sie mir andichten.

Mad. Drave. Haben Sie das gelesen?

Ludwig. Nein. Aber —

Mad. Drave. Und glauben es?

Ludwig. Weil der Kanzler —

Mad. Drave. Der nämliche ist, der Ihren Onkel einsperren ließ. Brook rettet Sie Ihren Bruder — ich bitte Sie, als Bruder — als Mensch. Er ist unschuldig.

Ludwig. Gut. — Man soll mir die Brieftasche geben. — Aber Sie werden sehen —

Mad. Drave. Nicht so. Gehen Sie in Ihres Bruders Haus. Der Hofrath ist dort, seine Papiere zu untersuchen. Eilen Sie. Gleich jetzt!

Ludwig. Desto besser! es ist ja nicht weit von hier. Ich will sogar den Hofrath unter einem Vorwande hierher bringen; hier, in dieß Zimmer —

Mad. Drave. Ich verbitte —

Ludwig. Gehen Sie in ein Nebenzimmer. Ueberzeugen Sie Sich, wie ich untersuche, und was ich finde. So gewiß aber die wahre Tugend nie nach finstern Außenseiten strebt, so gewiß ist mein Bruder ein heimtückischer Teufel!

Dritter Auftritt.

**Madam Drave. Ludwig Brook.
Sekretär.**

Sekretär. *Bedeutend und eilig.* Herr Brook — *Er verneigt sich im Vorübergehn gegen Madam Drave.* ich muß allein mit Ihnen reden.

Ludwig. Ich mag keine Geheimnisse haben. Was wollen Sie?

Sekretär. Madam, ich bitte, lassen Sie uns einen Augenblick allein. Die Sache ist wichtig!

Mad. Drave geht in das Kabinet.

Sekretär. Herr Brook, Ihr Schicksal ist in meiner Hand.

Ludwig. Das mag nicht gut für mich seyn! In der That, ich fange an zu begreifen —

Sekretär. Mein Herr, es ist nicht Zeit für Bitterkeit und Beleidigung. Jeder Augenblick führt Sie gegen Ihren Willen unaufhaltsam zu einer schrecklichen Bestimmung.

Ludwig. Weiter.

Sekretär. Ihr Schicksal ist in meiner Hand — soll es günstig für Sie ausfallen: so muß ich mein Leben in Ihre Hand geben. Sind Sie der Mann, dem ich mein ganzes Heil anvertrauen kann?

Ludwig. Was will der Herr Kanzler? Wozu soll ich mich wieder hergeben? Ich sage Ihnen, daß ich anfange, einen Theil des Spiels zu übersehen.

Sekretär. Desto besser für Sie.

Ludwig. Ihr Haus hat mich als Thoren und Bösewicht vorgeschoben und überall hingestellt. Ich sage Ihnen, daß ich meinen ehrlichen Namen retten will.

Sekretär. Darauf baue ich meinen Plan. Eilen Sie, ehe es zu spät wird.

Ludwig. Was wollen Sie?

Sekretär. Vor allen Ihnen die Beweise in die Hand geben, daß Sie Ihren Bruder nie genug verehren können.

Ludwig. *Erstarrt.* Was?

Sekretär. Ich bewundere Ihren Bruder. Er hat mich erschüttert. Dieser Bruder, so ist des Kanzlers Plan, soll durch Kabinets-Befehl diese Nacht eingesperrt werden.

Ludwig. Gerechter —

Sekretär. Noch ist er durch mich zu retten. Vielleicht in einer Stunde nicht mehr.

Ludwig. So eilen Sie denn —

Sekretär. Ja. Aber erst muß für mich gehandelt werden. Der Kanzler hat dießmal seine Pläne und Feinde zu leidenschaftlich verfolgt. Er hat zu viele Umstände, die ihn in kurzem unvermeidlich stürzen müssen, gehäuft. Er würde mich in seinem Falle mit zerschmettern. Selbsterhaltung fordert, daß ich ihn stürze; das will ich. Gerechtigkeit billigt es, denn er hat in meiner Versorgung mir nicht Wort gehalten und wird es nie.

Ludwig. *Erstaunt.* Aber —

Sekretär. Ich habe nicht Kraft genug, ihn aus Gefühl für die gute Sache zu stürzen. Aber, wie der Kanzler selbst bemerkt, ich habe auch nicht Entschiedenheit genug, durch Bösesthun meinen Weg zu machen. Jetzt ist an mein Glück nicht mehr zu denken, es ist bloß die Rede von meiner Erhaltung. Diese fordere ich von Ihnen; und wenn Sie die verbürgen, so ist der Plan für uns beide in zwey Minuten entworfen und in einer Viertelstunde ausgeführt.

Ludwig. Ich will meinen Bruder retten —

Sekretär. Auch dieß Haus — auch Ihren armen Onkel können Sie retten.

Ludwig. Ergreift seine beiden Hände. Das will ich, und Alles für Ihre Erhaltung thun, so wahr Gott lebt!

Sekretär. Gut. Hier ist die Brieftasche, die Ihr Bruder heute bey dem Kanzler Ihnen hingeworfen hat. Ich habe sie aufgehoben.

Ludwig. Ganz recht!

Sekretär. Nimmt ein Päckchen heraus. Hier!

Ludwig. Liest die Aufschrift. „Zeugniß des Lizenzigten Aarbach wegen des Onkels Gronau." Er öffnet das Papier und liest. „An den Pforten der Ewigkeit, doch meiner Sinne völlig mächtig, bekennt mein geängstetes Gewissen, daß ich Ihrem Onkel Gronau auf höhern Befehl, laut beyliegenden Originalien, zu seinem Schaden und Verderben gedient habe. Durch erkaufte Attestate ward er für verrückt erklärt, welches er nie war. Die Angst und das

Alter, und Drohungen haben ihn scheu gemacht. Er ist wie ein Missethäter behandelt. Erbarmen Sie Sich seiner, damit mir Gott vergeben möge, vor dessen Gericht ich nun bald stehen werde. Pastor Behrmann übergiebt Ihnen dieses gesiegelt nach meinem Tode. Ganz meine eigne Hand.

Aarbach."

„Daß Vorstehendes der Kranke bey gutem Verstande, in meinem Beyseyn, ohne daß ich es jedoch gelesen, geschrieben habe, bezeuge ich.

Behrmann, Pastor zu St. Johann."
O mein Gott, mein Gott!

Sekretär. Hier! *Er übergiebt ihm ein anderes Päckchen.*

Ludwig. *Liest die Aufschrift.* „Briefe des Kaufmanns Verini aus Petersburg, worin durch Belege bezeugt wird, daß der letzte Fruchtankauf für die Armen nur zu 20000 Rthlr. geschehen sey." *Er nimmt das zweyte Kouvert und liest von der Adresse.* „Beweise von den Rechnungsführern, daß derselbe Fruchtankauf dem Fürsten für 38000 Rthlr. angesetzt ist."

Sekretär. Und nun lesen, und fühlen Sie dieß! *Er giebt ihm ein Testament.*

Ludwig. *Liest.* „Mein Testament, falls ich plötzlich sterben sollte. Philipp Brook." *Er liest.* „Unter der Bedingung, daß er meinen alten Onkel rette, wenn ich es noch nicht durchgesetzt haben

sollte, sey mein einziger Erbe mein guter, irrege=
führter Bruder, Ludwig Brook.

$\qquad$ Philipp Brook."

Und ich wollte — und ich könnte — das wolle
mir Gott vergeben — ich vergebe mir es nie!
Fort, daß wir ihn retten. *Er ergreift den Sekretär.*

Sekretär. Einen Augenblick —

Ludwig. Daß wir ihn rächen, daß alle diese
Unglücklichen — Ich halte es nicht mehr aus —
kommen Sie —

Sekretär. Mein Plan ist —

Ludwig. Fühlen Sie, wie mein Herz schlägt!
Reue — und Rache.— Mein Blut stürmt — fort
zur That. Die Allmacht der guten Sache schafft
den Plan im Augenblick der Ausführung.

Sekretär. Sie erreichen nichts, wenn Sie
mich nicht hören.

Ludwig. Nun so reden Sie so schnell und
mächtig, als ich fühle.

Sekretär. Der Kanzler ist mit dem Nach=
spüren Ihres Onkels beschäftigt. Ich gehe nach
Hause, entlasse Ihren Bruder —

Ludwig. Gleich, augenblicklich!

Sekretär. Auf der Stelle. Sie gehen von
hier mit diesen Papieren zum Minister Strahl=
heim — sagen Alles, daß ich es entdeckt habe;
Sie stellen durch Vernunft und Bitten mein ehr=

liches Auskommen sicher. Ich schicke Ihren Bruder ebenfalls dorthin. Ich komme mit ihm dorthin.

Ludwig. Gehen Sie — eilen Sie —

Sekretär. Ich habe Ihr Wort für mich?

Ludwig. Mein Wort! Sollte man dort Ihrer vergessen, so strafe mich der Himmel, wenn ich Sie nicht erhalte, so lange ich lebe.

Sekretär. Jetzt zur Ausführung. Geht ab.

Ludwig. Geht an die Thür, wo Madam Drave abgegangen ist, und ruft hinein: Madam — Madam Drave — Auguste!

Vierter Auftritt.

Madam Drave. Auguste. Ludwig.

Ludwig. Vergeben Sie mir, Madam — liebe Mutter, vergeben Sie mir, Auguste! — Ich bin erwacht — ich war schrecklich betrogen. Ich weiß nun Alles. Ich werde Alles gut machen. Indem er Augustens Hand ergreift. Alles — alles! Zu Madam Drave. Ich werde ein sehr guter Mensch werden. Mein guter Engel ist mir erschienen; ich bin gerettet, und Sie sollen es auch werden! Er stürzt fort.

Fünfter Auftritt.

Madam Drave. Auguste.

Mad. Drave. Begreifst Du das?

Auguste. Nein. Aber ich empfinde es, und das, ist mir genug.

Mad. Drave. In seinen Augen glänzte ein Feuer —

Auguste. Es verkündigte eine gute That. Er geht sie zu unternehmen, und mein Herz erflehet ihm Segen! *Es klopft jemand an die Thür.* Was war das?

Mad. Drave. Nichts, mein Kind. Sey ruhig. Ich fühle, daß nun unser Unglück nicht mehr steigen wird. Brächte nur Friedrich erst wieder Nachricht von Deinem Vater! *Es klopft wieder zwenmal.*

Auguste. Hörten Sie das?

Mad. Drave. Ist jemand da?

Sechster Auftritt.

Vorige. **Ein alter Mann** in einem alten seidenen Rocke, Schuhen ohne Schnallen, und einer Weste, worauf nur stellenweise noch etwas schmale Tressen sind.

Der Alte kommt scheu, doch mit den Resten von gutem Anstande näher.

Mad. Drave. Näher. Nur näher — Was will Er, mein Freund?

Der Alte. Madam — wohnt nicht hier — in diesem Hause — der Kaufmann Drave?

Mad. Drave. Ach!

Der Alte. Sonst wohnte er da — ich meine hier. — Wohnt er etwa nicht mehr hier?

Mad. Drave. Er ist — *Betrübt.* nicht da.

Der Alte. Er wird doch wieder kommen? *Herzlich.* Nicht wahr? *Beide betrachtend.* Oder ist er todt? Ja, wenn er todt ist, *Welch.* so ist ihm wohl — und ich will seine Ruhe nicht stören.

Siebenter Auftritt.

Kaufmann Rose. Vorige.

Rose. Können Sie mich ansehen, Madam, ohne mir zu fluchen? Ich bin der Urheber Ihres Unglücks.

Mad. Drave. Guter Rose —

Rose. Ich bin gekommen, mit Ihnen zu weinen. Leider kann ich ja nicht mehr für Sie thun. *Er sieht den Alten.* Wer ist der alte Mann?

Auguste. Wir wissen es nicht.

Rose. Was will er hier?

Mad. Drave. Irgend ein Unglücklicher — Er fragt nach meinem Manne.

Rose. Von dem ging freylich keiner ohne ohne Trost weg. Laß uns theilen, unglücklicher Mann! *Er bietet ihm etwas Geld dar.*

Mad. Drave. Ja, ich will für meinen Mann handeln. *Sie giebt ihm Geld.* Bete Er für den armen Drave.

Rose. Nun gehe Er mit Gott.

Der Alte. Ich brauche kein Geld. Ich brauche wenig —

Mad. Drave. Was verlangt Er?

Der Alte. So viel Erde, daß ich einge-scharrt werden kann.

Rose. Er dauert mich.

Mad. Drave. Sanft. Wir können Ihn jetzt nicht hören.

Auguste. Gutmüthig. Komm Er morgen wieder.

Der Alte. Nein — ich will nicht wieder aus dem Hause —

Rose. Aber —

Der Alte. Ich kann nicht weiter. Setzt sich. Lassen Sie mich hier — ich mache es kurz — Gott ruft mich bald.

Auguste. Redet, guter Vater.

Der Alte. Um sich sehend. Du lieber Gott, ich war wohl oft in dem Hause — sonst — ehedem. — Aber es ist lange — lange her.

Mad. Drave. Sagt nur, wer Ihr seyd?

Der Alte. Ich will es Ihnen wohl sagen — denn ich sterbe gewiß bald. — Sehen Sie — man stellt mir gewaltig nach. — Ich bin ein grundrei-cher Mann — habe ganze Kisten voll Silber — es ward immer groß traktiert bey mir. — Meine schönen Kleider habe ich lange nicht angehabt, denn — es ist nichts mehr so recht in Ordnung —

Rose. Heftig. Wer bist Du?

Der Alte. Werden Sie nur nicht böse — ich will Ihnen alles sagen, was ich weiß — lassen Sie mich nur nicht schlagen — *Er knieet.* Ich sage alles —

Auguste *hebt ihn auf.*

Der Alte. Es war Anno — Anno — Warten Sie nur — wenn ich mich auf etwas besinne, thut mir der Kopf weh — aber es wird mir doch noch beyfallen. Ja, ich wurde weggeführt und saß — lange, — lange Jahre. Man hat mich nicht an die Luft gelassen, und ich wurde scharf bewacht, in einem Keller. — *Leise.* Ich hätte gegen den Herrn gesprochen, sagten sie — es wäre eine Gnade, daß ich nicht gerichtet würde —

Rose. Weiter, weiter!

Der Alte. Ich bin alles bald gewohnt geworden. Wenn ich aber oben über mir Menschen hörte, oder Musik, dann hätte ich doch wohl wieder in die Welt gemocht. — Manchmal mußte ich in den kalten Nächten laut weinen — sie schlugen mich aber, wenn ich weinte, da habe ich mir das auch abgewöhnt. Nun kann ich nicht mehr weinen.

{ Mad. Drave. Der arme Mann!
{ Rose. *Ahnend.* Alter, wer bist Du?

Der Alte. Endlich, wie ich so gar alt wurde, bewachten sie mich nur selten. Nachts blieb einmal meine Thür offen — und ich ging fort. — Seit vielen Tagen irre ich herum und bettle.

Rose. Und Deine Verwandten?

Der Alte. O ja, ich habe Verwandte, aber sie haben mich ausgestoßen. Nachher sind sie gestorben, habe ich sagen hören — aber ihre Kinder wollen mich nicht los lassen meines Geldes wegen. Ach, und ich habe es ja für sie gespart! — Wenn ich daran denke, ziehn sich meine Augen heiß zusammen. — Es sind meiner Schwester Kinder.

{ Rose. Barmherziger Gott, der alte Gronau!
{ Mad. Drave. Er ist's!

Auguste. Wie?

Rose. Brooks Onkel — er ist es — er ist wieder da.

Der Alte. Er wird mich suchen! O bitten Sie doch für mich, daß er mich nicht einsperren läßt.

Auguste. Hören Sie auf! — o hören Sie auf!

Der Alte. Nehmt alles was ich habe — aber laßt mich nicht wieder festsetzen.

Achter Auftritt.

Vorige. Friedrich.

Friedrich. *Eiligst.* Ach Gott, Madam — ach Gott!

Mad. Drave. Was ist's?
Auguste. Was will Er?

Friedrich. Mein Herr — mein armer Herr!

Auguste. Was?
Mad. Drave. Was ist mit ihm?

Friedrich. Man will ihn eben von der Wache wegbringen —

Mad. Drave. Nun?

Friedrich. Sie wollen ihn in das gemeine Gefängniß setzen.

Auguste. Mein Vater, mein Vater!
Mad. Drave. *Fast ohnmächtig.* Ach Gott!
Rose. Das ist nicht möglich! nicht möglich!

Friedrich. Alle Anstalten sind gemacht — die Leute versammeln sich —

Auguste. Mutter, liebe Mutter! O Gott, das bringt sie um!

Rose. Madam, Sie sind schwach — wollen Sie auf Ihr Bett gebracht seyn?

Mad. Drave. *Betäubt.* Nein, laßt mich —

Friedrich. Warum fuhr es mir auch so heraus! Aber —

Mad. Drave. Meine Kräfte — *Sie setzt sich. Auguste unterstützt sie.* Ich bin schwach, mein Kind!

Auguste. Arme Mutter!

Mad. Drave. Wir wollen hin, meine Tochter!

Auguste. Rathen Sie — rathen Sie uns, Herr Rose!

Mad. Drave. Kommen Sie, wir wollen zu ihm — komm, Auguste!

Auguste. Wie? Sie wollen hingehen? O Gott! nein! Der Anblick — das Volk — die schreckliche Vorkehr —

Rose. Daß mir keiner von den Bösewichtern unter die Augen kommt! — ich stehe für nichts.

Mad. Drave. Gott, du siehst, daß uns die Menschen verderben — daß niemand uns retten kann — du hilfst uns — du mußt uns helfen. *Sie gehen.*

Der Alte. Wer erbarmt sich meiner?

Mad. Drave. Auguste, bleib bey ihm, bring ihn zur Ruhe. Friedrich, sorgt für ihn — bringt ihn weg.

Friedrich. Wohin?

Mad. Drave. Wohin? — Ich weiß niemand — keinen Freund.

Friedrich. Ich will ihn zu meiner alten Mutter bringen.

Mad. Drave. Gut. Geht mit Rosen ab.

Der Alte. Indem Auguste und Friedrich ihn abführen. Ihr verlaßt mich? Ihr wollt mich verrathen? Ich habe ja nichts, als diese grauen Haare.

Sie gehen durch eine Seitenthüre ab.

Neunter Auftritt.

Hofrath. Madam Drave. Rose.

Hofrath. Wohin haben Sie gewollt?

Rose. Dahin, wo ein Redlicher der Bosheit geopfert wird.

Hofrath. Sagen Sie mir, Madam —

Rose. Sie hat jetzt Thränen zu trocknen, Herr, nicht Galle einzuschlucken.

Hofrath. Sie werden nicht gefragt.

Mad. Drave. Lassen Sie mich hin — Sie —

Hofrath. Nein. Absolut unmöglich.

Mad. Drave. Wie?

Hofrath. Sie können nicht weggehen.

Rose. Warum nicht?

Hofrath. Es ist verboten. Schwer verboten.

Mad. Drave. Wollen Sie dem unglücklichen Mann auch die Pflege seines Weibes noch rauben?

Rose. Und mit welchem Rechte unterstehen Sie Sich —

Hofrath. Kennen Sie mich, Herr?

Rose. *Heftig.* Nur zu gut!

Hofrath. So wissen Sie, daß, wo ich auf Befehl hinkomme, man zu schweigen und zu thun hat.

Mad. Drave *will gehen.*

Hofrath. Ohne Wortwechsel und Zeitverlust — Sie bleiben da.

Mad. Drave. O Gott!

Hofrath. Herr Rose — begeben Sie Sich weg.

Rose. Nein!

Hofrath. Sonderbar! wahrlich!

Rose. Sie sollen das arme Weib nicht zur Verzweiflung bringen.

Hofrath. Herr, wer sind Sie?

Rose. Ein Bettler — durch Ihren Vater und Sie. Ein verzweifelnder Bettler; wissen Sie, was der vermag?

Hofrath. Sind Sie wahnsinnig?

Rose. Vernünftig genug, um wahnsinnig zu werden. Vernünftig genug zum Einsperren — aber nicht reich genug —

Hofrath. Herr, hüten Sie Ihren Mund!

Rose. Und Sie Ihr Leben!

{ **Hofrath.** Das geht zu weit! —
{ **Mad. Drave.** Herr Rose, um Gottes willen!

Rose. Habe ich kein Gewehr, so will ich diesen Stock als eine Keule gebrauchen, Handlanger der feilen Gerechtigkeit —

Mad. Drave hält ihn von Gewaltthätigkeit zurück.

Hofrath. Es sind Leute mit mir gekommen — und ich habe Carte blanche. Nutzen Sie die Warnung, weil es noch Zeit ist, und begeben Sie Sich weg.

Rose. Ich will mich wegbegeben; Wüthend. aber Du sollst — Innehaltend, dann mit Nachdruck. ich begebe mich weg! Geht ab.

Zehnter Auftritt.

Madam Drave. Hofrath.

Mad. Drave. O mein Herr — wenn Sie jemals liebten — wenn Sie im Unglück für jemand zitterten — Vater oder Schwester — wenn Sie lieben, so fühlen Sie meine unaussprechliche Angst, so erbarmen Sie Sich und lassen mich hin.

Hofrath. Madam, ich habe den Auftrag, Sie über etwas zu befragen. Die Mittel, Wahrheit zu finden, habe ich bey mir. Aufrichtigkeit, Willfährigkeit kann viel gut machen; und Ihre Lage durch Milde, die man alsdann höhern Orts employiren will, bessern.

Mad. Drave. Was soll ich sagen? geschwind!

Hofrath. Befriedigen Sie mich ganz — so verspreche ich Ihnen — Sie sollen zu Ihrem Mann.

Mad. Drave. Fragen Sie.

Hofrath. Nun denn — wer ist bey Ihnen im Hause?

Mad. Drave. Im Hause?

Hofrath. Es ist ein Fremder bey Ihnen.

Mad. Drave. Ein Fremder?

Hofrath. Oder Bekannter — wie Sie wollen.

Mad. Drave. *Verlegen.* Daß ich nicht wüßte —

Hofrath. *Strenge.* Keine Unwahrheit! Daß er im Hause ist, weiß ich gewiß! Man hat ihn herein gehen sehen. Ich weiß es gewiß! Es ist ein alter Mann.

Mad. Drave. *Halb vor sich.* Ach Gott!

Hofrath. Wo ist er?

Mad. Drave. Mein Herr —

Hofrath. Schnell — bestimmt, wo? Meine Begleitung weiß Thüren zu öffnen — *Dringend.* Läugnen vollendet Ihr Unglück. Wo ist er?

Mad. Drave. *Setzt sich entkräftet.* Oben —

Hofrath. Durch das Geständniß ersparen Sie Sich großen Verdruß. Ich werde mich umsehen. Sie, Madam, gehen indeß nicht von hier. Doch, das wird sich wohl von selbst verbieten.

Geht ab.

———

Elfter Auftritt.

Madam Drave. Auguste. Friedrich.

Auguste. Liebe Mutter — was will der Hofrath oben?

Friedrich. *Aus der Mitte.* Madam, was ist Ihnen?

Mad. Drave. Können wir den alten Mann nicht retten?

Auguste. Er ist vor Entkräftung eingeschlummert.

Mad. Drave. Der Hofrath sucht ihn —

Auguste. Mein Gott!

Mad. Drave. Er wird ihn fortführen.

Auguste. Noch hat er wohl das Zimmer nicht gefunden. Friedrich, führe ihn weg.

Friedrich. Unten im Hause sind zwey Gerichtsdiener.

Auguste. Wenn man ihn oben auf dem Boden verstecken könnte!

Friedrich. Ich will es versuchen. *Geht, wo der Hofrath abgegangen ist.*

Mad. Drave. Mußte mir das noch werden! Mußte ich in der Verdubung diesen armen
unglücklichen Mann verrathen!

Auguste. Wo Brook nur bleibt — Ach —
er wollte uns retten — er versprach es so zuver-
lässig.

Mad. Drave. Ich will nichts mehr hoffen.
Was vermag der beste Wille gegen die Gewalt,
welche diese Bösewichter haben!

Friedrich. Madam, das bricht mir das
Herz.

Mad. Drave. Er hat ihn gefunden?

Friedrich. Ja.

Auguste. Ich will zu ihm gehen, und reden
was die Verzweiflung mir eingiebt. Geht.

Friedrich. Der alte Mann hängt mit Thränen an seinem Halse, küßt ihn, und nennt ihn
einmal über das andre, mein lieber Philipp!
Sicher hat sich der Hofrath für den ehrlichen Herrn
Brook ausgegeben.

Mad. Drave. Bösewicht! — tückischer Bösewicht! Geht doch — sucht den jüngsten Brook! —
Zwar, wo sollt Ihr ihn suchen!

Zwölfter Auftritt.

Kanzler. Vorige.

Kanzler. Meine gute Madam Drave! —

Mad. Drave. Erschrocken. O mein Gott!

Kanzler. Zu Friedrich. Geht ein bißchen vor die Thür hinaus, mein Freund! — Erschrecken Sie nicht, liebe Madam!

Mad. Drave. Wer kann Sie ohne Schreck und Verwünschung sehen, mein Herr?

Kanzler. Nicht doch! Wer meine Gesinnungen kennt —

Mad. Drave. Wir haben sie erfahren.

Kanzler. Wird sagen, ich sey ein ehrlicher Deutscher, der dem lieben Mitchristen hilft, wo es nur thunlich ist. Sagen Sie mir doch, war mein Sekretarius, der ehrliche Herr Brand, noch nicht hier?

Mad. Drave. Bey mir nicht.

Kanzler. Also bey einem Andern. Bey wem, meine Beste —

Mad. Drave. Bey dem jüngsten Herrn Brook!

Kanzler. Erschrocken. Bey dem? Gefaßt. Nun, das freut mich. Aber mein Gott, wenn er da war, wie geht es denn zu, daß Sie noch weinen? Wie kommt es, daß eine so wackere Ehefrau mir altem Manne nicht die Hand reicht?

Mad. Drave. Spotten Sie meiner?

Kanzler. Wo ist denn Herr Drave?

Mad. Drave. Herr Kanzler?

Kanzler. Ist er noch nicht hier?

Mad. Drave. Hier —

Kanzler. Ich habe ihn ja frey gegeben!

Mad. Drave. Frey?

Kanzler. Ey ja doch.

Mad. Drave. Dankend. O mein Herr, so segne ich Sie!

Kanzler. Nun, so ist's recht. Das höre ich gern. Ey, ich komme ja lediglich, mich mit Ihnen zu freuen.

Mad. Drave. Vergeben Sie, wenn ich es nicht begreife!

Kanzler. Eine obrigkeitliche Person säet mit Jammer und erntet mit Freuden. Erst mußte ich den Waisen Recht schaffen, und auch gegen den tugendhaften Drave hart seyn, Andern zum Exempel. Nun aber will ich ihn erheben. Ja, ich bin ein Menschen = und Bürgerfreund. Kann ich Ihrem Manne mit meiner Armuth beyspringen daß er zahlen und sich retten kann: so soll es gern geschehen, und ich will mir das Labsal bereiten, einem wackern Manne auf die Beine zu helfen.

Mad. Drave. Diese Gesinnungen —

Kanzler. Habe ich von Kindesbeinen an geübt. Dafür hat mich auch der liebe Gott gesegnet, mehr als ich würdig bin!

Mad. Drave. Was soll ich Ihnen sagen, Herr Kanzler? Sie sehen, wie Ihre Aeußerungen mich befremden; das kann ich nicht bergen. Aber ist es mit Ihrem Anerbieten Ernst —

Kanzler. Nun freylich —

Mad. Drave. So zählen Sie auf den herzlichsten Dank.

Kanzler. Sehen Sie, wer, wie ich, das Rachschwert der Gerechtigkeit tragen muß, kann nicht geliebt seyn. So ist es auch im Punkt des alten entlaufenen Gronau —

Mad. Drave. O mein Herr —

Kanzler. Für den habe ich gesorgt, wie ein Bruder —

Mad. Drave. Erbarmen Sie Sich seiner —

Kanzler. Er soll hier im Hause seyn, meint mein Samuel.

Mad. Drave. Der Herr Hofrath ist eben bey ihm. Ach mein Herr —

Kanzler. Ist er hier? Gott sey tausendmal gelobt!

Mad. Drave. Haben Sie Mitleid mit ihm.

Kanzler. Das muß ich ja, als Obrigkeit; wie vielmehr als Mitmensch und Christ! Ich habe nun nur eine Bitte an Sie: — daß Sie den alten Mann im Hause behalten und Sich seiner annehmen. Ich sehe das als einen Fingerzeig von unserm Herr Gott an, daß er daher gekommen ist. Darum möchte ich nun auch, daß er künftig hier bliebe.

Mad. Drave. Ich bin außer mir vor Dankbarkeit!

Kanzler. Reicht ihr die Hand. Das ist ja scharmant. Sehen Sie, dergleichen köstliche Augenblicke versüßen mir mein schweres Richteramt! — Lediglich das wünsche ich, daß er nicht zum Spektakel in der Stadt herumlaufe.

Mad. Drave. Wir wollen für ihn sorgen.

Kanzler. Thun Sie es, Sie werden den Segen Gottes davon haben. Wie viel Thränen hat mich der arme Mann schon gekostet, wenn ich Nachts alle Nothleidende meinem Schöpfer im Gebet vorgetragen habe. Ehemals war er ein unruhiger Mann. Nun wird er sich gebessert haben.

Mad. Drave. Er ist ein Gegenstand des Erbarmens.

Kanzler. Richtig! — Wo bleibt nur unser Herr Drave? — Es soll dem alten Manne in seiner zeitherigen Verpflegung nicht zum besten ergangen seyn? Da sehen Sie, wie man bedient und berichtet wird! — Nun — wo sind denn die Brooks?

Mad. Drave. Ich weiß es nicht.

Kanzler. Schade, daß der Aelteste so unruhig ist. Ich habe ihn zur Admonition ein bißchen anhalten lassen. Mein Sekretär, der denn mein Herz kennt, hat ihn entlassen. Das freut mich. Da habe ich dann gehofft, die Brüder hier zu finden, und ihnen beiden, nebst unserm ehrlichen Drave einige heilsame Erinnerungen zu geben, für ihr künftiges Glück. Ist mir recht leid, daß sie nicht da sind. Erwarten Sie dieselben nicht?

Mad. Drave. Ich weiß nicht, wo Sie sind. Gar nicht.

Kanzler. *Unruhig.* So, so!

Mad. Drave. Also kommt mein Mann doch nicht in ein anderes Gefängniß —

Kanzler. Bewahre uns Gott! das war falsch expediert.

Mad. Drave. Aber die Gerichtsdiener im Hause —

Kanzler. Blinder, dummer Eifer. Sie meinen, sie müßten überall seyn. Ich habe sie angefahren, und weggeschickt.

Dreyzehnter Auftritt.

Vorige. Drave.

Drave. Erlöst! *Er umarmt seine Frau.* Gutes Weib — *Er sieht den Kanzler.* Was wollen Sie hier?

Kanzler. Mich über mein Werk freuen!

Mad. Drave. Lieber Mann, der Herr Kanzler erbietet sich, Dir zu helfen und —.

Kanzler. Ja, mein Lieber!

Vierzehnter Auftritt.

Hofrath. Auguste. Vorige.

Hofrath. Schon da, mon cher pere? Nunmehr kann der Alte fortgebracht werden.

Auguste *tritt ein.* Vater!

Drave. Weib! Auguste! — habe ich Euch wieder? *Sie umarmen sich.*

Kanzler. *Hat unterdessen mit dem Hofrath, welcher sehr über das Gesagte erschrocken ist, gesprochen.* Sieh, mein Sohn, das ist was für mein altes, ehrliches, Deutsches Herz, wenn sich gute Menschen letzen!

Mad. Drave spricht unter dieser Rede mit ihrem Manne, und deutet dabey auf das Zimmer, wo der alte Gronau ist.

Drave. Eilt dahin. Ich muß ihn sehen!

Kanzler. Du kannst nun gehen, Samuelchen.

Hofrath. Ich empfehle mich bestens. Geht ab.

Kanzler. Zu heftig, zu ambitiös, nicht genug christliche Demuth. Sonst ein gutes Blut! — Ich wundere mich doch, daß die Herren Brooks nicht kommen. Es wird denn also doch wohl Zeit, daß ich auch wegfahre. Es bleibt im Uebrigen gänzlich bey Allem und Jedem, was ich offeriert habe.

Funfzehnter Auftritt.

Vorige. Drave mit dem alten Gronau.

Drave. Setze Dich, alter Freund! Er macht ihn sitzen.

Auguste stellt sich zu ihm.

Drave. Tritt zum Kanzler. Herr Kanzler —

Kanzler. Ohne ihn anzusehen. Er — er — hat sehr gealtert!

Drave. Sehen Sie ihn an. Ich kann nichts sagen, was der Anblick nicht spräche.

Kanzler. Nun soll es ihm sehr gut ergehen!

Sechzehnter Auftritt.

Vorige. Philipp und Ludwig Brook.

Philipp u. Ludwig. Sie treten Arm in Arm ein, trennen und umarmen Drave. Wir sind gerettet!

Drave. Seyd einig — war der Segen Eures Vaters!

Philipp. Sieht den Kanzler. Ha!

Kanzler. Ich will — Pst — ein Wort unter uns, junger Herr!

Philipp. Herr Kanzler — meine Papiere sind bey dem Minister von Strahlheim. —

Ludwig. Und Ihr Sekretär ist da — auch ich war dort.

Philipp. Entwaffnen Sie ihn durch Offenheit! Sie sind verloren!

Kanzler. Meine Herren, ich bin eine von dem gnädigsten Fürsten gesetzte Obrigkeit —

Philipp. Der Minister erwartet Sie. Gehen Sie, ehe Sie geholt werden. Das Gericht über Sie steht auf Ihrer Stirne — nehmen Sie uns den Anblick des Zähneklapperns — und gehen Sie fort!

Kanzler. Ich stehe in Gottes Hand. *Geht ab.* Meine Sinceriät geht vor mir her.

Philipp. Ich werde mündig erklärt, Ihre Rettung steht bey mir, und ist also vollendet.

Ludwig. Bruder! kannst Du mir vergeben?

Philipp. Ich liebe Dich unaussprechlich und habe Dein Herz nie verkannt. *Sie umarmen sich.*

Siebzehnter Auftritt.

Vorige. Rose.

Rose. Lieber Drave — nun — habe ich doch heute noch eine Freudenthräne weinen können! Gott sey dafür gelobt!

Der Alte. *Der etwas vorher schon aufgestanden war, halb laut zu Augusten.* Was ist das? — wer sind denn die?

Drave. Meine Söhne — Eure Eintracht ist schon belohnt! — Faßt Euch — seht dorthin! — *Er deutet auf Gronau, hält aber beide fest in seinen Armen.* Schont den alten Mann!

Beide. Wie?

Drave. Euer alter Onkel Gronau!

Philipp. *Macht sich los und umfaßt den Onkel.* Mein Onkel, mein Onkel!

Ludwig. *Ebenfalls.* Ihrer Schwester Söhne!

Philipp. Philipp!

Ludwig. Ludwig!

{ **Philipp.** Guter Onkel!
{ **Ludwig.** O mein lieber Onkel!

Der Alte. O — o!

Auguste. Gott! welch ein Anblick!

Der Alte. *Beide ansehend.* Seyd Ihr es? Seyd Ihr meiner Marie Söhne?

Drave. *Auf Philipp zeigend.* Der ist Dein Retter!

Der Alte. *Zu Philipp.* Sieh mich an — ich glaube — ich kann mich nicht mehr so recht besinnen — *Zu den Andern.* aber ich glaube, er ist es!

Mad. Drave. *Herzlich.* Ja, er ist es!

Der Alte. Also Philipp bist Du?

Philipp. Ja, guter Onkel.

Der Alte. *Trocknet die Augen, sieht ihn an und weint laut.* Küsse mich, Philipp!

Ludwig. *Gerührt zu allen.* Ja — ihm gehört der kräftigste Segen.

Der Alte. Zeige mir Deinen Bruder — den zweyten Sohn meiner seligen Schwester.

Ludwig. *Ihn umarmend.* Ach!

Der Alte. Du meinst es auch gut — ja, recht gut. Gott segne Dich!

Drave. Frau — Auguste — Rose! — Welche Seligkeit!

Ludwig. O ich will recht gut werden. Mit Schmerz und Ehrfurcht, doch ohne den Affekt zu ändern. Vater! — gekränkter, gemißhandelter Vater — Mutter! Auguste — meine Auguste! Können Sie jetzt noch meine Reue annehmen?

Drave. Ich habe gelitten! wissen Sie das?

Ludwig. Wendet sich ab. O Gott!

Mad. Drave. Lieber Mann!

Phillpp. Ich bürge für Ludwig.

Ludwig. Der Blick — der — o Sie vergeben! — Dank, Dank, tausend Dank! Werden Sie dem Reuigen seinen Schutzengel weigern?

Drave. Prüfung mag bewähren.

Ludwig. Die härteste!

Drave. Bevor aber — keine Heirath!

Ludwig. Aber —

Drave. Fest. Bevor keine Heirath! — Ehrwürdiger Greis! Ich gebe Dir Kinder, die Dein Alter pflegen sollen. — Rose, hier ist Deine Tochter. Bey ihr wirst Du leben und sterben.

Der Alte. Den seine Neffen umarmt haben. Gott, segne die Kinder meiner Schwester Marie! — O zieht Eure Arme noch nicht unter mir weg! Diese Arme brachen meine Ketten! — in diesen

Armen will ich sterben. Gott — es schmachten noch viel Unglückliche im Finstern — sende ihnen ihre Retter, daß sie in Frieden sterben!

Drave: *Wie halb vor sich.* Guter Philipp, wir gewinnen Alle; was gewinnst Du?

Philipp. Meinen Bruder, und neuen Muth für das Gute.

Philipp und Ludwig umarmen sich.

Drave. Seyd einig, war der Segen Eurer Aeltern. Gott sey Dank, er ist erfüllt. Und nun heiter, gutes Weib! Sieh, wir sind am Abend unsers Lebens, wir werden unsre Rechenschaft dort oben bald ablegen. Sey's immer, daß wir litten! Für Pflicht und Tugend dulden — das macht die letzte Stunde sanft!